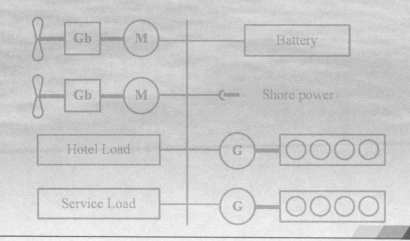

船舶混合动力系统建模与仿真

陈 俐 编著

U0367283

封底二维码使用说明:

1. 刮开本书封底二维码涂层,扫描后下载"交我学"APP

2. 打开APP,注册并登录,点击右上角再次扫描二维码

3. 激活后,查看源程序下载使用说明

4. 按使用说明点击下载,解压后使用

5. 源程序使用方法见书中附录

6. 内容问题可咨询: ship_ocean@126.com

7. 技术问题可咨询: 029-68518879

上海交通大学出版社
SHANGHAI JIAO TONG UNIVERSITY PRESS

内容提要

  建模与仿真在船舶混合动力系统的设计中非常重要,研究和发展船舶混合动力系统对我国建设海洋强国、探索两极地区、实现"碳中和"国家战略具有重要意义。本书以船舶柴电混合动力系统为主要案例,阐述船舶多能源混合动力系统的原理、建模理论与仿真方法,通过循序渐进的理论讲解与编程操作练习,使读者逐步掌握混合动力系统设计的基本原理、主要方法与评价方式。本书可作为高等院校相关专业高年级本科生和研究生教材使用,也可供相关领域工程技术人员的学习参考。

图书在版编目(CIP)数据

  船舶混合动力系统建模与仿真 / 陈俐编著. —上海:
上海交通大学出版社,2022.11
  ISBN 978-7-313-25667-6

  Ⅰ.①船… Ⅱ.①陈… Ⅲ.①混合动力船—动力装置—系统建模②混合动力船—动力装置—系统仿真 Ⅳ.①U674.925

  中国版本图书馆 CIP 数据核字(2022)第 180860 号

船舶混合动力系统建模与仿真

CHUANBO HUNHE DONGLI XITONG JIANMO YU FANGZHEN

编　　著:陈 俐			
出版发行:上海交通大学出版社	地　　址:上海市番禺路 951 号		
邮政编码:200030	电　　话:021-64071208		
印　　制:上海新艺印刷有限公司	经　　销:全国新华书店		
开　　本:787 mm×1092 mm　1/16	印　　张:13.25		
字　　数:329 千字			
版　　次:2022 年 11 月第 1 版	印　　次:2022 年 11 月第 1 次印刷		
书　　号:ISBN 978-7-313-25667-6			
定　　价:59.00 元			

前　言

　　船舶作为最重要的交通运输方式之一,目前每年消耗约 3 亿吨燃油,造成 3.7 亿吨温室气体排放,占全球总量的很大一部分。在石油供应不稳定和全球气候变暖的大背景下,各国和相关国际组织均出台法律法规以约束船舶的燃油消耗和温室气体排放。船舶混合动力系统可在多种动力源间取长补短,充分发挥不同动力源的优势,在满足船舶于复杂海况下完成航行任务的同时,达到减少油耗、降低排放的目标。因此,作为一种极有潜力的节能、减排技术,船舶混合动力系统受到船东、船厂和研究人员的广泛关注。研究和发展船舶混合动力系统对我国建设海洋强国,探索两极地区,实现"碳中和"的国家战略具有重要意义。

　　建模与仿真在船舶混合动力系统的设计中非常重要。如果预知系统的模型,通过计算机仿真就可以依据模型特性进行系统参数设计、参数调整、运行过程的性能预测,在实物建造之前获得最佳的设计参数(值或范围),降低开发成本,缩短开发周期,并使得系统性能达到预期,符合工程实际的需要。

　　船舶混合动力系统内容复杂,涉及机、电、化学、能源等多个领域,面向国家在相关领域的发展战略,我们亟须培养一批具有混合动力系统多学科交叉基础知识、具备较强的计算机仿真能力、具有新型混合动力系统设计能力和性能分析能力的专业人才,支撑船舶与海洋工程绿色化、智能化科技前沿的创新与发展。

　　本书以船舶柴电混合动力系统为主要案例,阐述船舶多能源混合动力系统的原理、建模理论与仿真方法,通过循序渐进的理论讲解与编程操作练习,使读者逐步掌握混合动力系统设计的基本原理、主要方法与评价方式,目标读者为高年级本科生、研究生和相关领域工程技术人员。

　　本书的主要特色如下:

　　(1)以读者能够建立船舶混合动力系统的计算机仿真模型为成果导向,主线清晰。本书以船舶混合动力系统为对象,首先从系统的角度提出问题,然后按部件分章节讲解工作原理、数学方程和计算机仿真模型,最后从系统的角度呼应提出的问题,读者基于部件模型和系统机理,能够建立船舶混合动力系统的计算机仿真模型,用于系统参数设计和能量管理,给出能耗和排放的数值结果。

　　(2)以前沿科技和新技术为指引,内涵新颖。本书突破了以柴油机、燃气轮机等为主的船舶动力系统教材的内容,新增驱动电机、动力电池等前沿技术的理论和建模方法,拓展了学生在混合动力系统领域的交叉学科知识,使读者能够在混合动力系统的架构、控制、管理方面提出创新理念,并能够采用科学、系统的方法进行分析。

(3) 本书提供仿真模型源程序代码,帮助读者扫除建模过程从 0 到 1 的障碍。本书填补了目前同类书籍没有源程序代码的空白,开发了注释详尽、结构清晰、结果明了的仿真模型,源程序代码与工作原理和数学模型相对应,便于读者快速掌握建模方法,并能在基本模型的基础上进行新型混合动力系统的创新设计、性能分析和验证。读者可通过扫描本书封底二维码获取源程序代码,源程序代码使用说明详见附录。

在本书撰写过程中,上海交通大学张维竞教授、陈峻老师提出了许多宝贵意见,上海交通大学博士生朱剑昀、郭凤祥和硕士生苗东晓协助整理资料,在此表示感谢。同时,特别感谢家人的陪伴与支持。

编　者

目　　录

1 概述 ·· 1

  1.1 船舶柴电混合动力系统的发展背景 ································· 1

  1.2 柴电混合动力系统架构的类型 ······································· 2

    1.2.1 串联式混合动力系统架构 ····································· 2

    1.2.2 并联式混合动力系统架构 ····································· 3

    1.2.3 混联式混合动力系统架构 ····································· 4

  1.3 几种典型的船舶柴电混合动力系统 ································· 5

    1.3.1 基于常规轴带电机的船舶混合动力系统 ············· 6

    1.3.2 基于储能系统的船舶混合动力系统 ··················· 7

    1.3.3 多主机全电动力系统 ··· 10

  1.4 船舶混合动力系统的评价指标 ······································· 11

    1.4.1 技术指标 ··· 12

    1.4.2 经济指标 ··· 14

  1.5 混合动力系统模型的类型 ·· 15

    1.5.1 精细化机理模型 ··· 16

    1.5.2 面向控制的简化动态模型 ··································· 16

    1.5.3 稳态模型 ··· 17

    1.5.4 机器学习模型 ··· 17

2 船舶混合动力系统的基本组成 ··· 19

  2.1 推进装置 ··· 19

  2.2 主动力装置 ··· 19

    2.2.1 船用蒸汽轮机 ··· 19

    2.2.2 船用燃气轮机 ··· 20

    2.2.3 船用柴油机 ··· 22

    2.2.4 船用柴油-液化天然气双燃料主机 ··················· 23

    2.2.5 船用驱动电机 ··· 24

  2.3 辅助装置与其他装置 ·· 25

    2.3.1 辅助装置 ··· 25

    2.3.2 管路系统 ··· 25

    2.3.3 甲板机械 ··· 25

    2.3.4 防污染设备 ··· 25

2.3.5 自动化设备 ……………………………………… 25

3 内燃机建模与仿真 …………………………………… 27

3.1 内燃机的发展历史 ………………………………… 27

3.2 柴油机的工作原理 ………………………………… 28

3.3 柴油机控制系统的基本工作原理 ………………… 30

3.3.1 电控燃油喷射系统 ………………………… 31

3.3.2 可变进气系统控制 ………………………… 34

3.3.3 废气再循环技术 …………………………… 36

3.3.4 极限速度控制 ……………………………… 37

3.4 准稳态模型 ………………………………………… 37

3.5 工作区间模型 ……………………………………… 39

3.6 可伸缩模型 ………………………………………… 39

3.7 动态模型 …………………………………………… 41

3.7.1 柴油机动态模型的基本方程 ……………… 41

3.7.2 柴油机动态非线性模型的局域线性化 …… 43

3.7.3 柴油机动态模型的曲轴转角域表达 ……… 44

3.7.4 柴油机动态模型的离散域描述 …………… 46

3.8 PID 转速控制仿真 ………………………………… 57

3.8.1 PID 控制的基本思路 ……………………… 57

3.8.2 柴油机转速控制仿真 ……………………… 60

4 驱动电机建模与仿真 …………………………………… 68

4.1 驱动电机的分类 …………………………………… 69

4.1.1 永磁同步电机 ……………………………… 69

4.1.2 感应电机 …………………………………… 70

4.1.3 直流电机 …………………………………… 71

4.2 驱动电机的基本工作原理 ………………………… 72

4.2.1 电磁感应与相互作用定律 ………………… 72

4.2.2 电磁转矩的产生 …………………………… 73

4.2.3 电磁转矩的量化 …………………………… 76

4.3 驱动电机控制系统的基本工作原理 ……………… 77

4.3.1 电机控制回路 ……………………………… 77

4.3.2 $d-q$ 坐标系 ………………………………… 78

4.3.3 弱磁控制 …………………………………… 81

4.4 准稳态电机模型 …………………………………… 83

4.5 运行区间模型 ……………………………………… 85

4.6 可伸缩电机模型 …………………………………… 86

4.7 直流电机动态模型 ………………………………… 88

4.8 永磁同步电机动态模型 ·· 90

5 动力电池建模与仿真 ·· 98

  5.1 基本工作原理 ··· 98

    5.1.1 动力电池的分类 ·· 98

    5.1.2 铅酸电池 ·· 99

    5.1.3 镍氢电池 ··· 103

    5.1.4 锂离子电池 ··· 106

    5.1.5 性能比较 ··· 109

  5.2 理论比能量模型 ··· 112

  5.3 准稳态模型 ··· 115

  5.4 动态模型 ··· 119

6 传动系统建模与仿真 ··· 122

  6.1 减速器的工作原理 ··· 122

  6.2 减速器建模与仿真 ··· 123

    6.2.1 运动学模型 ··· 123

    6.2.2 准稳态效率模型 ··· 124

    6.2.3 动力学模型 ··· 124

  6.3 离合器的工作原理 ··· 126

  6.4 离合器建模与仿真 ··· 127

    6.4.1 运动学模型 ··· 127

    6.4.2 准稳态模型 ··· 128

    6.4.3 动力学模型 ··· 130

7 螺旋桨建模与仿真 ··· 132

  7.1 螺旋桨的工作原理 ··· 132

    7.1.1 螺旋桨的几何特征 ······································· 132

    7.1.2 理想推进器理论 ··· 136

    7.1.3 理想螺旋桨理论 ··· 138

  7.2 螺旋桨力矩与推力模型 ······································· 141

    7.2.1 作用在桨叶上的力和力矩 ································· 141

    7.2.2 螺旋桨的水动力性能 ····································· 144

    7.2.3 螺旋桨的相似定律 ······································· 145

  7.3 螺旋桨效率模型 ··· 147

    7.3.1 功率传递及推进效率 ····································· 147

    7.3.2 理想推进器的效率 ······································· 149

    7.3.3 理想螺旋桨的效率 ······································· 150

    7.3.4 实际螺旋桨的效率 ······································· 151

8 船舶阻力建模与仿真 ··· 153

8.1 船舶阻力的成因及分类 ································· 153
8.1.1 船体阻力的组成 ································· 153
8.1.2 船体阻力的成因 ································· 154

8.2 阻力相似定律 ··· 155
8.2.1 阻力及相关因素的量纲分析 ················· 156
8.2.2 黏性阻力相似定律——雷诺定律 ············· 157
8.2.3 兴波阻力相似定律——弗劳德定律 ··········· 158
8.2.4 船体总阻力相似定律——全相似定律 ········· 160

8.3 船体摩擦阻力的计算 ··································· 161
8.3.1 平板摩擦阻力系数的计算公式 ··············· 161
8.3.2 船体表面粗糙度补贴系数 ··················· 164
8.3.3 船体摩擦阻力的计算步骤 ··················· 166

8.4 确定船体黏性阻力的方法 ····························· 166
8.4.1 黏压阻力产生的原因 ······················· 167
8.4.2 弗劳德换算法 ····························· 168
8.4.3 三因次换算法 ····························· 169

8.5 确定兴波阻力的方法 ··································· 170

8.6 船舶阻力的近似估算模型 ····························· 171
8.6.1 根据船模系列试验资料估算阻力 ············· 172
8.6.2 根据经验公式估算 ························· 174
8.6.3 根据母型船数据估算 ······················· 177

9 系统联合建模与仿真实例 ································· 179

9.1 仿真对象 ··· 179
9.2 系统联合建模方法 ····································· 180
9.3 模型描述 ··· 180
9.3.1 船舶纵向动力学模型 ······················· 181
9.3.2 船舶阻力模型 ····························· 181
9.3.3 螺旋桨模型 ······························· 182
9.3.4 减速器模型 ······························· 183
9.3.5 发电机模型 ······························· 183
9.3.6 柴油机模型 ······························· 184
9.3.7 驱动电机模型 ····························· 186
9.3.8 动力电池组模型 ··························· 187
9.3.9 混合动力能量管理策略 ····················· 188

9.4 仿真结果 ··· 190
9.4.1 性能评价指标 ····························· 190

9.4.2　仿真参数 ……………………………………………… 191

9.4.3　仿真结果 ……………………………………………… 191

9.5　小结 …………………………………………………………… 196

附录…………………………………………………………………… 198

参考文献………………………………………………………………… 200

1 概　　述

随着全球对海洋环境的重视以及全球海洋战略的深入推进,有关污染物排放的法律法规日趋严格,船舶工业发展遇到了严峻的挑战。新型混合动力系统可在多种动力源之间取长补短,充分发挥不同动力源的优势,在满足船舶于复杂海况下完成航行任务的同时,达到减少油耗、降低排放的目标。混合动力是船舶工业发展应对节能减排新要求的有效途径。

混合动力船舶指配备两种或两种以上动力源的船舶,混合动力系统作为新型的船舶推进技术,已逐步成为一个领先的研究领域。广义的混合动力系统包括柴油机-电机混合(柴电混合)推进、液化天然气(liquid natural gas, LNG)-柴油双燃料内燃机推进、柴油机-风帆联合推进、风帆-太阳能联合推进等多种混合形式。其中,柴电混合动力系统采用柴油机和电机两种动力源,利用电池对船舶的需求功率"削峰填谷",具有油耗低、续航长的显著优势,适用于作业船、渡船、拖船、邮轮等工况频繁变化的船舶,具有良好的推广应用潜力。本书以船舶柴电混合动力系统为主要案例,阐述船舶混合动力系统的原理、建模理论与仿真方法。

1.1　船舶柴电混合动力系统的发展背景

最早的船用柴电混合动力系统源自 20 世纪 70 年代的轴带发电机,以此为基础发展出轴带电机,可与推进柴油机一起通过双输入的耦合齿轮箱共同驱动螺旋桨,也可由推进柴油机发电,通过辅助电机变频器并入船舶电网。当负载较小时,为了维持推进柴油机在高效区域工作,通过闭合轴带电机与齿轮箱之间的离合器,将推进柴油机发出的多余能量通过轴带电机发电输出至船舶电网;当负载较大时,轴带电机从船舶电网获取电能与柴油机一起驱动螺旋桨。这种混合动力系统的优点在于船舶低速航行时节能,多应用于我国渤海海峡和近海的滚装客船。该系统的缺点在于轴带电机本身不可调速,需要利用齿轮箱和可调距桨等机械装置进行速度调节,当负载转速与额定转速差异较大时,受到机械变速装置能力的限制,其应用范围受到制约。

20 世纪 90 年代后期,随着大功率全控型器件及模块的出现,数字信号处理器的广泛应用和脉宽调制技术水平的迅速提高,使得混合动力系统发展也有了很大进步,产生了基于变频轴带的混合动力系统。在该系统中,轴带电机不再被限制在相对恒速状态,而是采用变频器调节将恒频恒压的交流电转换成变频变压信号,用于调节轴带电机的转速,使轴带电机可以在变速状态下运转。对于使用定距桨的船只,航速通过螺旋桨转速调节,无法使用基于常规轴带的混合动力系统,但如果采用基于变频轴带的混合动力系统,则可以通过轴带电机的转速控制来实现与主推进柴油机的联合推进,从而实现经济环保的运行模式。该混合动力系统的特点为适应性强、应用广、能有效降低油耗。在国内,基于变频轴带电机的混合动力系统已广泛使用,如粤海铁路轮渡、5 000 吨级公务船、"海港 711"号油电混合动力拖轮等。

21 世纪以来,节能减排相关法规的要求逐渐严苛,随着电池技术的飞速发展,基于储能系统的船舶混合动力系统应运而生。当船舶正常航行时,采用柴油机推进螺旋桨工作,使柴油机工作在高效区域;当船舶的航行工况发生突变时,储能系统可以快速提供或吸收推进能量,防止负载扰动对推进系统的不利影响;当船舶航行在低负载工况时,柴油机停机,直接采用轴带电机推进,可以有效降低油耗。

考虑航行环境、航行任务的不同,柴油机、电机、电池、螺旋桨等关键部件的数量和参数可灵活设计,构成多种混合动力系统架构,用于适应不同工况需求,达到最佳的船-机-桨匹配性能,使油耗降低、排放减少。近年来,船舶混合动力系统的应用需求增长较快,为了促进其高质量发展,需要对架构、参数、能量管理、模式切换等开展精益设计,有必要深入理解混合动力系统的运行机理及仿真技术的应用,并对其性能进行预测、分析与控制。

1.2　柴电混合动力系统架构的类型

从能量流的角度考虑,柴电混合动力系统的架构可分为3类。第1类是串联式混合动力系统,柴油机将动力输出至发电机,发电机将机械能转换为电能,电能输出至电池储存或输出至船舶电网,驱动电机从电池或船舶电网获取电能,将电能转换为机械能,输出至螺旋桨,推动船舶航行。能量流从柴油机传输到发电机,然后到电池或船舶电网,再到驱动电机,最后到螺旋桨,以串联方式传输。

第2类是并联式混合动力系统,由柴油机和电机分别或同时输出机械能至螺旋桨,推动船舶航行。能量流有两条路径,一条是从柴油机传输至螺旋桨;另一条是从驱动电机传输至螺旋桨。驱动电机的电能来自电池或船舶电网,能量流通过两条路径可独立或并行传递,故称为并联式混合动力系统。

第3类是混联式混合动力系统,即把串联式和并联式混合动力架构组合,形成串-并联式混合动力系统,能量流既能以串联方式传输,又能以并联方式传输,因此兼具了串联和并联的优点。但是,混联式混合动力系统的架构一般更加复杂,系统部件更多,成本也更高。

1.2.1　串联式混合动力系统架构

串联式混合动力系统的能量流如图1-1所示,从能量流的角度考虑,串联式混合动力系统的运行分为能量存储过程和能量释放与利用过程。在能量存储过程中,柴油机产生能量经发电机转换为电能,向电池充电;在能量释放与利用过程中,电池放电,驱动电机从电池获取电能,转换为机械能。

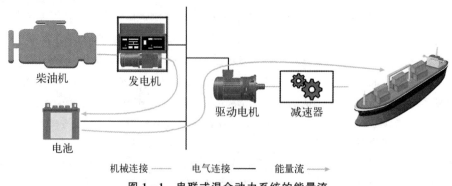

图1-1　串联式混合动力系统的能量流

由此可见,在串联式混合动力系统中柴油机与螺旋桨之间没有机械连接,因此柴油机转速不受航速或螺旋桨转速的限制,即使在低航速或重载工况下,柴油机仍可以根据柴油机的特性选择效率较高的区域运行,避免传统柴油机直接驱动螺旋桨带来的低效率问题。串联式混合动力系统可以使柴油机的工作范围从低效区迁移至高效区,从而降低油耗。

在串联式混合动力系统中,驱动电机与螺旋桨之间直连或者通过减速器连接,这种机械连接使得驱动电机输出的转速、转矩必须满足船舶航行的需求。由于驱动电机的高效范围一般较宽,从低转速到高转速,从低转矩到高转矩,驱动电机均可以高效率运行。因此,串联式混合动力可以发挥驱动电机高效区域范围宽的优势。

在串联式混合动力系统中,当柴油机、发电机在高效区域运行输出的电能超过当时船舶运行的需求时,超过部分可充电至电池。而当柴油机、发电机在高效区域运行输出的电能不足以提供当时船舶运行的需求时,不足部分可从电池得到。这样,电池对船舶动力系统的需求功率起到"削峰填谷"的作用,有效地保证了柴油机在高效区域持续工作。

与传统的柴油机通过机械连接驱动螺旋桨的动力系统相比,从柴油机到螺旋桨之间的能量传递环节增多,可能导致一些航行工况下的动力系统总体效率降低。另外,串联式混合动力系统增加了发电机、电池、驱动电机以及相应的电力电子部件,系统部件增加,导致成本增加、故障率增加。

1.2.2　并联式混合动力系统架构

并联式混合动力系统的能量流如图 1-2 所示。从能量流的角度考虑,两条能量流路径均可以驱动螺旋桨,一条来自柴油机,通过减速器、轴等与螺旋桨机械连接;另一条来自电池,电能通过驱动电机转换为机械能,然后通过减速器、轴等也与螺旋桨机械连接。两条路径需经由二输入、一输出的耦合器进行耦合后输出至螺旋桨。

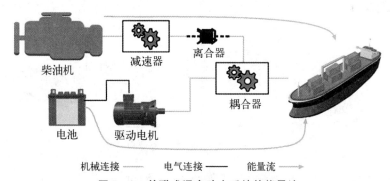

图 1-2　并联式混合动力系统的能量流

由此可见,在并联式混合动力系统中,当柴油机的输出功率不足以提供船舶航行所需的功率时,驱动电机可以作为辅助动力,共同驱动螺旋桨。此时由于使用电能,柴油机的耗油量比传统由单一柴油机驱动的动力系统的耗油量减少了。

当船舶航行需求功率很低时,如果采用第 1 条能量流路径,则柴油机输出功率很低,柴油机的效率也很低。因此,在并联式混合动力系统中宜采用第 2 条能量流路径,同时关闭柴油机或通过离合器断开柴油机输出的能量流路径,发挥驱动电机高效区域范围宽的优势。

在并联式混合动力系统中,驱动电机的电能来自电池,电池电量来自插电或其他动力设备。

为了延长纯电驱动的航行里程,必须使用大容量电池以及具有方便充电或供电的动力设备。

可见,在并联式混合动力系统中,为了接通或断开柴油机输出能量流的路径,需要机械开关装置,即图1-2中的离合器。当离合器断开时,柴油机停机,避免被反拖倒转。当离合器接合时,柴油机正常输出,可独立驱动螺旋桨,或者与驱动电机一起共同驱动螺旋桨。当工况频繁变化时,离合器需要频繁开关。

此外,在并联式混合动力系统中为了实现两条能量流路径的耦合,需要二输入、一输出的耦合装置。该装置区别于一般的单入、单出的齿轮箱,需对转矩、转速不同的两个输入进行高效、平顺的耦合,并输出至螺旋桨。

在并联式混合动力系统中,柴油机与螺旋桨之间有机械连接,因此柴油机转速受到船舶航速或螺旋桨转速的约束,不能自由选择工作区域。只有当螺旋桨转速对应柴油机转速以及当柴油机的输出转矩正好处于柴油机特性的高效区域时,柴油机才能高效运行。

与传统的柴油机通过机械连接驱动螺旋桨的单一动力系统相比,并联式混合动力系统增加了电池、驱动电机、离合器、耦合器以及相应的控制系统,成本有所增加,故障率也可能增多。

与串联式混合动力系统相比,并联式混合动力的两条能量流路径都直接通过机械连接输出至螺旋桨,没有电能与机械能之间的反复转换,减少了转换环节带来的能量损失。

1.2.3 混联式混合动力系统架构

混联式混合动力系统融合了串联和并联两种能量流动方式,其架构总体上比串联式或并联式混合动力都复杂,为了实现串联式和并联式能量流的切换,需要增加切换部件。一种架构设计如图1-3所示,在如前所述的串联式和并联式混合动力的基础上增加了一组离合器。

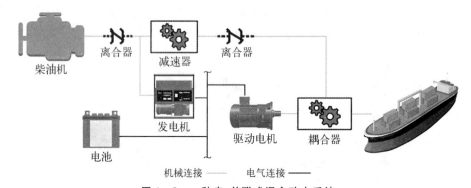

图1-3 一种串-并联式混合动力系统

该混联式混合动力系统的串联式能量流如图1-4(a)所示,离合器1闭合,离合器2断开。柴油机输出的机械能经发电机转换为电能,经充电储存在电池中。此时,柴油机与螺旋桨之间没有机械连接,螺旋桨由驱动电机独立驱动。驱动电机将电池中的电能转换为机械能,输出至螺旋桨。

该混联式混合动力系统的并联式能量流如图1-4(b)所示,离合器1闭合,离合器2也闭合。这时,柴油机与螺旋桨之间有机械连接,由离合器1、减速器、离合器2、耦合器以及相应轴系组成,构成第1条能量流路径。同时,驱动电机与螺旋桨之间也有机械连接,由耦合器以及相应轴系组成,构成第2条能量流路径。这两条能量流经耦合器耦合,则柴油机和驱动电机可共同驱动螺旋桨。当离合器1和离合器2均断开时,驱动电机可单独驱动螺旋桨。当驱动电机输出转矩为零时,柴油机可单独驱动螺旋桨。

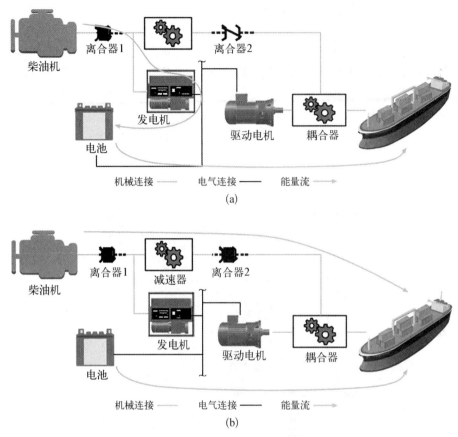

图 1 - 4 串-并联式混合动力系统的能量流

（a）串联式能量流；（b）并联式能量流

该混联式混合动力系统的电池可由柴油机通过发电机充电，也可由船舶岸电充电。在串联模式下运行，柴油机的运行独立于船舶航行需求，能发挥柴油机效率高、续航行程长的优点。在并联模式下运行，从柴油机或驱动电机到螺旋桨的驱动中间环节少，效率高，能发挥中间环节损耗低、驱动电机助力、利用岸电的优点。两种模式的切换通过控制离合器 1 的断开和闭合实现。

通过比较 3 种混合动力架构（串联式、并联式和混联式）可以得出结论：在频繁变化的工况下，串联式混合动力系统的燃油经济性更好；在高速、稳定的航行工况下，并联式混合动力系统的燃油经济性更好；在时而频繁变化、时而稳定的航行工况下，混联式混合动力系统可灵活切换，达到系统总体的最佳燃油经济性。

与串联式或并联式混合动力系统比较，混联式混合动力系统的缺点在于系统部件多，导致成本增加、故障率增高的问题，此外模式切换复杂，对系统可靠性也是挑战。

1.3　几种典型的船舶柴电混合动力系统

本节从能量流的角度分析 3 种典型的船舶柴电混合动力系统，即基于常规轴带电机的船舶混合动力系统、基于储能系统的船舶混合动力系统和多主机全电动力系统，初步理解该混合动力系统的优势、劣势与适用范围，并理解 PTO(power take off)、PTI(power take in)、PTH (power take me home)等功能的能量流路径。

1.3.1 基于常规轴带电机的船舶混合动力系统

基于常规轴带电机的船舶混合动力系统组成如图1-5所示。当负载较小时,为了将柴油机的运行维持在高效区域,轴带电机以发电方式工作,将柴油机输出的多余能量通过轴带电机转换成电能输出至船舶电网,供其他负载使用。

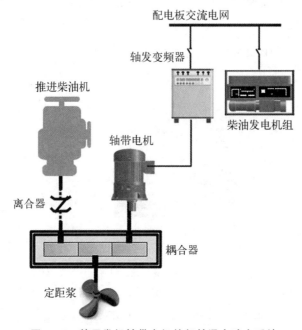

图1-5　基于常规轴带电机的船舶混合动力系统

当负载较大、需要轴带电机辅助推进时,通过轴发变频器从船舶电网获取电能,供轴带电机使用,将电能转换为机械能,通过齿轮箱与柴油机的输出相耦合,共同驱动螺旋桨。

该混合动力系统的能量流如图1-6所示。总体上讲,该类系统具有并联式和伪串联式两

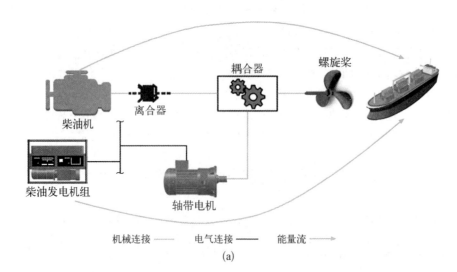

(a)

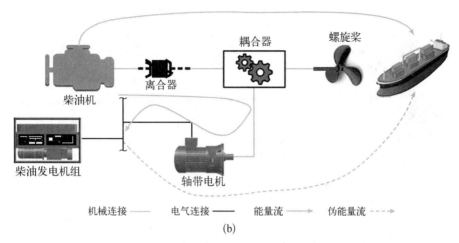

图 1-6　基于常规轴带电机的船舶混合动力系统能量流

(a) 并联式能量流;(b) 伪串联式能量流

种能量流。其中,当在并联式能量流模式工作时,离合器闭合,轴带电机与柴油机共同驱动,尽可能地使柴油机工作在高效区,柴油机功率不足部分由轴带电机提供。离合器闭合,当轴带电机输出转矩为零时,则柴油机可独立驱动螺旋桨。离合器断开,轴带电机可独立驱动螺旋桨。

当在伪串联式能量流模式工作时,离合器闭合,轴带电机以发电方式工作,柴油机输出的机械能经轴带电机转换为电能,供船舶电网使用,这是能量存储的过程。然后,当船舶低负载工况航行时,柴油机停机,轴带电机以电动方式工作,从船舶电网获取电能,驱动螺旋桨,这是能量释放与利用的过程。由此可见,轴带电机既做电动机又做发电机,可是它无法同时既电动又发电,这两个方式只能分时工作,所以这种能量存储、能量释放和利用的方式与典型的串联式能量流的方式不同,故称为伪串联式能量流。

基于常规轴带电机的船舶混合动力系统支持 PTO、PTI、PTH 等功能,如图 1-7 所示。主机一般应工作在高效区域,当主机输出功率大于船舶运行需求功率时,超过的部分通过轴带电机输出至船舶电网,用于船舶生活用电或设备用电,此时,船舶动力系统实现从主机获取能量向船舶电网输出,即实现 PTO 功能,如图 1-7(a) 所示。

当船舶运行需求功率较小时,可以完全由柴油发电机供电的船舶电网提供电能,则此时柴油机停机,轴带电机从船舶电网获取电能,驱动螺旋桨,该纯电驱动方式即为实现 PTI 功能。当主机发生故障,船舶完全依赖船舶电网提供电能,由轴带电机以纯电驱动方式航行回到港口。此时即实现 PTH 功能,如图 1-7(b) 所示。

1.3.2　基于储能系统的船舶混合动力系统

一种基于储能系统的船舶混合动力系统组成如图 1-8 所示。该混合动力系统采用共直流母排及一机双桨。当船舶正常运行时,离合器闭合,左、右柴油机分别通过耦合齿轮箱与螺旋桨连接,此时柴油机应运行在高效区域。

当船舶处于低速、低负载工况下运行时,断开离合器或关闭柴油机,由轴带电机单独驱动螺旋桨,可以减少燃油消耗。

当船舶转向时,左侧推进制动、右侧推进加速,左侧推进的制动能量通过轴带电机转换为

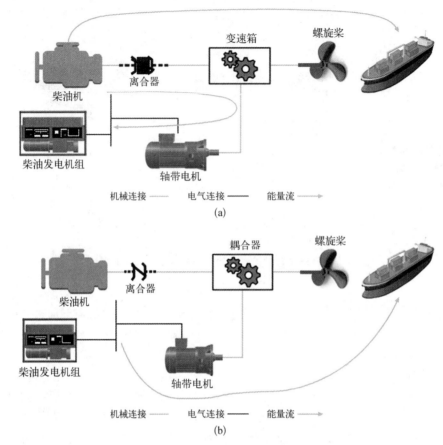

图 1-7　基于常规轴带电机的船舶混合动力系统的工作模式

（a）PTO（从柴油机获取能量输出至船舶电网）；（b）PTI 或 PTH（从船舶电网获取能量输出至螺旋桨）

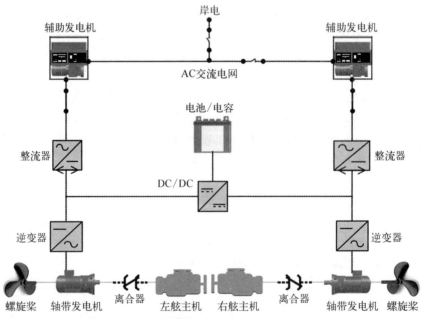

图 1-8　基于储能系统的船舶混合动力系统

电能,回馈至直流母排;同时,右侧推进的轴带电机从直流母排获取电能,转换为机械能,通过耦合齿轮箱输出,与右侧柴油机共同驱动右侧螺旋桨。

当船舶制动时,左右两侧推进的制动能量均通过轴带电机转换为电能,回馈至直流母排,存储至储能系统。

当船舶工况突变时,储能系统可以快速放电或者充电,防止负载扰动对推进系统产生不利影响。

从能量流的角度讲,基于储能系统的船舶混合动力系统具有并联式能量流和伪串联式能量流,分别如图1-9和图1-10所示。当运行在并联能量流模式时,两条能量流路径并行,第1条为柴油机输出的机械能通过离合器驱动螺旋桨;第2条为轴带电机从储能系统中获取电能,转换为

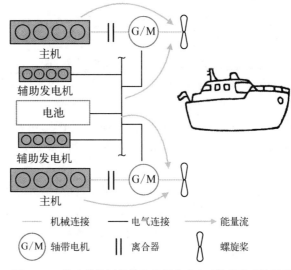

图1-9　基于储能系统的船舶混合动力系统并联式能量流

机械能,也通过耦合齿轮箱驱动螺旋桨。这样,柴油机输出功率不足以提供船舶航行的需求功率部分,由轴带电机补充提供,因此柴油机可以尽量运行在高效区域。

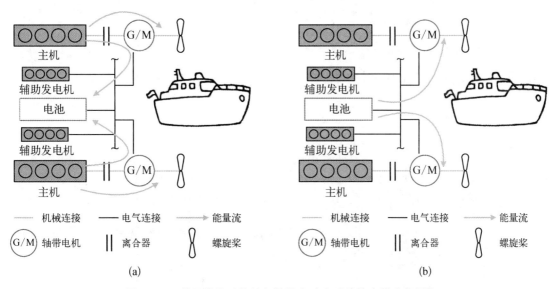

图1-10　基于储能系统的船舶混合动力系统伪串联式能量流

(a) 伪串联式能量流的能量存储过程,支持PTO功能;(b)伪串联式能量流的能量释放与利用过程,支持PTI、PTH功能

当柴油机输出功率超过船舶航行的需求功率时,轴带电机作为发电机,将柴油机输出多余的机械能转换为电能,存储于储能系统,这是伪串联能量流模式的能量存储过程。当船舶航行需求功率很低或者柴油机不足以提供船舶航行的需求功率时,轴带电机可作为电动机驱动螺旋桨,此时轴带电机将从储能系统中获取电能,这是伪串联能量流模式的能量释放与利用过程。

当船舶电网与储能系统可双向互充时,基于储能系统的船舶混合动力系统支持PTO功能,如图1-10(a)所示。当柴油机输出功率大于船舶航行的需求功率时,超过的部分通过轴带电机输出至储能系统,也可以输出至船舶电网,用于船舶生活用电或设备用电,此时该混合动力系统实现从柴油机获取能量向船舶电网输出,即实现PTO功能。

类似地,当船舶电网与储能系统可双向互充时,基于储能系统的船舶混合动力系统也支持PTI和PTH功能,如图1-10(b)所示。当船舶航行的需求功率较小时,可以完全由轴带电机从船舶电网或储能系统获取电能并驱动螺旋桨,即纯电驱动,此时柴油机停机,离合器断开,螺旋桨的机械能从船舶电网获得,即实现PTI功能。当柴油机发生故障,断开离合器,船舶以纯电驱动方式航行回到港口,此时轴带电机从船舶电网或储能系统获取电能并驱动螺旋桨,实现PTH功能。

总体上讲,基于储能系统的船舶混合动力系统具有并联式和伪串联式两种能量流。除了具有一般串-并联混合动力系统的优势之外,还具有以下优势:

(1)双机双桨结构比单机单桨结构复杂,也更加灵活。比如,一个轴带电机驱动,另一个轴带电机发电。

(2)储能系统可以存储主机发出的多余能量,当船舶工况发生突变时,可以快速提供或吸收推进能量,防止负载扰动对推进系统或船舶电网的影响。

(3)储能系统还提供了电能来源的灵活性,比如岸电、太阳能等,都可以存储在电池中,当船舶航行需要时释放供利用。

1.3.3　多主机全电动力系统

一种典型的不含储能装置的多主机全电动力系统组成如图1-11所示。多主机全电动力系统由柴油机、发电机、船舶电网、电机以及相应的控制系统组成,其中船舶电网包括配电柜、变压

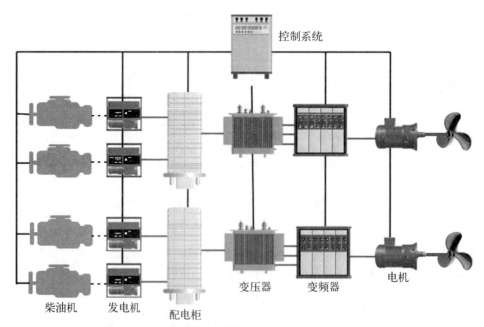

图1-11　不含储能装置的多主机全电动力系统组成

器、变频器等设备。多组柴油机、发电机向船舶电网提供电能,提供船舶推进、日用负载、作业负载等电力需求。柴油机与螺旋桨之间没有机械连接,而是通过发电机、电机进行机械能与电能之间的转换。

从能量流的角度理解多主机全电动力系统,柴油机输出的机械能通过发电机转换为电能,进入船舶综合电网,这是电能产生过程。然后,电机根据船舶航行需求从船舶综合电网上获取电能,并转换为机械能驱动螺旋桨,从而推动船舶航行,这是能量释放与利用过程。多主机全电动力系统的工作过程体现了电能产生、释放与利用的特点,是典型的串联式能量流,如图 1-12 所示。

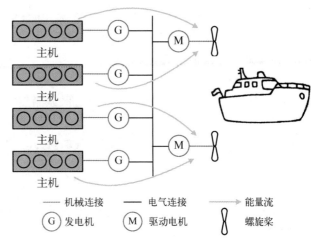

图 1-12　多主机全电动力系统的串联式能量流

多主机全电动力系统支持从柴油机到船舶动力电网的 PTO 功能,也支持从船舶动力电网到驱动电机的 PTI 功能。当部分柴油机发生故障停机时,其他正常运行的柴油机仍然可以通过发电机输出电能,提供给驱动电机,驱动螺旋桨,支持 PTH 功能,使船舶航行回到港口。但是,当所有柴油机发生故障停机时,由于没有储能系统,驱动电机无法运行,即无法支持 PTH 功能。

一般而言,船舶动力电网是船舶大电网中的一个子网,为了避免电压波动,柴油机、驱动电机根据需求功率闭环控制,柴油机的输出不向船舶大电网提供电能,即不支持从柴油机到船舶大电网的 PTO 功能,也不支持从船舶大电网取电,即也不支持 PTI 功能。此外,如果支持从柴油机到船舶大电网的 PTO 功能和从船舶大电网到柴油机的 PTI 功能,则电网稳定性需要特别的技术进行处理。

由上述分析可知,多主机全电动力系统具有以下优点:① 柴油机与螺旋桨之间没有机械连接,即使工况多变,柴油机仍可以维持在高效率区域稳定运行;② 系统由多个柴油发电机组组成,可以灵活地根据负载功率需求选择运行或停机,有利于提高柴油机利用率。

同时,多主机全电动力系统具有以下缺点:① 柴油机功率须与负载功率匹配,特别在低转速、小转矩负载工况下,所有功率匹配的工作点效率都较低,则柴油机无法在高效区域运行,因而限制了柴油机效率的提升;② 从柴油机到螺旋桨,能量传输环节多,降低了动力系统总体效率。

1.4　船舶混合动力系统的评价指标

评价指标是船舶混合动力系统选型、设计、优劣判断的依据,它在一定程度上定义了船舶混合动力系统发展的方向。与一般船舶动力系统类似,船舶混合动力系统的评价指标分为技术指标和经济指标两大类。相比较而言,船舶混合动力系统的评价指标着重强调节能减排相关的油耗、排放等指标。

1.4.1　技术指标

船舶混合动力系统的技术指标包括技术性能、结构特性等参数,一般从功率、续航力、排放、重量、尺寸、机动性、噪声等方面进行评价。在以下定义中,船舶动力系统的原动机通常称为主机,柴油机是最常见的船舶主机。

1. 功率指标

功率指标表示船舶做功的能力。为了保证船舶能以一定的航速航行,要求动力系统提供足够的功率。动力系统提供的最大功率由船舶的最大航速决定。船舶航行时,螺旋桨产生的推力必须克服船体受到的来自水流和空气的阻力,这些阻力取决于船舶线型、尺寸、航速,以及风浪大小和航道深浅等。

1) 船舶有效功率

船舶有效功率 P_e(kW)是指推进船舶航行所需的功率。设航行阻力为 R(N),航速为 v_s(m/s),则有效功率

$$P_e = R \times v_s \times 1/1\,000 \qquad (1-1)$$

阻力 R 相当于以航速 v_s 拖动船模(或实船)时绳索上的拖曳力。该拖曳力的功率,即拖曳功率,表示为 P_R(kW),该值可从船模(或实船)的静水试验中得到。

2) 主机的输出功率

主机的输出功率,即主机的制动功率或主机的有效功率 P_e(kW)。考虑从主机到螺旋桨之间的传动损失,主机的输出功率实际上应大于船舶有效功率。

3) 相对功率

相对功率 P_τ(kW/t)是对应于船舶每吨排水量所需的主机有效功率,即

$$P_\tau = P_e/D \qquad (1-2)$$

式中,D 为船舶排水量,单位为 t。

2. 续航力

续航力是指船舶在加足航行所需的物资(燃油、滑油和淡水等,主要指燃油)后所能航行的最大距离或最长时间。续航力不仅与动力系统的效率和物资储备量有关,还与航速、航线的风浪流环境有很大关系。

3. 排放

船舶动力系统的排放主要指船舶航行造成的空气污染,包括有害气体和温室气体。有害气体指废气中排出的 CO(一氧化碳)、HC(碳氢化合物)和 NO_x(氮氧化物)、PM(微粒、碳烟)等。

CO 是燃油氧化不完全的中间产物,当氧气不充足时会产生 CO,混合气浓度大及混合气不均匀都会使排气中的 CO 增加;HC 是燃料中未燃烧的物质,由于混合气不均匀、燃烧室壁冷等原因造成部分燃油尚未来得及燃烧就被排放出去;NO_x 是燃料在燃烧过程中产生的一种物质,PM 也是燃油燃烧时因缺氧而产生的一种物质,以柴油机最明显。因为柴油机采用压燃方式,柴油在高温高压下裂解更容易产生大量肉眼看得见的碳烟。

温室气体一般指 CO_2(二氧化碳)。2018 年 4 月 13 日,国际海事组织(International Maritime Organization,IMO)通过了《国际海运温室气体减排初步战略》[MEPC.304(72)号决议],提议

到 2030 年全球海运单位运输活动的平均排放 CO_2 与 2008 年相比至少应降低 40%，到 2050 年争取降低 70%。降低温室气体排放量是船舶动力系统发展的必然需求，也是船舶动力系统技术面临的挑战。

4. 重量

1）主机的单位重量

主机的单位重量 g_m 指主机单位有效功率的重量，即

$$g_m = G_m/P_e \tag{1-3}$$

式中，G_m 为主机重量，单位为 kg；P_e 为主机的有效功率，单位为 kW。

2）动力系统的单位重量

动力系统的单位重量 g_z 指动力系统单位有效功率的重量，即

$$g_z = G_z/P_z \tag{1-4}$$

式中，G_z 为动力系统重量，单位为 kg；P_z 为动力系统的有效功率，单位为 kW。

3）主机的相对重量

主机的相对重量 a_m 指主机重量与船舶排水量之比，即

$$a_m = G_m/D \tag{1-5}$$

式中，G_m 为主机重量，单位为 kg；D 为船舶排水量，单位为 t。

4）动力系统的相对重量

动力系统的相对重量 a_z 指动力系统重量 G_z 与船舶排水量 D 之比，即

$$a_z = G_z/D \tag{1-6}$$

式中，G_z 为动力装置重量，单位为 kg；D 为船舶排水量，单位为 t。

5. 尺寸

为了表征机舱的面积和容积利用率，引入面积饱和度和容积饱和度两个指标。

1）面积饱和度

面积饱和度 K_S 指每平方米机舱面积所分配的主机有效功率，即

$$K_S = P_e/S \tag{1-7}$$

式中，P_e 为主机有效功率，单位为 kW；S 为机舱所占的面积，单位为 m^2。

2）容积饱和度

容积饱和度 K_V 指每立方米机舱容积所分配的主机有效功率，即

$$K_V = P_e/V \tag{1-8}$$

式中，P_e 为主机有效功率，单位为 kW；V 为机舱所占的容积，单位为 m^3。

6. 机动性

机动性指改变船舶航行状态的灵敏性，它是船舶安全航行的重要保证。船舶起动、变速、倒航和回转性能是船舶机动性能的主要体现，而船舶机动性能取决于动力系统的机动性。动力系统的机动性由以下几个指标来体现。

1）启航时间

启航时间是指从接到启航命令开始，经过暖机、备车和试车，使主机达到随时可用状态的

时间。启航时间越短,船舶机动性越好。

2）主机由起动开始至达到全功率的时间

主机由起动开始至达到全功率的时间是加速性能的指标。影响主机加速的因素有其运动部件的质量惯性、受热部件的热惯性等,中速柴油机的热惯性优于低速柴油机。

3）主机换向时间

主机换向时间是指主机在最低稳定转速时,由发出换向指令到主机以相反方向开始工作所需的时间。换向时间越短,主机的机动性越好。

4）船舶由全速前进变为倒航所需的时间

船舶由全速前进变为倒航所需的时间(滑行距离)是体现主机紧急倒车性能的指标。船舶滑行距离主要取决于船舶的装载量、航速、主机换向性能和主机倒车功率。

5）主机最低稳定转速和转速禁区

柴油机在低转速运行时各缸供油量显著不均,情况严重时,个别缸无法正常燃烧而使转速不稳,甚至自动停车。因此,柴油机有一个使各缸都能够均匀发火的最低转速,称为最低(工作)稳定转速。

船用主柴油机(尤其是直接驱动螺旋桨的主柴油机)的最低稳定转速直接影响船舶微速航行性能。一般低速柴油机的最低稳定转速不高于标定转速的30%,中速机不高于40%,高速机不高于45%。在主机使用转速范围内如果存在引起船舶或轴系共振的临界转速,则应规定为转速禁区,并以红色在主机转速表上标示。在主机使用转速范围内,转速禁区越窄越好。

7. 噪声

船舶动力系统在运行时可能发出令人不舒适的声音。船舶噪声关系到船舶的运行安全,例如船桥上噪声过高会影响指挥,声呐导流罩内噪声过高会严重影响声呐设备的正常工作并干扰声呐对水下目标(暗礁、沉船、潜艇等)的探测。潜艇的水下噪声会给敌方指示探测目标。船舶噪声还会影响乘员和旅客的健康与环境的舒适度。

为了保证船舶的安全行驶,同时能让旅客得到安静的休息,船舶噪声的控制标准一般规定:无人值班的机舱不高于110 dB,有人值班的机舱主机操纵处不高于90 dB,驾驶室不高于65 dB,客舱内不高于60 dB。

1.4.2　经济指标

船舶动力系统的经济指标指船舶运输生产产生的经济效果,一般从效率、油耗/能耗、经济航速、成本等方面进行评价。

1. 动力系统的总效率

动力系统的总效率主要由主机的热效率、传动装置的传动效率组成。

(1) 主机的热效率,指主机功率的热当量与其所消耗的热量之比。

(2) 传动装置的传动效率,指传动装置的输出功率与传动装置的输入功率之比。

2. 燃油消耗

对于以柴油机作为主机的船舶动力系统,其燃油消耗率的评价指标一般有主机的燃油消耗率、主机日耗油量、船舶耗油量以及船舶每海里耗油量,具体定义如下。

1）主机的燃油消耗率

主机的燃油消耗率 g_e 是指单位有效功的耗油量,即

$$g_e = G_e/P_e \tag{1-9}$$

式中，G_e 为主机每小时燃油消耗量，单位为 g/h；P_e 为主机有效功率，单位为 kW。

2）船舶主机日耗油量

船舶主机日耗油量 G_{de} 是指主机在 24 h 内的燃油消耗量。

3）船舶日耗油量

船舶日耗油量 G_D 是指每 24 h 船舶主机与辅机所消耗的燃油总量。

4）船舶每海里耗油量

船舶每海里耗油量 g_n 是指船舶航行每海里所消耗的燃油总量，即

$$g_n = G_T/v_S = (G_{Te} + G_{Tg} + G_{Tb} + G_{To})/v_S \tag{1-10}$$

式中，G_T 为船舶每小时燃油消耗量，单位为 t/h；v_S 为航速，单位为 n mile/h，也称为节（knot）；G_{Te}、G_{Tg}、G_{Tb}、G_{To} 分别为主机、发电柴油机、燃油辅助锅炉、焚烧炉等其他耗油设备每小时的耗油量，单位为 t/h。一般情况下，G_{Tg}、G_{Tb}、G_{To} 与航速无关。

3. 经济航速

船舶的经济航速是指船舶营运时取得的某种经济效果的航速，常用的经济航速包括节能航速、最低营运费用航速和最大盈利航速。

1）节能航速

节能航速是指每小时燃油消耗量最低时的静水航速，常由主机按推进特性运行时能维持正常工作的最低稳定转速决定。营运船舶在实现减速航行时，主机输出的功率明显减少，其每海里燃油消耗率大幅度降低。但航速降低后，营运时间延长，运输的周转量减少，故当船舶需实现减速航行时，应结合企业的货源、运力及完成运输周转量的情况综合考虑。

2）最低营运费用航速

最低营运费用航速是指船舶每海里航行发生的船舶动力系统运营费用最低时的航速，可用于船舶及其动力系统的性能评价及选型。在满足完成运输周转量的前提下，船舶按最低营运费用航行，其成本最低。

3）最大盈利航速

最大盈利航速是指每天（或船舶在营运期间）能够获得最大利益的航速。此航速往往与每海里（或千米）运费收入、停港天数及船舶每天付出的固定费用有关。一般在运费收入低、停港时间长、运输距离短、油价高的情况下，其最大盈利航速较小。

4. 成本

船舶动力系统的成本指标指船舶动力系统采购和运营的总费用。船舶动力系统的营运费用由其固定费用和船舶航行时的油费构成。其中，固定费用包括折旧费、修理费、船员工资、港口使用费、管理费、利息、税金等，油费包括燃油和滑油费用。

1.5 混合动力系统模型的类型

为了对船舶混合动力系统进行设计、分析和性能预测，需要建立系统模型。模型是通过主观意识借助实体或者虚拟表现构成客观阐述形态结构的一种表达目的的物件。系统建模需要对研究的实体进行必要的简化，并用适当的变现形式或规则将其主要特征描述出来，最终所得

到的系统模仿品称为模型。针对船舶混合动力系统,主流的数学模型有精细化机理模型、面向控制的简化动态模型、稳态模型和机器学习模型。

1.5.1 精细化机理模型

精细化机理模型又称为白箱模型,是根据对象的内部机制或者物质、能量流的传递机理建立起来的精确数学模型。比如,基于质量平衡方程、能量平衡方程、动量平衡方程、相平衡方程以及某些物性方程、化学反应定律、电路基本定律等而获得对象或过程的数学模型。

精细化机理模型的优点是参数具有非常明确的物理意义,能准确反映内部机制。它也存在一些缺点:对于某些对象,规律还不清晰,难以写出完整的数学表达式,导致精细化机理模型无法建立。对于某些对象,即使可以写出完整的数学表达式,可是表达式中的参数较多,且难以确定,参数不准确,将导致模型精度降低。为了获得模型中参数的正确取值,可能需要开展大量试验,存在试验周期长、成本昂贵的问题,是建立高精度的精细化机理模型的障碍。此外,精细化机理模型往往计算量较大,对计算资源要求较高,模型的开发与更新的周期长。

1.5.2 面向控制的简化动态模型

简化的动力学模型是一种典型的面向控制的动态模型,反映动力系统中力与运动的基本关系。考虑计算量、分析复杂度等因素,往往将一些复杂非线性、时变因素采用适当假设进行简化。该模型一般可以作为面向控制的动态模型,即在控制系统计算机仿真中,指控制算法所针对的过程或系统的数学模型。

控制模型在控制系统的设计中非常重要。如果预知系统的模型,就可以依据模型特性设计合适的控制器,使得系统响应达到预期的控制性能,从而符合工程实际的需要。控制模型与控制算法一起构成一个计算机模拟的控制系统。控制模型一般基于诸多假设进行简化,减少计算量,方便控制算法设计。控制模型的误差对控制性能的影响,可以通过控制算法鲁棒性进行补偿。

控制模型反映系统变量(输入变量、输出变量、内部状态变量)间的因果关系和变换关系,主要有两种控制模型,即输入输出模型和状态空间模型。输入输出模型是从系统外部的视角,反映系统输入变量和输出变量之间的因果关系;状态空间模型是从系统内部的视角,反映内部状态的迁移过程。

针对如图 1-13 所示的单输入、单输出模型,系统输入 $u(t)$ 和系统输出 $y(t)$ 之间因果关系由如下微分方程描述:

$$a_n \frac{\mathrm{d}^{(n)} y}{\mathrm{d}t^n} + a_{n-1} \frac{\mathrm{d}^{(n-1)} y}{\mathrm{d}t^{n-1}} + \cdots + a_1 \frac{\mathrm{d}y}{\mathrm{d}t} + a_0 y = b_m \frac{\mathrm{d}^{(m)} u}{\mathrm{d}t^m} + b_{m-1} \frac{\mathrm{d}^{(m-1)} u}{\mathrm{d}t^{m-1}} + \cdots + b_1 \frac{\mathrm{d}u}{\mathrm{d}t} + b_0 u$$

$$(1-11)$$

其传递函数描述形式如下(其中 s 为复频域变量):

$$Y(s) = G(s)U(s) \tag{1-12}$$

式中,

$$G(s) = \frac{b_m s^m + b_{m-1} s^{m-1} + \cdots + b_1 s + b_0}{a_n s^n + a_{n-1} s^{n-1} + \cdots + a_1 s + a_0}$$

$$(1-13)$$

针对如图 1-14 所示的多输入、多输出状态迁移动态模型,其输入向量为 $\boldsymbol{u}=\begin{bmatrix} u_1 & u_2 & \cdots & u_p \end{bmatrix}^{\mathrm{T}}$,输出向量为 $\boldsymbol{y}=\begin{bmatrix} y_1 & y_2 & \cdots & y_q \end{bmatrix}^{\mathrm{T}}$,状态向量为 $\boldsymbol{x}=\begin{bmatrix} x_1 & x_2 & \cdots & x_n \end{bmatrix}^{\mathrm{T}}$,一般系统的状态方程描述为

$$\dot{\boldsymbol{x}}(t)=f(\boldsymbol{x},\boldsymbol{u},t)$$
$$\boldsymbol{y}(t)=g(\boldsymbol{x},\boldsymbol{u},t) \tag{1-14}$$

式中,$f(\cdot)$、$g(\cdot)$ 为函数。

如果该系统为线性系统,则该线性系统的状态方程描述为

$$\dot{\boldsymbol{x}}(t)=\boldsymbol{A}\boldsymbol{x}(t)+\boldsymbol{B}\boldsymbol{u}(t)$$
$$\boldsymbol{y}(t)=\boldsymbol{C}\boldsymbol{x}(t)+\boldsymbol{D}\boldsymbol{u}(t) \tag{1-15}$$

式中,$\boldsymbol{A}$、$\boldsymbol{B}$、$\boldsymbol{C}$、$\boldsymbol{D}$ 为矩阵。

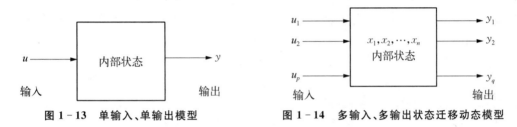

图 1-13　单输入、单输出模型　　　　图 1-14　多输入、多输出状态迁移动态模型

1.5.3　稳态模型

稳态模型为忽略对象瞬态行为的数学模型,描述系统已稳定运行在某种工作状态下,其参数保持不变,系统各变量经过一定时间的调整,已经按照某一规律有序地变化。在稳态条件下,描述系统各变量之间关系的代数方程为稳态模型。与之相比较,描述系统变量各阶导数之间关系的微分方程即系统的动态模型。

对于时变或非线性系统,因其参数随时间变化或变量是非线性的,使系统建模、分析和设计较为困难。这时,往往在稳态工作点附近忽略其参数变化,建议用一个近似的线性定常系统数学模型来简化处理。由于该模型是在稳态工作点上建立的,只能描述该点的工作状态,因而称为稳定工作点模型或稳态特性模型,简称为稳态模型。

比如,柴油机燃油消耗率的等高线图是以某稳定转速、某稳定转矩运行一段时间测量得到的燃油消耗,该燃油消耗率忽略加速、减速的影响,忽略转矩变化的影响。直流电机调速系统的建模可以直接从直流电动机的稳态等效电路出发,根据电路的基尔霍夫第一定律和基尔霍夫第二定律,列出电动机绕组的电压平衡方程、转速和转矩方程及其运动方程。交流调速系统也是基于稳态等效电路,在稳态工作点邻域线性化来建立其近似动态模型。

1.5.4　机器学习模型

机器学习模型是一种黑箱模型,从数学形式上讲是一个函数,其作用是实现从一个样本 x 到样本的标记值 Y 的映射,即 $f(x) \to Y$。具体而言,给定样本集合 $\{x_i \mid i=1,\cdots,n\}$ 以及其对应标签 $(Y_1,Y_2,\cdots,Y_n)$ 的情况下,用假设已知的函数形式 $f'(x_i) \to Y_i$,尽可能拟合客观存在的映射函数 $f(x_i) \to Y_i$,并且保证 f' 在未知同分布样本上具有尽可能相近的拟合能力。

在上述描述中,假设已知的函数形式是所有监督模型的前提。在形式已知的前提下,数学模型里必有一定数量的参数是不确定的,因此机器学习的过程是利用已知的样本通过一定的方法确定未知参数的过程。

机器学习模型已经用于柴油机、电机、电池等动力系统关键部件的机理建模和性能预估,在复杂工况下的系统设计、能量管理策略方面也表现出较好的潜力。

习　题　1

1. 混合动力系统设计的总体原则是什么?
2. 柴油机动力系统的典型优势是什么?
3. 电机电池动力系统的典型优势是什么?
4. 请简述串联式混合动力系统的架构,并分析串联式混合动力系统的优缺点。
5. 串联式混合动力系统中,内燃机输出功率经过的中间环节增加了,为什么动力系统的效率能提高?
6. 与传统内燃机驱动的动力系统相比较,在什么工况下串联式混合动力装置效率高? 在什么工况下串联式混合动力装置效率反而低?
7. 请简述并联式混合动力系统的架构,并分析并联式混合动力系统的优缺点。
8. 请简述混联式混合动力系统的架构,并分析混联式混合动力系统的优缺点。
9. 请给出一种串联式混合动力系统的简图,并用图表示能量流。
10. 请给出两种并联式混合动力系统的简图,并用图表示能量流。
11. 请给出两种混联式混合动力系统的简图,并用图表示能量流。
12. (1) 请给出基于轴带发电、无储能的船舶混合动力系统的架构图。(2)请分析其能量流的种类、特征,并用图表示能量流。(3)请解释该架构能否支持 PTO、PTI、PTH 功能?
13. (1) 请给出基于轴带发电、无储能的船舶混合动力系统的架构图。(2)请分析其能量流的种类、特征,并用图表示能量流。(3)请解释该架构能否支持 PTO、PTI、PTH 功能?
14. 请用能量流方法分析船舶全电多主机动力系统的能量流特征,并给出能量流图示。

2 船舶混合动力系统的基本组成

船舶动力系统是保证船舶正常航行、作业、停泊以及船员与旅客正常工作和生活所必需的机械设备与系统的综合体。船舶动力系统的主要任务：发出一定功率产生能量，通过能量转换和分配，使船舶各种设备系统正常运行。

现代船舶动力系统的部件可以分为两大类：第一大类为推进装置，包括主机、传动设备、轴系、推进器等；第二大类为辅助装置与其他装置，包括辅助装置、管路系统、甲板机械、防污染设备和自动化设备等。

船舶混合动力系统通常采用两种甚至多种主机，通过专用设计的传动设备进行动力耦合，在船舶航行过程中根据工况需求灵活选择工作主机，取长补短，力图提高动力系统的总体效率，节省油耗，降低排放。

2.1 推进装置

推进装置是指发出一定功率，经传动设备和轴系带动螺旋桨，推动船舶并保证一定航速航行的设备。它是船舶动力系统最重要的组成部分，包括如下设备：

（1）主动力装置（主机），指提供推动船舶航行动力的机械，主要包括柴油机、汽轮机、燃气轮机、驱动电机等。不同主机在工作机理、燃料类型、输出能力、适用范围、高效区域等方面具有不同特征，混合动力系统通常采用两个或多个不同类型的主机，扬长避短，发挥各自的优势，以期提升系统总体性能。

（2）传动设备，其功能是隔开或接通主机传递给传动轴和推进器的功率，同时也可使推进器达到减速、反向或减震的目的，主要包括离合器、减速齿轮箱和联轴器等。在混合动力系统中，还需要耦合器将多个主机的输出耦合后输出给推进器。

（3）轴系，用来将主机的功率传递给推进器，主要包括传动轴、轴承和密封件等。

（4）推进器，将主机发出的能量转换成船舶推力，主要包括螺旋桨、喷水推进器和电磁推进器等。

2.2 主动力装置

主动力装置的特性是船舶混合动力系统设计的重要输入，是多主机混合动力系统优势互补的依据。下面介绍几种主流的主动力装置的特性。

2.2.1 船用蒸汽轮机

船用蒸汽轮机是利用蒸汽的热能做功的热力发动机，是先将蒸汽的热能转换为动能，再以高速气流作用在转动的叶片上，从而转换为机械能的旋转发动机。

如图 2-1 所示为船用蒸汽轮机推进装置产生推力的过程。燃油通过燃油柜输送至锅炉中燃烧,其化学能首先转换为烟气的热能。烟气沿锅炉炉膛及其后面的烟道流过,热能逐步传递给锅炉各部分受热面内流动的水、蒸汽以及空气。锅炉产生的新蒸汽进入蒸汽轮机后逐级膨胀,蒸汽的部分热能先转变为蒸汽流的动能,高速蒸汽流施加作用力于蒸汽轮机的叶片上,推动叶轮连同整个转子旋转,于是蒸汽流的动能转换为蒸汽轮机轴上的机械能。蒸汽轮机通过联轴器、齿轮减速箱和轴系带动螺旋桨推进器旋转,螺旋桨推进器将轴系传递的机械能转换为推动船舶前进的动力。

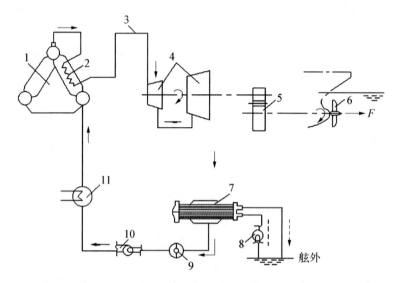

1—锅炉;2—过热器;3—蒸汽管路;4—高、低压汽轮机;5—齿轮减速器;6—螺旋桨;
7—冷凝器;8—冷却水循环泵;9—凝水泵;10—给水泵;11—给水预热器。

图 2 - 1 船用蒸汽轮机的工作原理

蒸汽轮机的单机功率大。在现有不同类型的主机中,蒸汽轮机的单机功率最大,它的功率不受汽缸尺寸的限制,蒸汽的流速很高,可在较小的流通面积中流过大量的蒸汽,因此能产生较大的单机功率。陆用火电站蒸汽轮机的单组功率可达 1 300 MW,船用蒸汽轮机受推进器尺寸和制造工艺的限制,虽然功率小于陆用机组,但是单机功率仍然可达 55 MW。

蒸汽轮机是一种直接产生回转运动的机械,它没有像柴油机中周期性往复运动的曲柄连杆机构,因此机械磨损较小,工作可靠性好,使用寿命长。蒸汽轮机的工质初温比燃气轮机低得多,这也有助于延长循环寿命,可超过 10 000 h,故障率很低。蒸汽轮机可使用廉价燃料,成本低。

船用蒸汽轮机也存在一些缺点:蒸汽轮机的能量转换环节多,每个环节都会带来效率损失;蒸汽轮机采用的工质初温较低,循环过程中有大量的汽化潜热在凝汽器中被冷却水带走,这会导致蒸汽轮机的热效率较低,既不如柴油机,在额定功率下又不如燃气轮机;蒸汽轮机部件多,组成复杂,其蒸汽来自锅炉,为蒸汽轮机、锅炉服务配套的机械设备较多,相关运行、维护成本较大;蒸汽轮机的机动性比柴油机和燃气轮机都差,重量指标也不如柴油机和燃气轮机。

2.2.2 船用燃气轮机

燃气轮机是以空气和燃气为工质,通过连续燃烧燃料做功的旋转式热力发动机。燃气轮机主要由压气机、燃烧室和动力涡轮组成,如图 2-2 所示。燃气轮机的工作过程如下:轴流式压气机从外部吸收空气,压缩后送入燃烧室,同时燃料(气体或液体燃料)也喷入燃烧室与高温压缩空气混合,在受控方式下进行定压燃烧。生成的高温高压烟气进入涡轮膨胀做功,推动动力叶片高速旋转,从而使转子旋转做功。

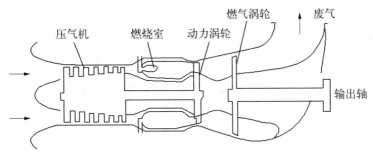

图 2-2 船用燃气轮机的工作原理

船用燃气轮机的机动性较好,对船舶所需的功率指令反应迅速,从冷态起动到发出全功率只需要 2~3 min,在紧急状态下,可以缩短至 1 min 左右。这一点明显优于蒸汽轮机和大功率中、低速柴油机。

船用燃气轮机的单机功率比较大。目前,在 4~12 MW 和 20~32 MW 的功率范围内均有比较成熟的机组,有的单机功率已经达到 50 MW。

船用燃气轮机质量轻、尺寸小,加速用燃气轮机的单位质量为 0.65~1.3 kg/kW,全工况用燃气轮机装置的单位质量为 2~4 kg/kW,每持续轴功率的机组质量约为柴油机的 1/10。这样,它既能有效缩小动力装置的质量与尺寸,增加燃油装载量,扩大通信设备和其他装备的容量,又能提高动力系统的续航力。

船用燃气轮机的所有辅助系统和设备均附设于机组本体,而且配有可靠的自动控制和调节设备。因此,其操作简便,容易实现全船自动化和远距离集中操纵。

船用燃气轮机的运行可靠性较好,翻修寿命可达 10 000 h。此外,由于机组本身的质量尺寸比较小,更换操作较方便,可以在 24 h 内完成整个吊装和更换,显著提高了船舶的实际服役率。

与蒸汽轮机和柴油机相比,船用燃气轮机的滑油消耗量比较低,为 1~5 kg/h。

与蒸汽轮机、柴油机相比,船用燃气轮机也存在一些缺点:燃气轮机的燃油消耗率比柴油机高,特别是额定工况的燃油消耗率。3 000~9 000 kW 的船用燃气轮机,额定负荷下的燃油消耗率为 313~435 g/(kW·h)。对于 15 000 kW 以上的大功率机组,以 LM2500 燃气轮机为例,从 20 世纪 70 年代初期开始,经过 40 年的不断完善、改进和提高,发展到 LM2500+的压缩比从 18.8 增加至 22.2,功率从 21 MW 提高到 30 MW,耗油率从 233 g/(kW·h)降至 218 g/(kW·h),接近中、高速柴油机的水平。

目前的船用燃气轮机几乎都使用轻柴油以上、低黏度的优质燃油,而不能像柴油机那样可以使用重油,成本控制受限。

虽然燃气轮机的比功(每秒每 1 kg 空气所能发出的主机有效功率)已由 120~150 kW/(kg·s)逐渐提高到 300 kW/(kg·s),但是它的耗气量仍然很大。以 18 650~20 900 kW 的机组为例,空气消耗量仍然高达 61~110 kg/s,这样,进、排气管系的质量和尺寸都明显增大。

目前的船用燃气轮机不能反转,当船舶需要制动或倒航时必须依靠可调距螺旋桨或倒车传动齿轮来解决,这样导致了动力装置复杂化。

为了扬长避短,燃气轮机可以与柴油机、蒸汽轮机组成联合动力系统(本书称为混合动力系统),同时或交替使用驱动推进器工作,推动船舶航行。

2.2.3 船用柴油机

船用柴油机是一种活塞式内燃机,将柴油和空气混合,在其气缸内燃烧,释放的热能使气缸内产生高温高压的燃气,燃气膨胀推动活塞做功,再通过曲柄连杆机构或其他机构输出机械功,驱动推进机器工作。船用柴油机主要由曲柄连杆机构、配气机构、燃料供给系统、润滑系统、冷却系统和起动系统组成,如图 2-3 所示。

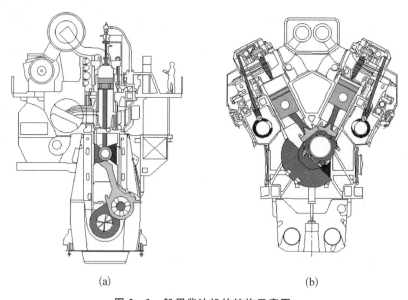

(a)   (b)

图 2-3 船用柴油机的结构示意图

(a) 低速柴油机(二冲程);(b) 中速柴油机(四冲程)

船用柴油机的额定转速在 1 000 r/min 以上的为高速机,其曲柄连杆机构连接的气缸活塞的平均速度为 9.0~14.2 m/s;额定转速在 300~1 000 r/min 之间的为中速机,其气缸活塞的平均速度为 7.0~9.4 m/s;额定转速在 300 r/min 以下的为低速机,其气缸活塞的平均速度为 6.0~7.2 m/s。

一般对于船用主机,经济性、可靠性和使用寿命为最重要的指标,质量和尺寸为次之的重要指标。据此,低速二冲程柴油机因效率高、功率大、工作可靠、寿命长、可燃用劣质油以及转速低(通常为 100 r/min,最低可达 56 r/min)等优点常用作船舶主机。大功率四冲程中速柴油机因其尺寸与质量小较适合于用作滚装船和集装箱船的主机。船舶发电用柴油机因其发电功率需求不大、转速较高以及结构简单,均采用中、高速四冲程柴油机。

总体上讲,船用柴油机的优点为转矩大、热效率较高、可用重油、质量功率大、容积饱和度大。同时,船用柴油机也存在一些缺点:柴油机的污染物排放不可避免。其中,一氧化碳、碳氢化合物、氮氧化合物、颗粒物成分较多。此外,低速柴油机的冷机起动性能差,加速性能不好,从起动到发出全功率一般需要 1~2 h。

2.2.4　船用柴油-液化天然气双燃料主机

为适应日益严格的海事环保法规的要求,船舶必须使用更为环保的主机,由此带动了低硫油的大量需求及柴油-液化天然气(LNG)双燃料船舶主机的快速发展。

国际海事组织(IMO)海洋环境保护委员会自 1988 年开始正式展开防止船舶造成大气污染议题的研讨及审议工作。经过一系列讨论和论证,《防止船舶造成大气污染规则》即 MARPOL73/78 附则 Ⅵ 于 2005 年 5 月 19 日正式实施,主要针对船用柴油机排放物中 NO_x、SO_x 和颗粒物的排放做出限制。

船用柴油机虽然采取了大量措施减少排放,但是无法从根本上消除 NO_x、SO_x 产生的可能性。而液化天然气(LNG)作为一种优质燃料,不但能够大幅降低污染物排放,而且价格比柴油低,可以作为船用柴油机理想的替代燃料。

LNG 双燃料主机的概念最早于 20 世纪 80 年代末提出,以电控二冲程柴油发动机为基础,外挂一套天然气燃料控制系统,使其既可以以单一柴油模式工作,又可以以柴油-LNG 双燃料掺烧模式工作。根据不同的点火方式,船用双燃料主机可以分为火花塞式和柴油引燃式两种。前者通过火花塞点燃,后者通过压缩行程终点形成的高温高压先引燃柴油(燃点为 220℃左右),再通过其燃烧放出的热量迅速升高缸内温度点燃天然气(燃点为 650℃左右)。考虑到船舶远洋航行时存在加注的问题,主机在天然气不足时还可以从燃气模式切换到燃油模式。

船用柴油-LNG 双燃料主机根据进气方式的差异可分为缸外进气和缸内进气两种。缸外进气包括总管进气和支管进气两种方式。支管进气采用电控多点顺序喷射,缸内进气可采用低压缸内直喷和高压缸内直喷两种形式。其中,微引燃式支管电控多点喷射和缸内直喷是比较有发展前景的供气方式,它们均能实现单缸燃烧控制,具有充分发挥气体燃料优势的潜力,并能获得较好的排放性能。目前,四冲程中速双燃料发动机在研发和市场应用方面远远领先于二冲程低速双燃料发动机。

船用柴油-LNG 双燃料主机具有很多优点:可大比例使用天然气替代柴油,以油气价差降低燃料费用,最高可节省燃料费用 30%;尾气排放更清洁,具有显著的减排效果,且大大减轻柴油对水源的污染;改装方便,不需要对机体进行大的改动,只需在机体外添加天然气喷射系统,在天然气供应不足时仍可以以柴油为燃料正常运行;LNG 属于低温液体,在发生泄漏后会迅速气化并自动向上溢开,具有良好的安全性,也不会对水体产生污染。

然而,船用柴油-LNG 双燃料主机仍面临一些挑战,比如,LNG 燃料的储运和加注系统结构复杂,占用空间大,需要配备一套天然气燃料加注以及天然气喷射系统,这使得柴油-LNG 双燃料主机的初期投资远大于传统柴油发动机;LNG 燃烧效率和排放技术尚待提高,存在爆燃、爆震、碳氢化合物排放较多等问题;船用柴油-LNG 双燃料存在润滑不良的隐患。柴油以小液体形态喷入气缸,对阀门、阀座等有润滑、冷却作用,但是 LNG 燃料燃烧产生的热值比传统燃料大,燃烧室的温度更高,会导致润滑油过快老化,使发动机阀座部件干涩无润滑,极易过度磨损,使发动机吊缸频率增加,从而显著增加维护保养的周期和维护成本;柴油-LNG 双燃料主机的甲烷逃逸现象很严重,而甲烷的温室效应是二氧化碳的 20 多倍,如果不控制它的逃逸,可能在温室效应的控制上效果适得其反。

2.2.5 船用驱动电机

船用驱动电机是船舶电力推进系统的核心部件,比一般电机功率大、转矩转速范围宽。电力推进的概念可以追溯到一百多年前,然而只有当紧凑、可靠、经济、高效的大功率大范围变速电机出现且相应的控制技术变得成熟之后,电力推进技术才于 20 世纪 80 至 90 年代开始在一些新的船舶领域中得到应用。

船用驱动电机将电能转换为机械能,驱动螺旋桨旋转,从而推动船舶航行。驱动电机的电能来自蓄电池或船用发电机。在一些小型水面船舶或水下舰艇中,发电机采用柴油机、蒸汽轮机等作为原动机。因此,船舶电力推进系统的主机包括驱动电机、发电机及其原动机。

在船舶电力推进系统中,一般由驱动电机直接驱动螺旋桨,驱动电机的转速由变频器控制。原动机与螺旋桨之间没有机械连接,因此原动机的转速和转矩不受螺旋桨的直接约束,有利于保持在效率最高的区域工作,从而减少燃料消耗。驱动电机可以采用直流他励电机或交流异步变频电机、交流同步变频电机、永磁同步电机等。在引入全方位推进器和吊舱式推进装置之后,一些船舶开始采用同时兼顾行驶、机动和控位等不同操作模式的推进系统配置,以便电力推进系统能够在船舶的行驶、机动操纵性和动力定位中发挥更好的作用。

从安全性的角度看,电力推进系统使用多台原动机,个别机组的故障可能对航速造成影响,但不会造成瘫痪。而传统使用柴油机单机推进的船舶,一旦柴油机的重要部件或者舵机及传动轴系出现故障,往往会导致船舶瘫痪。目前电力推进船舶大多取消了舵机系统,而采用 2 套以上电力推进系统,在保证船舶推进总功率的前提下,还可互为备用,这样可基本消除船舶在两个港口之间因故障造成瘫痪的可能性。因此,船舶电力推进系统为"驾机合一"以及无人智能船舶的广泛应用铺平了道路。

与传统船舶利用原动机直接推进的方式不同,船舶电力推进是一种由原动机带动发电机发电,经变频器把满足要求的电流输入驱动电机,从而驱动螺旋桨的推进方式。电力推进适用于工况频繁变化的船舶,比如渡轮、邮轮、动力定位钻探船、侧推器辅助控位浮式采油设施、穿梭油轮、布缆船、管道敷设船、破冰船与其他冰区作业船、供应船以及军用船舶等。

采用船用驱动电机的船舶电力推进系统,原动机可以运行在高效区域,可降低燃油消耗量,从而降低船舶的运营费用和寿命周期成本,特别是当船舶负荷变化较大时效果更加显著。例如,对于许多动力定位船来说,其行驶操作的时间和进行控位/机动操纵的时间通常各占一半,采用电力推进系统可显著降低油耗。

船舶电力推进系统具有诸多优点:推进系统不易受到单个故障的影响,并且可以对原动机(柴油机、蒸汽轮机等)的工作点进行优化;推进系统可采用中速柴油机,质量更轻;推进系统的驱动电机、发电机可通过电缆供电,因而可以不与原动机布置在一起,这样给推进器的位置选择带来了很大的灵活性。船舶电力推进系统的空间占用较少,空间利用也更加灵活,从而可增加船舶的有效载荷。由于传动轴更短,而且原动机转速可以固定,可有效减轻推进系统的振动和噪声;推进系统使用全方位推进或吊舱推进装置,可提高船舶的机动能力。

当然,电力推进系统也存在一些不足,如船舶电力推进系统需增加驱动电机、发电机、变频器等主要部件,投资成本增加。不过,随着电力推进系统数量的增加,其单位成本会逐渐降低;

另外,在船舶电力推进系统中,在原动机与螺旋桨之间增加的组成部件,如发电机、变压器、变频器和驱动电机等,增大了电能传输损耗。增加的部件带来了新的故障类型,并增加了故障率。

2.3　辅助装置与其他装置

在动力系统中,辅助装置与其他装置为主动力装置提供必要的油、气等燃料,起到润滑、安全与监控作用,为主动力装置保驾护航,并完成作业任务。同时,辅助装置与其他装置可完成各项作业任务需要的能量转换功能,比如将电能转换为机械能。当然,这些能量的来源仍然是主动力装置,从这个角度看,辅助装置与其他装置是主动力装置的负载。

辅助装置、管路系统、甲板机械、防污染设备、自动化设备的功能和主要组成简介如下。

2.3.1　辅助装置

辅助装置是指提供除推进船舶航行所需能量以外,用以保证船舶航行、船员与乘员生活需要的其他各种能量的设备,主要包括船舶电站、辅锅炉装置、海水淡化装置、风机和空气压缩机组等。

2.3.2　管路系统

管路系统是用来连接各种机械设备并输送相关流体的管系,由各种阀件、管路、泵、过滤器和热交换器等组成,包括以下两个管系:

(1)动力管系。动力管系是为推进装置和辅助装置服务的管路系统,主要包括燃油系统、滑油系统、海/淡水冷却系统、蒸汽系统和压缩空气系统等。

(2)辅助管系。辅助管系是为船舶平衡和稳性、船员与乘员生活、安全服务的管路系统,主要包括压载系统、舱底水系统、消防系统、日用海/淡水系统、通风系统、空调系统和冷藏系统等。

2.3.3　甲板机械

甲板机械是为了保证船舶航行、停泊、装卸货物所设置的机械设备,主要包括舵机、锚机、绞揽机、起货机、舱口盖启闭装置、吊艇机及舷梯升降机等。

2.3.4　防污染设备

防污染设备是用来处理船上含油污水、生活污水、油泥及各类垃圾的设备,主要包括油水分离装置、生活污水处理装置及焚烧炉等。

2.3.5　自动化设备

自动化设备是自动执行指令的设备,可改善船员工作条件、减轻劳动强度、减少设备维护工作量、提高工作效率,并减少人为操作失误,主要包括遥控、自动调节、监控、报警和参数自动打印等设备。

习 题 2

1. 船用蒸汽轮机的基本原理是什么？它的主要优点和缺点各是什么？

2. 船用燃气轮机的基本原理是什么？它的主要优点和缺点各是什么？

3. 船用柴油机的基本原理是什么？它的主要优点和缺点各是什么？

4. 船用 LNG 发动机的基本原理是什么？它的主要优点和缺点各是什么？

5. 船舶电力推进的基本原理是什么？它的主要优点和缺点各是什么？

6. 考虑船用柴油机、蒸汽轮机、燃气轮机、LNG 发动机以及船舶电力推进的特点，你认为可以通过哪些混合动力的技术提高动力系统的性能？

7. 船舶动力系统的能耗一般应考虑哪些因素？

3 内燃机建模与仿真

内燃机是一种动力装置,燃料在装置内部燃烧,该装置将其释放出的热能直接转换为机械能。广义上的内燃机不仅包括往复活塞式内燃机、旋转活塞式发动机和自由活塞式发动机,还包括旋转叶轮式的喷气式发动机,但通常所说的内燃机是指活塞式内燃机。

活塞式内燃机以往复活塞式最为普遍。活塞式内燃机将燃料与空气混合,在其气缸内燃烧,释放出的热能使气缸内产生高温高压的燃气。燃气膨胀推动活塞做功,再通过曲柄连杆机构或其他机构将机械功输出,驱动从动机械工作。常见的活塞式内燃机有柴油机和汽油机。船舶通常以柴油机作为主动力装置。

本章首先通过介绍内燃机的发展历史,帮助读者理解内燃机发展过程中的主要技术进展及其对节能减排的意义,然后介绍柴油机的工作原理,最后讲解柴油机的稳态模型、工作区间模型、可伸缩模型和动态模型。

3.1 内燃机的发展历史

为了获得满足使用需求的机械能、提高能量转化的效率、减少排放污染,内燃机的发展经历了两个多世纪。

活塞式内燃机源于荷兰物理学家惠更斯用火药爆炸获取动力的研究,但因火药燃烧难以控制,未获成功。1794 年,英国人斯特里特提出从燃料的燃烧中获取动力,并且第一次提出燃料与空气混合的概念。1833 年,英国人赖特提出了直接利用燃烧压力推动活塞做功的设计。

19 世纪中期,科学家完善了通过燃烧煤气、汽油、柴油等产生的热转换为机械动力的理论,这为内燃机的发明奠定了基础。活塞式内燃机自 19 世纪 60 年代问世以来,经过不断的改进,已发展得比较完善。它的热效率高、功率和转速范围宽、配套方便、机动性好,获得了广泛的应用。全世界各种类型的汽车、拖拉机、农业机械、工程机械、小型移动电站和战车等都以内燃机为动力。海上商船、内河船舶和常规舰艇,以及某些小型飞机也以内燃机为动力。世界上内燃机的保有量在动力机械中居首位,它在人类活动中占有非常重要的地位。

自 19 世纪中期开始,人们提出过各种各样的内燃机方案,但均未付诸实用,直到 1860 年,法国的勒努瓦模仿蒸汽机的结构,设计制造出第一台实用的煤气机。这是一种无压缩、电点火、使用照明煤气的内燃机。勒努瓦首先在内燃机中采用了弹力活塞环,这台煤气机的热效率约为 4%。

英国的巴尼特提出将可燃混合气在点火之前进行压缩,压缩可以大大提高"勒努瓦内燃机"的效率。1862 年,法国科学家罗沙基于对内燃机热力过程的分析,提出 4 个行程组成的工作循环,提高内燃机效率。

1876 年,德国发明家奥托运用罗沙的原理研制成功第一台往复活塞式、单缸、卧式、3.2 kW 的四冲程内燃机,以煤气为燃料,采用火焰点火,转速为 156.7 r/min,压缩比为 2.66,热效率达到 14%,运转平稳。在当时,无论是它的功率还是热效率,都是最高的。

奥托发明的内燃机获得推广,性能也在提高。1880 年单机功率达到 11~15 kW,到 1893 年又提高到 150 kW。由于压缩比的提高,热效率也随之增高,1886 年热效率为 15.5%,1897 年已高达 20%~26%。

随着石油的开发,比煤气易于运输携带的汽油和柴油引起了人们的注意,首先获得试用的是易于挥发的汽油。1883 年,德国的戴姆勒研制成功第一台立式汽油机,它的特点是轻型和高速。当时其他内燃机的转速不超过 200 r/min,它却一跃而达到 800 r/min,特别适应交通运输机械的要求。1885—1886 年,汽油机作为汽车动力运行成功,大大推动了汽车的发展。同时,汽车的发展又促进了汽油机的改进和提高。不久,汽油机又用作小船的动力。

1892 年,德国工程师狄塞尔受面粉厂粉尘爆炸的启发,设想将吸入气缸的空气高度压缩,使其温度超过燃料的自燃温度,再用高压空气将燃料吹入气缸,使之着火燃烧。他首创的压缩点火式内燃机(柴油机)于 1897 年研制成功,为内燃机的发展开拓了新途径。

狄塞尔开始力图使内燃机实现卡诺循环,以求获得最高的热效率,但实际上做到的是近似的等压燃烧,其热效率达 26%。这种内燃机之后大多用柴油为燃料,故又称为柴油机。1898 年,柴油机首先用于固定式发电机组,1903 年用作商船动力,1904 年装于舰艇,1913 年第一台以柴油机为动力的内燃机车制成,1920 年左右开始用于汽车和农业机械。

早在往复活塞式内燃机诞生以前,人们就曾致力于创造旋转活塞式的内燃机,但均未获得成功。直到 1954 年,在德国工程师汪克尔解决了密封问题后,才于 1957 年研制出旋转活塞式发动机,称为汪克尔发动机。它具有近似三角形的旋转活塞,在特定型面的气缸内做旋转运动,按奥托循环工作。这种发动机功率高、体积小、振动小、运转平稳、结构简单、维修方便,但燃料经济性较差、低速转矩低、排气性能不理想,推广应用受到局限。

3.2　柴油机的工作原理

往复活塞式内燃机是目前常见的内燃机形式,其工作循环由 4 个活塞行程组成,即进气、压缩、做功、排气。由于曲柄连杆机构的运动关系,活塞的直线运动对应于曲柄的旋转运动。在四冲程内燃机中,曲柄旋转两周,即 4 个 180°行程,完成 4 个活塞行程。有的内燃机设计为二冲程,曲柄旋转一周,即 2 个 180°行程,完成 4 个活塞行程。下面基于四冲程柴油机的设计来介绍其工作原理。

四冲程柴油机的工作原理如图 3-1 所示。在进气行程中,进入气缸的工质是纯空气。进气门开启、排气门关闭,活塞在曲轴、连杆的带动下,从上止点向下止点运动,将新鲜空气吸进气缸,活塞到达下止点,进气行程结束。进气终点压力为 0.85~0.95 atm①,进气终点温度约为 300~340 K。

在压缩行程中,压缩的工质是纯空气,进排气门关闭,活塞在曲轴、连杆的带动下,从下止点向上止点运动,吸进气缸的空气被压缩成高温、高压气体,活塞到达上止点时,压缩行程结束。柴油机的压缩比一般为 16~22,压缩终点的压力为 3 000~5 000 kPa,压缩终点的温度为 750~1 000 K,大大超过柴油的自燃温度(约 520 K)。

---

① 　1 atm＝1.013×10⁵ Pa。

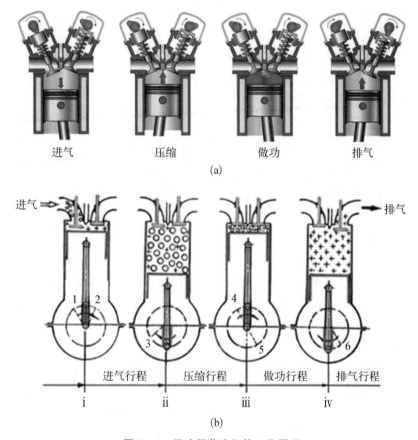

进气　　　　　压缩　　　　　做功　　　　　排气

(a)

进气　　　　　　　　　　　　　　　　　　　　　　　排气

进气行程　　　压缩行程　　　做功行程　　　排气行程

i　　　　　　ii　　　　　iii　　　　　iv

(b)

图 3-1　四冲程柴油机的工作原理

(a) 4 个工作行程;(b) 4 个行程的进排气状态

　　压缩行程接近终点时,进排气门仍处于关闭状态。在高压油泵的作用下,喷油器将柴油以 10 MPa 左右的高压通过喷油器喷入气缸中,在高温、高压气体的作用下,柴油在很短的时间内与空气混合自行燃烧,气缸内的压力急速上升,最高为 5 000~9 000 kPa,最高温度为 1 800~2 000 K。气缸内产生的巨大能量,推动活塞从上止点向下止点运动,曲轴飞轮组储存和输出能量,活塞到达下止点时,做功行程结束。由于柴油机是靠压缩自行着火燃烧,故称柴油机为压燃式内燃机。

　　在排气行程中,进气门关闭,排气门开启,活塞在曲轴、连杆的带动下,从下止点向上止点运动,将气缸内燃烧后的废气排出,活塞到达上止点时,排气行程结束。排气温度一般为 700~900 K。

　　可见,在进气、压缩、做功、排气 4 个行程中,只有做功行程产生能量,其他 3 个行程都是靠曲轴、飞轮的惯性完成的。对于单缸内燃机来说,4 个行程的转速不均匀,内燃机工作不平稳,振动大。为了解决这个问题,飞轮必须具有足够大的转动惯量,但这样又会导致整个发动机质量和尺寸增加。因此,设计采用多缸发动机可以弥补上述不足。

　　由以上 4 个行程的工作原理可知,柴油机是一种由许多机构和系统组成的复杂机器。无论是 4 个行程还是 2 个行程,无论是单缸还是多缸,要完成能量转换、实现工作循环、保证长时间连续正常工作,都必须具备以下机构和系统。

1. 曲柄连杆机构

曲柄连杆机构是柴油机实现工作循环,完成能量转换的主要运动零件,它由机体组、活塞连杆组和曲轴飞轮组等组成。在做功行程中,活塞受到燃气压力在气缸内做直线运动,通过连杆转换成曲轴的旋转运动,从而对外输出动力。而在进气、压缩和排气行程中,飞轮释放能量又把曲轴的旋转运动转换成活塞的直线运动。

2. 配气机构

配气机构根据柴油机的工作顺序和工作过程,定时开启和关闭进气门和排气门,使空气或可燃混合气进入气缸,并使废气从气缸内排出,实现换气过程。配气机构大多采用顶置气门式,一般由气门组、气门传动组和气门驱动组组成。

3. 燃料供给系统

柴油机燃料供给系统的功能是把柴油和空气分别供入气缸,在燃烧室内形成混合气并燃烧,最后将燃烧后的废气排出。

4. 润滑系统

润滑系统的功能是向做相对运动的零件表面输送定量的清洁润滑油,以液体摩擦使机件减小摩擦阻力,从而减轻机件的磨损,并对零件表面进行清洗和冷却。润滑系统通常由润滑油道、机油泵、机油滤清器和阀门组成。

5. 冷却系统

冷却系统的功能是将受热零件吸收的部分热量及时散发出去,保证柴油机在最适宜的温度状态下工作。柴油机的冷却系统由冷却水套、水泵、风扇、水箱、节温器等组成。

6. 起动系统

要使柴油机由静止状态过渡到工作状态,必须先用外力转动柴油机的曲轴,使活塞做往复运动,气缸内的可燃混合气燃烧膨胀做功,推动活塞向下运动使曲轴旋转,柴油机才能自行运转,工作循环才能自动进行。因此,曲轴在外力作用下转动到柴油机开始自动地怠速运转的全过程,称为柴油机的起动。完成起动过程所需的装置,称为柴油机的起动系统。

综上所述,柴油机由以上两大机构和四大系统组成,即曲柄连杆机构、配气机构、燃料供给系统、润滑系统、冷却系统和起动系统组成,柴油机是压燃的,不需要点火系统。

3.3 柴油机控制系统的基本工作原理

柴油机控制系统以柴油机为控制对象,根据各路传感器信息决策空燃比、喷油量、喷油时刻等,并通过喷油器、进气阀等部件执行决策,以提高内燃机的性能。与一般控制系统相同,柴油机控制系统由被控对象、传感器、控制器、执行器组成。柴油机控制系统的目标包括提高动力性、提高燃油经济性、降低排放污染,以及改善起动、加速和减速瞬态性能。

柴油机自诞生 100 多年来,由于其优异的经济性、耐久性和可靠性,它作为主要的动力源在船舶领域得到了广泛应用。特别是近年来全球气候变暖成为全世界关注的问题,而柴油机以二氧化碳排放量少等优点倍受人们关注。但是,柴油机的微粒(碳烟)以及氮氧化物的排放较为严重,也是主要的大气污染源,这一问题尚未得到很好的解决。随着节能与污染物排放法规越来越严苛,以及对动力性、经济性的要求不断提高,柴油机电控技术已成为控制其排放、改善其性能的主要技术和发展方向。

柴油机的尾气排放物中对环境有害的污染物主要有氮氧化物、硫酸化合物、一氧化碳、碳氢化合物和微粒等。这些有害排放物的生成直接与燃料和空气的混合过程及其燃烧过程有关,所以通过混合气形成过程的控制,以及控制和改善燃烧过程,可大幅度降低排放。

当采用平均空燃比大于理论空燃比的稀薄混合气进行燃烧时,混合气中的空气比较充足,一般一氧化碳和碳氢化合物排放的处理不成问题,而与柴油机混合气形成及燃烧方式直接相关的微粒(碳烟)和氮氧化物排放成为柴油机的主要问题。所以,正确把握碳烟和氮氧化物的生成机理,使之与低碳烟和低氮氧化物排放的燃烧技术相结合,是提高排气净化能力的有效途径。

柴油机排放控制的难点在于,一般控制氮氧化物排放的机内技术措施都会使微粒增加,两者互为矛盾。到目前为止,在柴油机上所采用的一系列先进技术,如喷射系统的控制、进气系统可变控制、废气再循环控制以及极限速度控制等,都是围绕着更有效地降低氮氧化物和微粒排放的方向进行开发研究的。

3.3.1　电控燃油喷射系统

电控燃油喷射系统根据工况的变化精确地控制燃油喷射量,使燃烧更充分,从而提高功率,降低油耗,并满足排放法规的要求。

电控燃油喷射系统由传感器、控制器和执行器三大部分组成。传感器用于检测柴油机的工作状态及操作量,如转速传感器、加速踏板位置传感器、喷射时刻进角传感器等。控制器根据来自传感器的信息,对应工况决策最佳喷射量和最佳喷射时刻,并向执行器发出控制指令。执行器根据控制单元发出的指令执行喷射量、喷射时刻等控制任务。

从执行器的角度分析,电控燃油喷射系统可分为喷射方式的控制和喷射时刻的控制。喷射方式指单次喷射和多次喷射及其对应的喷射量的控制。对于多次喷射方式,其控制的主要内容是针对一定的喷油量如何分配预喷次数、预喷射量和预喷时刻。喷射时刻主要指相对活塞在气缸内的工作位置精确控制喷射时刻。

从控制策略的角度分析,电控燃油喷射系统对喷射量的控制根据不同工况可分为常用工况喷射量控制、起动工况喷射量控制、怠速工况喷射量控制、全负荷工况喷射量控制和各缸不均匀量补偿控制等。

1. 多次喷射

多次喷射指将某工况的总喷射量分几次在不同的曲轴转角位置上进行喷射的方式。根据各喷射时刻相对主喷射时刻(或压缩上止点)的位置不同,将各次喷射分别定义为先导(早)喷射、预喷射、后喷射和滞后喷射。

先导喷射是一种在压缩行程初期某一时刻进行喷射的方式,主要用于因低温、低速而造成混合气形成条件差的怠速等工况。经先导喷射将循环喷射量的一部分在压缩初期提前喷入气缸,使其充分与空气形成混合气,这样不仅减少了主喷射量、缩短了主喷射的持续时间,还改善了主喷射后缸内混合气浓度场的分布特性,有利于燃烧过程的控制,从而改善柴油机低温低速时的转矩特性,特别是用这种方法可有效地降低怠速惰转噪声。先导喷射控制的关键问题是先导喷射量及其喷射时刻的精确控制。

预喷射是一种于压缩上止点附近、在主喷射之前喷射的方式,根据不同工况可采用单次预喷射或多次预喷射。预喷射的主要作用是通过将循环喷射量的一部分在主喷射之前预喷射,不仅能缩短主喷射的持续时间,还能提高主喷射之前的缸内温度,改善主喷燃料的燃烧条件,缩短主喷射燃烧过程的着火落后期,有效控制主喷射燃烧过程的预混合燃烧速率,降低最高燃烧温度,从而有效抑制氮氧化物的生成,同时降低柴油机的工作粗暴程度。预喷射控制的关键问题是预喷射量和预喷射时刻的精确控制,如果预喷射量过多,则其燃烧热量增加,缸内压力升高明显,活塞负功增加,造成经济性降低;如果预喷量过小,则起不到改善主喷射燃料燃烧过程的作用。

后喷射是一种在主喷射后的膨胀过程中喷射的方式,通过这种喷射方式提高燃烧末期的废气温度,由此改善废气在膨胀过程中的氧化环境,降低微粒排放,同时改善后处理装置的催化反应条件。但是后喷射量过多,降低了经济性。因此根据不同工况需精确控制后喷射量和后喷时刻。

滞后喷射是在排气过程中喷射的方式。此时,由于废气温度较低,氧含量不充足,滞后喷射的燃料没有完全燃烧,从而提高了废气中碳氢化合物的含量,由此作为氮氧化物还原装置的催化剂来提高还原效率,降低氮氧化物排放。这种喷射方式是一种以牺牲经济性来降低氮氧化物排放的技术措施,为了确保氮氧化物还原装置所必要的碳氢化合物的含量,需精确控制滞后喷射量和喷射时刻。

2. 喷射量控制

1)常用工况喷射量控制

柴油机常用工况喷射量的控制策略包括基本喷射量控制和相应的修正系数的确定。基本喷射量是指在标准试验工况下由柴油机转速和加速踏板开度确定的工况所必需的喷射量。柴油机的每一个工况都对应着最佳喷射量,一般由控制脉谱来确定。由于控制方式的不同,控制脉谱的形式有所不同。例如高压共轨电控喷射系统,为了精确控制不同工况下所需的喷油量,先根据加速踏板位置和转速绘制指示转矩的三维脉谱图,并根据不同工况所需求的指示转矩标定对应的基本喷射量,然后根据喷油器的标定特性将基本喷射量转换为基本喷射脉宽。

实际喷射量是在基本喷射量的基础上,根据进气压力、进气温度以及冷却温度等进行修正而得到的,修正的目的就是修正因实际工况偏离标准试验条件而造成的喷油量的误差。

2)起动工况喷射量控制

当柴油机转速低于规定值时,电控燃油喷射系统根据冷却液传感器信号和冷却液温度确定基本喷油时间,根据进气温度传感器对喷油时间进行修正,然后再根据蓄电池电压适当延长喷油时间。

3)怠速工况喷射量控制

怠速控制的目的是在提高怠速稳定性、降低油耗的同时实现快怠速。控制策略根据怠速实际工况控制最佳怠速喷射量,以保证怠速转速稳定或实现快怠速运行。怠速稳定控制是当喷油泵以及柴油机内部参数等由于某种原因(如长时间使用)引起变化,或冷却液温度随怠速时间逐渐升高而改善燃料蒸发条件时,为保证怠速转速稳定而实施的怠速喷油量的控制。在实际工况下,负载增加时怠速转速会发生变化,因此怠速稳定性不仅指在正常怠速下的转速稳定,还指在外界干扰负荷变动时也能保持怠速转速稳定。

4)全负荷工况喷射量的控制

在标准试验条件下对应各转速最大基本喷射量的基础上,全负荷工况喷射量根据进气压力和柴油机转速进行修正而确定。全负荷喷射量控制的目的是在各种转速下将燃油喷射量控制在全负荷喷射量以下。

一般柴油机在冷态下加速噪声大,特别是在增压器尚未起作用的低转速范围内噪声更明显。所以,通过采用这种控制方法,在低温、低速时适当降低燃料喷射量,可以有效地降低噪声。同时,当冷却液温度上升时,只有在加速踏板全关闭状态下才允许从低温进气压力修正脉谱状态切换到高温进气压力修正脉谱的修正过程,所以可以防止加速过程中由于修正脉谱的切换所造成的柴油机转矩的突变现象。

5) 各缸不均匀量的补偿控制

各缸不均匀量的补偿控制是指控制各缸的喷射量相对一致,以保证各缸的爆发压力相等。一般情况下,由于各缸的不均匀性使得各缸的爆发压力不均匀,造成转速波动,特别是怠速时柴油机的振动更大,所以为了保证柴油机的工作平稳性、轴系可靠性和船舶的舒适性,需要控制各缸的不均匀量。

各缸工作不均匀导致了各缸燃烧过程的转速波动量不相同。通过各缸转速的波动量可以得到整机的平均转速波动量。各缸不均匀量的控制目的就是使各缸燃烧过程的转速波动量趋于整机的平均转速波动量。所以,在实际控制时,通过将各缸燃烧过程的转速波动量与整机平均转速波动量比较的方式进行补偿控制。

3. 喷射时刻的控制

1) 曲轴转角位置

喷射时刻是指相对活塞在气缸内的某一工作位置开始喷射的曲轴转角位置。为了精确定义控制喷射时刻,需要准确定义活塞在气缸内不同工作位置所对应的曲轴转角位置。为此,采用电磁式或霍尔式转速-曲轴位置传感器和凸轮轴角位移传感器。

转速-曲轴位置传感器需要带缺齿的信号轮,如图 3-2 所示的(60-2)个缺齿信号轮,即在圆轮上均匀布置 60 个齿的位置,每个齿的旋转角位移为 6°,然后去掉 2 个齿,形成有 58 个齿的"缺 2 齿齿轮"。当曲轴旋转一圈时,传感器会检测出包括缺齿部缺少 2 个脉冲的 58 个相对均匀的脉冲,由此来确定一个循环每缸活塞的具体工作位置。

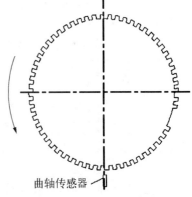

曲轴传感器

图 3-2 曲轴信号轮示意图

为了确定第 1 缸的压缩上止点和各缸的相对位置,需要凸轮轴转角位移传感器。为了检测凸轮轴转角位移也需要信号轮。对 4 缸机可采用"4+1 型"信号轮,即信号轮圆周均匀分布着 4 个槽(或凸起),在其中某一槽附近再加工 1 个槽,以此标注和定位各缸的相对位置。

当安装曲轴和凸轮轴及其传动装置时,严格按正时记号准确地安装相对位置,这样对应一定的传感器安装位置,由曲轴转 2 圈的脉冲信号和凸轮轴转 1 圈的脉冲信号,可确定第 1 缸上止点位置和各缸活塞相对气缸的工作位置,为喷射时刻的控制提供依据。

2) 喷射时刻的控制

喷射时刻的控制包括正常控制、冷态控制等模式。正常控制模式是指在柴油机实际使用中的常用工况以及起动、怠速工况下的喷射时刻控制。常用工况下,柴油机电子控制器通过转速、负荷等传感器信息判定实际工况后,根据实际喷射时刻与目标喷射时刻的误差,确定喷射时刻。

柴油机在冷态下容易冒白烟而且燃烧噪声增大,为了改善这种现象,需要根据柴油机冷却液温度的变化控制燃料喷射时刻。冷态下的喷射时刻是在由柴油机转速、冷却温度所确定的基本喷射时刻的基础上,根据负荷(燃料喷射量)进行修正而确定。一般情况下,冷却液温度越低,进角修正系数值越大。

3.3.2 可变进气系统控制

柴油机可变进气系统的控制包括可变进气管长度控制、可变配气相位控制、可变增压控制以及可变进气涡流控制等。可变进气管长度控制方式与汽油机基本类似,在此不再赘述。可变配气相位控制技术,由于成本较高等原因尚未普及应用。

1. 可变增压控制

柴油机能发出的最大功率受气缸内能燃烧的燃料量所限制,而燃料量又受每循环气缸内能吸入空气量的限制。如果空气在进入气缸前受到压缩使其密度增大,则同样的气缸工作容积就可以容纳更多的新鲜空气量,从而可以供给更多的燃料,得到更大的输出功率。

按照提高进气密度增加功率的设想,早在 1905 年,瑞士的艾尔弗莱德·布奇就提出了涡轮增压方案,并进行了早期的柴油机定压增压及脉冲增压系统实验,最终于 1925 年取得成功并获得专利。此后瑞士的布朗·保弗利公司在船用柴油机上采用了废气涡轮增压,此后航空活塞式柴油机也采用了增压技术。

一般而言,增压后的柴油机功率可比原机提高 40%～60%,甚至更多,柴油机的平均有效压力可达到 3 MPa。增压技术特别是增压中冷技术被视为提高柴油机动力性、经济性及降低排放的有效措施。

但是,一般普通的废气涡轮增压器,只要确定了结构,其流量特性就已确定,所以只适用于柴油机的某一转速。如果增压器按低速匹配,则柴油机的高速性能不佳;反之,若按高速匹配,则不得不牺牲低速性能。

对于废气涡轮增压器,直接影响与柴油机匹配效果的结构特征为涡轮的面径比,即废气涡轮最小入口截面积 A 与该截面积的中心到涡轮旋转轴所在水平面的距离 R 之比。面径比对柴油机性能的影响如图 3-3 所示。如何选择和调节面径比,兼顾高低速性能,是增压柴油机需要解决的重要问题。

增压柴油机的性能不仅取决于可变喷嘴的开度,还与柴油机的排气压力、温度等有关。其中,排气压力、温度以及流量等与柴油机转速、喷油量、燃烧情况等有密切关系。因此,可变增压控制根据柴油机转速、喷油量、排气压力、温度等确定喷嘴的目标开度。

可变涡轮入口截面积式电控可变增压技术,在涡轮入口处设置多个固定叶片和可动叶片,可动叶片通过连接环和销与驱动柄相连接,并通过 3 个柱塞式控制阀控制驱动柄的位置来调节可动叶片的不同开度,即通过 3 个控制阀开/关的不同组合,将可动叶片的开度范围从最小开度到最大开度划分成 8 段,这相当于 8 个不同面径比的增压器。因此,对应柴油机不同工况的要求,通过改变可动叶片的不同开度调节涡轮叶片入口截面积的大小,达到增压器面径比可变的目的,由此兼顾柴油机高低速性能,使得在整个转速范围内充分发挥增压器的性能,实现增压器与柴油机的最佳匹配。

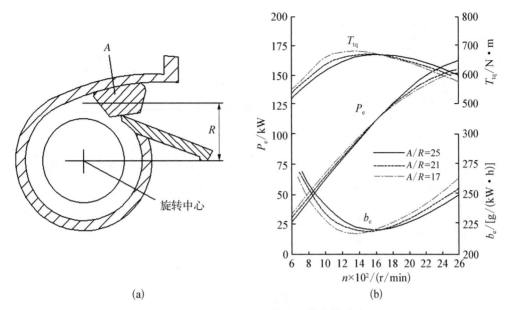

(a)　　　　　　　　　　(b)

图 3 - 3　面径比及其对柴油机性能的影响

(a) 面径比图示；(b) 面径比对柴油机性能的影响

2. 可变进气涡流控制

进气涡流的强弱直接影响柴油机气缸内部混合气的形成,如何根据不同工况控制最佳进气涡流强度,对改善柴油机综合性能具有重要意义。

为了促进混合气的形成,柴油机一般采用螺旋进气道。但是,这种螺旋进气道结构一旦确定,其进气涡流强度及其随转速变化的特性也随之确定,即进气涡流强度随转速的提高而增加,同时进气损失也会增大。但是,柴油机在实际运行中,高速和低速区对进气涡流强度的要求不同。当柴油机低速时气缸内的气流速度低,为了改善混合气的形成,要求较强的进气涡流强度;而在高速时气缸内气流足够强,因此,此时高强度进气涡流不仅对混合气的形成没有很大益处,反而使进气阻力增加,从而影响高速充气效果,使柴油机高速性能下降。所以,为了在整个转速范围内优化柴油机性能,需要随柴油机工况控制进气涡流强度的变化。

图 3 - 4 所示为一种采用副进气道方式的可变进气涡流控制系统。该系统在螺旋进气道主流的反方向上设置副进气道,通过控制副进气道控制阀的开闭状态来控制流经副进气道的进气流量。当副进气道控制阀开启,气流流经进气道进入气缸时,相对进气门中心产生与流经螺旋进气道的主气流相反方向的动量矩。通过调节流经副进气道的气流流量,就可控制该反向动量矩的大小,由此削弱气门处气流的总动量矩,达到控制进气涡流强度的目的。这种螺旋进气道加副进气道方式的可变进气涡流强度系统,通过副进气道控制阀的开关,对缸内的进气涡流强度进行"强""弱"两挡控制。

可变进气涡流控制根据柴油机转速、负荷确定进气涡流强度,某柴油机的进气涡流强度脉谱如图 3 - 5 所示,其中"L"表示低进气涡流控制区,即打开副进气道控制阀,"H"表示高进气涡流控制区,即关闭进气道控制阀。实际控制时,首先通过台架标定不同转速下对应的"L"和"H"两挡的不同进气涡流强度区的喷油量脉谱。然后,在柴油机实际运行时,根据柴油机转速、负荷确定副进气道控制阀的开关,实现进气涡流的控制。

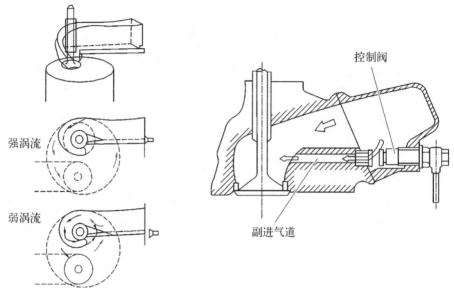

图 3 - 4　可变进气涡流控制系统

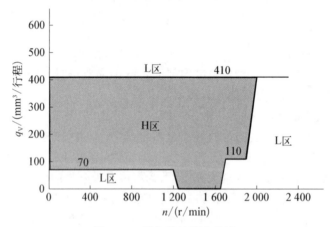

图 3 - 5　进气涡流强度脉谱

3.3.3　废气再循环技术

废气再循环(exhaust gas recirculation，EGR)技术作为控制氮氧化物排放的有效措施,在柴油机上得到广泛应用。但采用 EGR 后,柴油机的耐久性和可靠性有所下降,并且实施大量 EGR 后燃油消耗率和排烟恶化等问题尚未得到很好的解决。因此,根据不同工况精确控制再循环废气量,是在保证柴油机动力性和经济性的前提下,有效降低氮氧化物排放的重要措施。

EGR 是将柴油机产生的废气的一小部分再送回气缸,相对减少了进入气缸的、相当于 EGR 量的空气量,而喷油量不变,故空燃比较小,混合气变浓。在柴油机高负荷时,再循环废气量所引起的热容量变化小,而空燃比的减小使氧浓度降低。因此,在柴油机上 EGR 降低氮氧化物排放量的主要原因如下:一方面具有较高比热容的再循环废气的惰性作用,使混合气体的活性中心无效碰撞,降低化学反应速率,抑制燃烧过程,同时混合气的热容量增大,降低最高燃烧温度;另一方面是减少了进入气缸的空气量,使气缸内的氧和氮的含量降低。对柴油机实施 EGR 后,因降低氧和氮的含量而降低氮氧化物排放的效果约占 EGR 降低氮氧化物总量的一半。

当所实施的 EGR 率不超过 20％时,不仅有效降低了氮氧化物的排放,还减少了燃油消耗率。但是当 EGR 率过大时,燃油消耗率和烟度均增大,微粒排放量也增加。所以,根据柴油机工况的要求,需要精确控制再循环废气量。

柴油机 EGR 系统的执行器由气门式 EGR 阀以及用于控制 EGR 阀的三向电磁阀组成,三向电磁阀控制流向 EGR 阀的真空度。在柴油机实际运行时,首先根据柴油机转速、负荷和对应的 EGR 率脉谱来确定目标 EGR 率,然后通过三向电磁阀来控制真空泵的真空度,从而改变 EGR 阀的开和关,实现目标 EGR 率。

根据 EGR 的回流方式不同,可以分为外部 EGR 系统和内部 EGR 系统。外部 EGR 系统根据 EGR 的入口相对压气机入口前或压气机出口后的位置不同,分为低压 EGR 和高压 EGR 系统。在低压 EGR 系统中,EGR 入口处的压力始终低于排气压力,所以在整个转速范围内都很容易实现,但是由于再循环废气对压气机的污染以及腐蚀作用,使压气机的效率下降,同时直接影响压气机的耐久性和可靠性。高压 EGR 系统在中低速、中小负荷范围内,由于增压程度较弱而进气压力相对较低,比较容易实施 EGR,但是随转速和负荷的增加,增压器的增压效果使进气压力升高至大于排气压力时,就很难实现 EGR。

内部 EGR 系统的结构比外部 EGR 系统简单,只需通过控制排气门相位即可实现 EGR。这种凸轮式内部 EGR 控制系统,是在排气相位凸轮之后专门设置了 EGR 凸轮。这样,在每一缸排气过程结束后的进气过程中,在适合的时刻通过该 EGR 凸轮再次打开排气门,此时,由于各缸排气支管的谐振作用,使得该进气过程的气缸的排气管中产生正压,废气通过再次打开的排气门随进气行程进入气缸,实现内部 EGR。内部 EGR 率通过 EGR 凸轮的升程和半包角以及 EGR 凸轮工作时刻来控制。

3.3.4　极限速度控制

极限速度控制是指当柴油机转速超过设定转速时,通过喷油量脉谱的设定,实现随转速升高限制喷油量,以防止柴油机超速;或当柴油机转速低于设定的转速时,随转速的降低适当增加喷油量,以避免柴油机低速短期超载时熄火。

每一台柴油机在设计过程中都设定其最高转速和最低使用转速,当转速超出该设定转速范围时,就认为是极速状态。此时,根据转速-油门踏板开度-喷射量来确定三维脉谱控制柴油机的运行特性,防止柴油机低速熄火或高速失速。

3.4　准稳态模型

稳态模型描述了柴油机在稳定的转速、转矩工作状态下的燃油经济性。准稳态模型以稳态模型为基础,增加了暖机、加速、减速等动态效应的修正系数。

虽然柴油机技术已经发展得比较成熟,但是仍然只有少部分的燃油能量能够转化为有效做功的机械能。柴油机功率损耗主要源于废气(超过 50％)、非理想燃烧、泄漏、热损失、气体交换、摩擦等。这些损耗与柴油机的类型、结构、设计等有关,比如柴油机和汽油机的损耗不同,特别在部分负荷工况下,柴油机的损耗低于汽油机。

柴油机的机理复杂,其燃油消耗量、损耗以及效率难以用解析模型准确描述。因此,普遍采用方便的脉谱图来描述柴油机的油耗。一个重要的脉谱图是制动比油耗(braking specific fuel consumption, BSFC)。这个脉谱图上的数据通过柴油机台架试验获得,或者通过专用软件计算得到,适用于描述暖机工况下的内燃机特性。

与一般内燃机一样,柴油机可视作能产生机械能的燃料转化器,它的热力学效率定义为

$$\eta_{ice}(t) = \frac{\omega_{ice}(t) T_{ice}(t)}{\dot{Q}_{fuel}(t)} \tag{3-1}$$

式中,$\omega_{ice}(t)$ 为柴油机输出轴转速,单位为 rad/s;$T_{ice}(t)$ 为柴油机输出转矩(有效转矩),单位为 N·m;$\dot{Q}_{fuel}(t)$ 为焓流,单位为 J/s。

$\dot{Q}_{fuel}(t)$ 与质量流 $\dot{m}_{fuel}(t)$ kg/s 的关系表达式为

$$\dot{m}_{fuel}(t) = \frac{\dot{Q}_{fuel}(t)}{H_1} \times 10^{-6} \tag{3-2}$$

式中,H_1 为燃油低热值,单位为 MJ/kg,表示单位燃料质量燃料的反应焓。焓流对时间的积分即为燃料产生的总能量,表示为

$$Q_{fuel}(t) = H_1 \int_{t_0}^{t} \dot{m}_{fuel}(\tau) d\tau \times 10^6 \tag{3-3}$$

另外,可以用体积 $\beta(t)$ 表示柴油机燃油消耗量,单位为 m³,$\dot{\beta}(t)$ 表示每小时消耗的燃油体积。它们可以根据 BSFC 脉谱图以及比体积 γ_f(密度的倒数,单位为 m²/kg)按式(3-4)计算得到

$$\dot{\beta}(t) = \gamma_f \zeta(t) BSFC[T_{ice}(t), \omega_{ice}(t)] T_{ice}(t) \omega_{ice}(t) \times \frac{1}{3.6 \times 10^9} \tag{3-4}$$

$$\beta(0) = 0$$

式中,$\zeta(t)$ 为表示燃油喷射 [$\zeta(t)=1$] 或停止喷射 [$\zeta(t)=0$] 的开关。从柴油机 BSFC 脉谱图中可根据转矩和转速查得燃油消耗率,单位为 g/kW·h。但是,BSFC 脉谱图通常不反映温度的影响,所以只适用于暖机工况。为了体现暖机过程的能耗,可以在式(3-4)的右边乘以一个暖机系数。

柴油机 BSFC 脉谱图通常用如图 3-6 所示的等高轮廓线描述。BSFC 油耗通常以单位功的耗油量表示,其单位与国际单位制的换算关系为

$$1\left(\frac{g}{kW \cdot h}\right) = 1\left(\frac{g}{3.6 MJ}\right) = 0.278\left(\frac{kg}{GJ}\right) \tag{3-5}$$

根据燃油低热值 H_1,油耗可以直接转换成内燃机效率 $\eta_{ice}(t)$。例如,柴油低热值 $H_1 = 46.04(MJ/kg)$。在图 3-6 中,BSFC 最小的燃油消耗率为 205 g/kW·h,柴油机处于该工作点时对应的效率为

$$\eta_{ice}(t) = \frac{1}{205\left(\frac{g}{kW \cdot h}\right) \times 46.4\left(\frac{MJ}{kg}\right)} = \frac{1}{56.94\left(\frac{kg}{GJ}\right) \times 46.4\left(\frac{MJ}{kg}\right)} = 37.84\% \tag{3-6}$$

考虑到柴油机转速从零增长到某一转速需要有起动的过程,而柴油机无法自己起动,需要像微混系统的皮带式起动/柴油机或全混系统的驱动电机来起动。通常,柴油机首先被拖到一

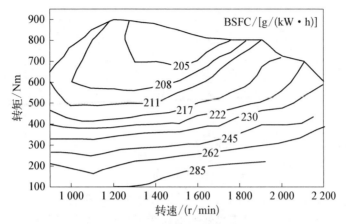

图 3 - 6 柴油机 BSFC 脉谱图用等高轮廓线描述

个稳定转速,然后才能正常燃烧、做功。

但是,在起动过程中,为了足够克服摩擦阻力并确保在第一个循环能稳定燃烧,柴油机往往额外喷射较多燃油。在燃烧、做功之前,起动电机需要输出较大的转矩,用于推动活塞到达上止点。这个过程很复杂,其力学原理和热力学机理不在本书的范围。

3.5　工作区间模型

柴油机工作点的范围是受限的,在设计混合动力能量管理策略和柴油机控制策略时,需要考虑柴油机的转速和输出转矩范围

$$\omega_{ice}^{min} \leqslant \omega_{ice}(t) \leqslant \omega_{ice}^{max} \tag{3-7}$$

$$T_{ice}^{min} \leqslant T_{ice}(t) \leqslant T_{ice}^{max}[\omega_{ice}(t)] \tag{3-8}$$

柴油机输出转矩的上限值 $T_{ice}^{max}(\cdot)$ 可以用二阶多项式或者样条函数近似拟合。由于柴油机起动过程中无法稳定工作在低转速区 $[$ 当 $\omega_{ice}(t)=0]$,将如下约束引入柴油机模型的油耗模型式(3-4)中

$$\zeta(t)=0 \quad \forall t \in [t_0, t_f],当 \omega_{ice}(t) \leqslant \omega_{ice}^{min} 时 \tag{3-9}$$

3.6　可 伸 缩 模 型

Willans Line 模型引入平均有效压力的概念来描述柴油机输出机械功的能力,用平均活塞转速描述柴油机运行转速,旨在建立可伸缩的柴油机模型。

该方法认为柴油机输入燃料的化学能与输出的机械能之间存在如下关系:

$$T_{ice}(t)\omega_{ice}(t) - e_{ice}[\omega_{ice}(t)]\dot{Q}_{fuel}(t) - P_{ice, loss}(t) \tag{3-10}$$

式中, $e_{ice}(\cdot)$ 是热力学能量转化效率,其与功率损失 $P_{ice, loss}(t)$ 之间具有强非线性,将式(3-10)的两边同时除以 $\omega_{ice}(\cdot)$,并引入如下定义:

$$p_{me}(t) = \frac{4\pi}{V_d} \cdot T_{ice}(t) \tag{3-11}$$

$$p_{mf}(t) = \frac{4\pi}{V_d} \cdot \frac{\dot{Q}_{fuel}(t)}{\omega_{ice}(t)} \tag{3-12}$$

$$c_m(t) = \frac{S}{\pi} \cdot \omega_{ice}(t) \tag{3-13}$$

于是,得到 Willans Line 模型的规范化变量

$$p_{me}(t) = e_{ice}[c_m(t)] p_{mf}(t) - p_{me0}[c_m(t)] \tag{3-14}$$

式中, $p_{me}(t)$ 为平均制动有效压力; $p_{mf}(t)$ 为平均燃油有效压力; $c_m(t)$ 为平均活塞速度; S 为活塞行程; V_d 为柴油机排量。考虑燃烧燃油质量 $m_{fuel}(\cdot)$、燃油低热值 H_1, $p_{mf}(t)$ 表示热力学效率达到 100% 时柴油机的压力; $p_{me0}(\cdot)$ 计入所有机械损失和气体交换损失,即 $p_{me0}(\cdot) = p_{m,loss}(\cdot)$。假设 $p_{me0}[c_m(t)] = 0$,则热力学效率公式(3-1)可以写为

$$\eta_{ice}(t) = \frac{p_{me}(t)}{p_{mf}(t)} \tag{3-15}$$

式(3-14)是 Willans Line 模型的核心公式,其中的参数 e_{ice} 和 p_{me0} 与柴油机转速和输出转矩有关。经多个柴油机试验结果验证,柴油机特性可以由下面的参数化数学模型描述。

$$p_{me}(t) = \{e_{ice0}[c_m(t)] - e_{ice1}[c_m(t)] p_{mf}(t)\} p_{mf}(t) - p_{m,loss}[c_m(t)] \tag{3-16}$$

$$e_{ice1}[c_m(t)] = e_{ice10} + e_{ice11} c_m(t) \tag{3-17}$$

$$e_{ice0}[c_m(t)] = e_{ice00} + e_{ice01} c_m(t) + e_{ice02} c_m^2(t) \tag{3-18}$$

$$p_{m,loss}[c_m(t)] = p_{m,loss0} + p_{m,loss2} c_m^2(t) \tag{3-19}$$

式中, e_{ice0}、e_{ice1}、e_{ice10}、e_{ice11}、e_{ice00}、e_{ice01}、e_{ice02}、$p_{m,loss0}$ 和 $p_{m,loss2}$ 为 Willans Line 模型系数。图 3-7 所示为模型计算结果与某 2.0 L 点燃式内燃机的试验结果对比。

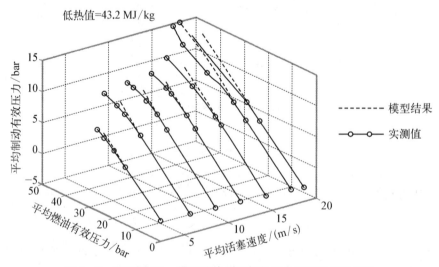

图 3-7　Willans Line 模型计算结果与柴油机机试验结果对比

3.7 动 态 模 型

在实际运行工况中,柴油机的转速和转矩一般不会持续保持不变,也就是说,一直处于动态工作过程。因此,柴油机的动态特性对其性能控制非常重要。面向动态特性的建模思路总体上可以分为两类,一类为基于稳态模型或准稳态模型设计鲁棒控制方法进行动态响应的预测和控制。由于具有对模型误差和不确定干扰的鲁棒性,该类方法在一些工况下能获得较好的效果;另一类为基于反映动态特性的动态模型设计先进控制方法进行动态响应的预测和控制,由于模型误差较小,一般能较好地反映内燃机性能变化的动态过程。

如 3.6 节所述,准稳态模型的建立需要大量试验数据,而与之相比,动态模型从物理机理上反映柴油机转速、转矩变化的因果关系,数据之间本质上符合物理逻辑,因此可以不需要试验而通过动态模型进行性能预测,从而大大缩短试验周期。当然,动态模型中的参数,如刚度、阻尼、摩擦系数等,仍然需要基于试验数据进行辨识。不过,辨识参数的数据量一般远远小于准稳态模型所需的数据量。

本节将以柴油机怠速控制为对象建立用于转速控制的动态模型,在时域中建立基本微分方程,该基本方程具有非线性,为了便于设计控制器,将非线性方程进行局域线性化;为了便于控制执行,将时域方程转换为曲柄转角域方程;为了体现电子控制器的离散控制方式,将微分方程转换为差分方程,在离散域设计转速跟踪控制器。

3.7.1 柴油机动态模型的基本方程

简而言之,柴油机的工作过程包括燃料加注、做功和驱动负载 3 个阶段。其中,燃料加注包括加注燃油和空气,由燃油供给系统和配气机构共同完成,燃油量和空气量满足理想空燃比要求。燃料在气缸中通过燃烧产生压力驱动曲轴旋转,曲轴将柴油机输出转矩传递至传动系统和螺旋桨,从而推动船舶航行。

柴油机动态模型的输入输出关系如图 3-8 所示。其中,进气过程表示空气进气量通过配气机构进入气缸产生进气压力,其输入为进气量,输出为进气压力。在柴油机中,进气的同时燃油供给系统也在工作,满足最佳空燃比的燃油量进入气缸准备燃烧并做功。做功过程表示混合气在气缸中通过压缩、燃烧、做功、排气等冲程实现化学能到机械能的转换,机械能以曲轴旋转运动的形式输出。驱动负载表示内燃机曲轴带动传动轴、螺旋桨克服阻力产生船体的运动,从曲轴输出的转矩驱动传动轴、螺旋桨产生旋转运动。

进气量 → 进气过程 → 进气压力 → 做功过程 → 输出力矩 → 驱动负载 → 转速

图 3-8 柴油机动态模型的输入输出关系

1. 动态进气过程的基本方程

空气进入柴油机的进气歧管,根据理想气体方程

$$p_m V_m = n R T_m \qquad (3-20)$$

式中,p_m 为进气歧管压力(kPa);V_m 为进气歧管容积;n 为空气的量;R 为普适气体常数;T_m 为进气歧管温度。

引入空气摩尔质量 μ,当流入的空气质量为 m_{th},流入的空气的量为

$$n = \frac{m_{th}}{\mu} \qquad (3-21)$$

代入理想气体方程,可得

$$p_m V_m = m_{th} R_\mu T_m \qquad (3-22)$$

式中,

$$R_\mu = \frac{R}{\mu} \qquad (3-23)$$

考虑进气歧管较长,不断流入来自周围环境的空气,因此,管中平均温度与环境温度相当,可视为基本不变,基于此推导进气歧管内空气压力、体积、质量随时间动态变化的规律。

$$\frac{d(p_m V_m)}{dt} = \frac{dm_{th}}{dt} R_\mu T_m \qquad (3-24)$$

进一步推导可得

$$\frac{dp_m}{dt} + \frac{dV_m}{dt}\frac{p_m}{V_m} = \frac{dm_{th}}{dt}\frac{R_\mu T_m}{V_m} \qquad (3-25)$$

曲轴转速为 $N(r/s)$,对于四冲程柴油机而言,曲轴转两圈应该进一缸气,因此,预期体积流量为 $\frac{N}{2}V_d$,而实际的体积流量为 $\frac{dV_m}{dt}$。定义进气体积效率 η_v 为

$$\eta_v = \frac{\dfrac{dV_m}{dt}}{\dfrac{N}{2}V_d} \qquad (3-26)$$

则实际体积流量 $\frac{dV_m}{dt}$ 可以按照式(3-27)计算

$$\frac{dV_m}{dt} = \eta_v \frac{N}{2}V_d \qquad (3-27)$$

代入理想气体方程式(3-25)可得

$$\frac{dp_m}{dt} + \frac{\eta_v V_d}{2V_m}N p_m = \frac{dm_{th}}{dt}\frac{R_\mu T_m}{V_m} \qquad (3-28)$$

令 $N = \frac{\omega}{2\pi}$, $K_1\alpha = \frac{dm_{th}}{dt}\frac{R_\mu T_m}{V_m}$, $K_2 = \frac{\eta_v V_d}{4\pi V_m}$,推导得到动态进气过程基本方程的简化表达式,反映了进气量与气缸内压力之间的关系

$$\frac{dp_m}{dt} + K_2 \omega p_m = K_1 \alpha \qquad (3-29)$$

式中,ω 为柴油机曲轴转速;α 为进气阀开度;K_1、K_2 分别为比例系数。

2. 动态做功过程的基本方程

从输入输出的角度看,柴油机的做功过程可视为对进入气缸的一定量的空气进行处理,然后输出转矩。其中的处理过程包括压缩、燃烧等复杂过程。面向控制器设计,将该过程简化,建模体现从进气压力到柴油机曲轴转矩之间的延迟,该延迟关系表示为

$$\tau_i(t) = K_\tau p_m(t - t_d) \tag{3-30}$$

式中,$\tau_i(t)$ 为柴油机输出转矩;t_d 是从进气压力到柴油机产生输出转矩之间的延迟时间;K_τ 为比例系数。

3. 动态驱动负载的基本方程

柴油机输出转矩作为传动系统的驱动转矩,传动系统由传动轴、减速箱、螺旋桨等部件组成,驱动转矩克服传动系统所受到的阻转矩,产生旋转加速度,从而驱动系统旋转。阻转矩包括轴承摩擦、空气阻力、水阻力等。根据牛顿运动定律,得出驱动负载的动力学方程为

$$J \frac{d\omega}{dt} + B\omega = \tau \tag{3-31}$$

式中,J 为传动系统的转动惯量;B 为阻尼系数;τ 是作用在曲轴上的合转矩,即

$$\tau = \tau_i - \tau_r \tag{3-32}$$

式中,τ_i 为柴油机输出转矩;τ_r 为传动负载的阻转矩。

3.7.2　柴油机动态非线性模型的局域线性化

将式(3-29)、式(3-30)和式(3-31)汇总得到柴油机动态模型

$$\begin{cases} \dfrac{dp_m}{dt} + K_2 \omega p_m = K_1 \alpha \\[2mm] \tau_i(t) = K_\tau p_m(t - t_d) \\[2mm] J \dfrac{d\omega}{dt} + B\omega = \tau \end{cases} \tag{3-33}$$

可见,式(3-33)中存在高次非线性项 ωp_m 和延迟非线性项 $p_m(t-t_d)$。经典的传递函数方法在线性系统中的应用成熟,但是无法处理高次非线性,因此有必要将柴油机动态模型进行线性化。值得注意的是,拉普拉斯变换的平移定律使得经典的传递函数方法能方便处理延迟非线性,因此不对延迟非线性项进行线性化。

选择在某工作点 (ω_0, p_{m0}) 邻域中开展线性化,建立线性小扰动模型。首先定义小扰动项 $\delta\omega$、δp_m 和 $\delta\alpha$,对进气动态非线性模型进行推导

$$\frac{d\delta p_m}{dt} + \frac{\partial(K_2 \omega p_m)}{\partial p_m}\bigg|_{(\omega_0, p_{m0})} \delta p_m + \frac{\partial(K_2 \omega p_m)}{\partial \omega}\bigg|_{(\omega_0, p_{m0})} \delta\omega = K_1 \delta\alpha \tag{3-34}$$

得到线性小扰动模型

$$\frac{d\delta p_m}{dt} + K_2 \omega_0 \delta p_m = K_1 \delta\alpha - K_2 p_{m0} \delta\omega \tag{3-35}$$

对于动态做功的基本方程,也进行小扰动描述,即

$$\delta \tau_i(t) = K_\tau \delta p_m(t - t_d) \tag{3-36}$$

动态驱动负载基本方程的小扰动描述为

$$J \frac{\mathrm{d}\delta\omega(t)}{\mathrm{d}t} + B\delta\omega(t) = \delta\tau(t) \tag{3-37}$$

3.7.3 柴油机动态模型的曲轴转角域表达

柴油机曲柄连杆机构往复循环工作,缸内压力随着进气、压缩、做功、排气行程周期性变化,而四冲程的位置可以方便地描述成曲轴转角,而且以曲轴转角为自变量,便于进行配气、燃油供给等执行机构的操作。本节首先将柴油机动态模型从时域转换为曲轴转角域,然后在曲轴转角域将动态模型线性化。

将进气动态过程的时域模型式(3-29)的自变量从时间转换成曲轴转角域,得到

$$\frac{\mathrm{d}p_m(\theta)}{\mathrm{d}t} + K_2\omega(\theta)p_m(\theta) = K_1\alpha(\theta) \tag{3-38}$$

根据链式求导法则,有

$$\frac{\mathrm{d}p_m(\theta)}{\mathrm{d}t} = \frac{\mathrm{d}p_m(\theta)}{\mathrm{d}\theta}\frac{\mathrm{d}\theta}{\mathrm{d}t} \tag{3-39}$$

注意到,曲轴转速 $\omega = \dfrac{\mathrm{d}\theta}{\mathrm{d}t}$,代入链式求导公式得到

$$\frac{\mathrm{d}p_m(\theta)}{\mathrm{d}t} = \frac{\mathrm{d}p_m(\theta)}{\mathrm{d}\theta}\omega \tag{3-40}$$

将式(3-40)代入式(3-38),可得进气动态过程的曲轴转角域模型

$$\frac{\mathrm{d}p_m(\theta)}{\mathrm{d}\theta}\omega(\theta) + K_2\omega(\theta)p_m(\theta) = K_1\alpha(\theta) \tag{3-41}$$

式(3-41)两边同时除以 $\omega(\theta)$,可得

$$\frac{\mathrm{d}p_m(\theta)}{\mathrm{d}\theta} + K_2 p_m(\theta) = K_1 \frac{\alpha(\theta)}{\omega(\theta)} \tag{3-42}$$

式(3-42)中,$\dfrac{\alpha(\theta)}{\omega(\theta)}$ 为非线性项。定义小扰动项 $\delta\omega$、δp_m 和 $\delta\alpha$,在某工作点 (ω_0, α_0) 邻域中开展线性化,应用泰勒展开方法,对进气动态非线性模型式(3-42)进行推导可得

$$\frac{\mathrm{d}\delta p_m(\theta)}{\mathrm{d}\theta} + K_2\delta p_m(\theta) = \frac{\partial\left(K_1\dfrac{\alpha}{\omega}\right)}{\partial\alpha}\bigg|_{(\omega_0,\alpha_0)}\delta\alpha + \frac{\partial\left(K_1\dfrac{\alpha}{\omega}\right)}{\partial\omega}\bigg|_{(\omega_0,\alpha_0)}\delta\omega \tag{3-43}$$

进一步简化,得到在曲轴转角域表达的进气动态线性模型

$$\frac{\mathrm{d}\delta p_m}{\mathrm{d}\theta} + K_2 \delta p_m = \frac{K_1}{\omega_0}\delta\alpha - \frac{K_1\alpha_0}{\omega_0^2}\delta\omega \tag{3-44}$$

对于动态做功过程，根据时域模型式(3-30)，不涉及导数项的推导。定义小扰动项 $\delta\tau_i$、δp_m，延迟相位角 θ_d，可直接写出曲轴转角域模型

$$\delta\tau_i(\theta) = K_\tau \delta p_m(\theta - \theta_d) \tag{3-45}$$

由于拉普拉斯变换的平移定律使得经典的传递函数方法能方便处理延迟非线性，因此不需要对延迟非线性项进行线性化。

对于动态驱动负载过程，从时域模型式(3-31)可知，转换为曲轴转角域也涉及导数项的推导。为了便于推导，首先将其自变量从时间转换成曲轴转角

$$J\frac{\mathrm{d}\omega(\theta)}{\mathrm{d}t} + B\omega(\theta) = \tau(\theta) \tag{3-46}$$

应用链式法则求导

$$\frac{\mathrm{d}\omega(\theta)}{\mathrm{d}t} = \frac{\mathrm{d}\omega(\theta)}{\mathrm{d}\theta}\frac{\mathrm{d}\theta}{\mathrm{d}t} \tag{3-47}$$

如前所述，曲轴转速 $\omega = \dfrac{\mathrm{d}\theta}{\mathrm{d}t}$，代入链式求导公式得到

$$\frac{\mathrm{d}\omega(\theta)}{\mathrm{d}t} = \frac{\mathrm{d}\omega(\theta)}{\mathrm{d}\theta}\omega(\theta) \tag{3-48}$$

将式(3-48)代入式(3-46)可得

$$J\frac{\mathrm{d}\omega(\theta)}{\mathrm{d}\theta}\omega(\theta) + B\omega(\theta) = \tau(\theta) \tag{3-49}$$

式(3-49)两边同时除以 $\omega(\theta)$ 可得

$$J\frac{\mathrm{d}\omega(\theta)}{\mathrm{d}\theta} + B = \frac{\tau(\theta)}{\omega(\theta)} \tag{3-50}$$

式(3-50)中，$\dfrac{\tau(\theta)}{\omega(\theta)}$ 为非线性项，定义小扰动项 $\delta\omega$、$\delta\tau$，在某工作点 (ω_0, τ_0) 邻域中开展线性化，应用泰勒展开方法，对动态驱动负载模型式(3-50)进行推导可得

$$\frac{\mathrm{d}\delta\omega(\theta)}{\mathrm{d}\theta} = \frac{\partial\left(\frac{\tau}{J\omega}\right)}{\partial\tau}\bigg|_{(\omega_0,\tau_0)}\delta\tau + \frac{\partial\left(\frac{\tau}{J\omega}\right)}{\partial\omega}\bigg|_{(\omega_0,\tau_0)}\delta\omega \tag{3-51}$$

进一步简化，得到在曲轴转角域表达的动态驱动负载的线性模型

$$\frac{\mathrm{d}\delta\omega}{\mathrm{d}\theta} = \frac{1}{J\omega_0}\delta\tau - \frac{\tau_0}{J\omega_0^2}\delta\omega \tag{3-52}$$

将式(3-44)、式(3-45)和式(3-52)汇总得到曲轴转角域表达、线性化的柴油机动态模型，即

$$\begin{cases} \dfrac{\mathrm{d}\delta p_m}{\mathrm{d}\theta} + K_2 \delta p_m = \dfrac{K_1}{\omega_0}\delta\alpha - \dfrac{K_1\alpha_0}{\omega_0^2}\delta\omega \\[2mm] \delta\tau_i(\theta) = K_\tau \delta p_m(\theta - \theta_d) \\[2mm] \dfrac{\mathrm{d}\delta\omega}{\mathrm{d}\theta} = \dfrac{1}{J\omega_0}\delta\tau - \dfrac{\tau_0}{J\omega_0^2}\delta\omega \end{cases} \tag{3-53}$$

3.7.4 柴油机动态模型的离散域描述

柴油机电子控制系统是一种计算机控制系统,其输入和输出都是数字信号,其中输入信号一般为来自传感器的模拟信号通过模数转换得到,输出信号通过执行机构转换为模拟信号。因此,与其他计算机控制系统类似,柴油机电子控制系统也可以看成采样控制系统,该系统中各个连续环节在计算机中被离散化,整个控制系统可以看成由多个离散系统构成。

为了便于柴油机电子控制器的设计,本节采用数值计算的离散化方法将柴油机动态模型离散化,然后在离散域(z 域)中建立反映柴油机动态的传递函数。

1. 离散化方法

控制系统的离散化是将连续的被控对象离散化,转换成"等价"的离散系统。数值积分方法的离散依据:求取某连续信号曲线下的面积时,用曲线下的离散小面积之和来等效。例如,某连续信号 $y(t)$ 由如下微分方程描述:

$$\dot{y}(t) = a(t) \tag{3-54}$$

在连续域内,$y(t)$ 按式(3-55)求解:

$$y(t) = \int a(t)\mathrm{d}t + y(0) \tag{3-55}$$

其"等价"的离散求解表达式为

$$y(k) = y(k-1) + \Delta y(k) \tag{3-56}$$

式中,k 为离散序列号;$\Delta y(k)$ 为 $y(k)$ 的差分项,常用的计算方法有向后差分、向前差分和中心差分等。

其中,向后差分的迭代计算式为

$$\Delta y(k) = a(k)\Delta T \tag{3-57}$$

式中,ΔT 为离散周期。

式(3-57)表明,在第 k 个离散序列,差分 $\Delta y(k)$ 值按照第 k 个离散序列的 $a(k)$ 值来计算,也就是说,向后差分中,假设 $k\Delta T$ 时刻之前一个周期的 $a(t)$ 都等于 $k\Delta T$ 时刻的 $a(k)$ 值,基于此计算第 k 个离散的小面积。

将式(3-57)代入式(3-56),可得向后差分的迭代表达式

$$\frac{y(k) - y(k-1)}{\Delta T} = a(k) \tag{3-58}$$

对于向前差分,其迭代计算式为

$$\Delta y(k) = a(k-1)\Delta T \qquad (3-59)$$

式 (3-59) 表明，在第 k 个离散序列，差分 $\Delta y(k)$ 值按照第 $k-1$ 个离散序列的 $a(k-1)$ 值来计算，也就是说，在向前差分中，假设 $(k-1)\Delta T$ 时刻之后一个周期的 $a(t)$ 都等于 $(k-1)\Delta T$ 时刻的 $a(k-1)$ 值，基于此计算第 k 个离散的小面积。

将式 (3-59) 代入式 (3-56)，可得向前差分的迭代表达式

$$\frac{y(k) - y(k-1)}{\Delta T} = a(k-1) \qquad (3-60)$$

对于中心差分，其迭代计算式为

$$\Delta y(k) = \frac{1}{2}[a(k) + a(k-1)]\Delta T \qquad (3-61)$$

式 (3-61) 表明，在第 k 个离散序列，差分 $\Delta y(k)$ 值按照第 $k-1$ 个离散序列的 $a(k-1)$ 值、第 k 个离散序列的 $a(k)$ 值来求平均值，也就是说，在中心差分中，假设 $(k-1)\Delta T$ 时刻之后一个周期的 $a(t)$ 都等于 $(k-1)\Delta T$ 时刻的 $a(k-1)$ 与 $k\Delta T$ 时刻的 $a(k)$ 的平均值，基于此计算第 k 个离散的小面积。

将式 (3-61) 代入式 (3-56)，可得中心差分的迭代表达式

$$\frac{y(k) - y(k-1)}{\Delta T} = \frac{1}{2}[a(k) + a(k-1)] \qquad (3-62)$$

2. 基于向后差分的离散域建模与仿真

为了书写方便，以 p_m、α、ω 代替式 (3-53) 中的 δp_m、$\delta \alpha$、$\delta \omega$，则在曲轴转角域，线性化的柴油机进气模型为

$$\frac{\mathrm{d}p_m}{\mathrm{d}\theta} + K_2 p_m = \frac{K_1}{\omega_0}\alpha - \frac{K_1\alpha_0}{\omega_0^2}\omega \qquad (3-63)$$

定义曲轴转角域的离散周期为 T_θ，应用向后差分方法可得

$$\frac{p_m(kT_\theta) - p_m(kT_\theta - T_\theta)}{T_\theta} = -K_2 p_m(kT_\theta) + \frac{K_1}{\omega_0}\alpha(kT_\theta) - \frac{K_1\alpha_0}{\omega_0^2}\omega(kT_\theta) \qquad (3-64)$$

经化简、移位，转化成标准的差分格式，即

$$(1 + K_2 T_\theta)p_m(kT_\theta + T_\theta) - p_m(kT_\theta) = \frac{K_1 T_\theta}{\omega_0}\alpha(kT_\theta + T_\theta) - \frac{K_1\alpha_0 T_\theta}{\omega_0^2}\omega(kT_\theta + T_\theta)$$

$$\qquad (3-65)$$

类似地，在曲轴转角域，线性化的柴油机动态做功过程模型为

$$\tau_i(kT_\theta) = K_\tau p_m(kT_\theta - nT_\theta) \qquad (3-66)$$

式中，n 为从柴油机进气压力到曲轴输出转矩之间延迟的周期数。

经化简、移位，转化成标准的差分格式

$$\tau_i(kT_\theta + T_\theta) = K_\tau p_m[kT_\theta - (nT_\theta - T_\theta)] \qquad (3-67)$$

在曲轴转角域，线性化的柴油机动态驱动负载过程模型为

$$\frac{\omega(kT_\theta) - \omega(kT_\theta - T_\theta)}{T_\theta} = \frac{1}{J\omega_0}\tau(kT_\theta) - \frac{\tau_0}{J\omega_0^2}\omega(kT_\theta) \qquad (3-68)$$

经化简、移位，转化成标准的差分格式

$$\left(1 + \frac{\tau_0 T_\theta}{J\omega_0^2}\right)\omega(kT_\theta + T_\theta) - \omega(kT_\theta) = \frac{T_\theta}{J\omega_0}\tau(kT_\theta + T_\theta) \qquad (3-69)$$

根据式（3-65）、式（3-67）和式（3-69），将采用向后差分的曲轴转角域离散化模型汇总如下：

$$\begin{cases} C_{b1}p_m(k+1) - p_m(k) = C_{b2}\alpha(k+1) - C_{b3}\omega(k+1) \\ C_{b4}\omega(k+1) - \omega(k) = C_{b5}\tau(k+1) \\ \tau_i(k+1) = K_\tau p_m[k - (n-1)] \end{cases} \qquad (3-70)$$

式中，

$$C_{b1} = (1 + K_2 T_\theta); \; C_{b2} = \frac{K_1 T_\theta}{\omega_0}; \; C_{b3} = \frac{K_1 \alpha_0 T_\theta}{\omega_0^2}; \; C_{b4} = \left(1 + \frac{\tau_0 T_\theta}{J\omega_0^2}\right); \; C_{b5} = \frac{T_\theta}{J\omega_0}$$

对式（3-70）进行 z 变换，并利用 z 变换的平移性质，推导如下：

$$\begin{cases} (C_{b1}z - 1)p_m(z) = -C_{b3}z\omega(z) + C_{b2}z\alpha(z) \\ (C_{b4}z - 1)\omega(z) = C_{b5}z\tau(z) \\ z\tau(z) = K_\tau z^{-(n-1)}p_m(z) \end{cases} \qquad (3-71)$$

从输入输出的角度看，柴油机的功能是以空气为输入（相应进燃油），以曲轴转速为输出，因此，定义柴油机动态模型的输入量为 $\alpha(z)$、输出量为 $\omega(z)$，推导离散域（z 域）中的传递函数为

$$\frac{\omega(z)}{\alpha(z)} = \frac{C_{b2}C_{b5}K_\tau}{C_{b1}C_{b4}z^3 - (C_{b1} + C_{b4})z^2 + z + C_{b3}C_{b5}K_\tau} \qquad (3-72)$$

在 MATLAB 或 SIMULINK 中建立某高速柴油机仿真模型，如图 3-9 所示。传递函数的参数值分别为 $C_{b1} = 1.0552$，$C_{b2} = 71190$，$C_{b3} = 0$，$C_{b4} = 1$，$C_{b5} = 0.0885$。以稳态转速下的合转矩、进气量为局域零点，设置参数分别为 $\alpha_0 = 0$，$\tau_0 = 0$，$n = 3$，$T_\theta = 120/180\pi$，仿真柴油机稳定在 $\omega_0 = 300$ rad/s 的工况，结果如图 3-10 所示。其中，图 3-10(a)以离散周期数为横

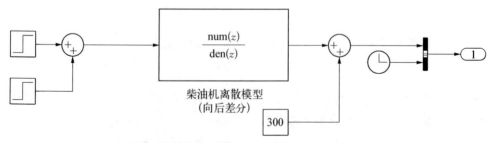

图 3-9　柴油机离散传递函数模型（向后差分）

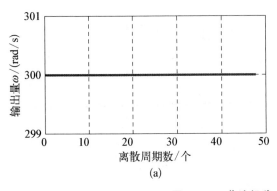 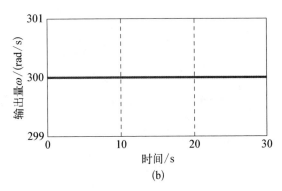

图 3-10　柴油机稳态工况仿真（向后差分）

（a）以离散周期数为横坐标；（b）以时间为横坐标

坐标，图 3-10（b）以时间为横坐标。在稳态工况下，柴油机转速保持不变，在两种坐标系中，均反映了该柴油机处于稳态工况。

对该柴油机离散域的输入输出模型进行零极点分析，零极点图的绘制如图 3-11 所示。由图可知，该系统存在 3 个极点，分别为 0、1.000 0、0.995 4，且无零点，根据稳定性判据准则，该系统临界稳定。

柴油机模型的动态输出受离散周期的影响，不同离散周期下的阶跃响应如图 3-12 所示。可见，离散周期越小，仿真模型的动态输出越接近连续，即动态输出的值变化周期越短；而离散周期越大，仿真模型的动态输出的值变化周期越长，呈明显的阶梯状。不同离散周期下的动态响应，在以离散周期为横坐标的结果图中反映不出不同离散周期的影响，而在以时间轴为横坐标的图中，可以明显看出不同离散周期的影响。

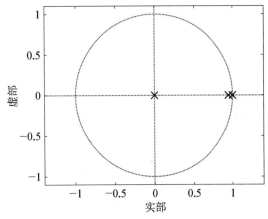

图 3-11　零极点图（向后差分）

3. 基于向前差分的离散域建模与仿真

基于在曲轴转角域中线性化的柴油机进气模型式（3-63），应用向前差分方法可得

$$\frac{p_m(kT_\theta + T_\theta) - p_m(kT_\theta)}{T_\theta} = -K_2 p_m(kT_\theta) + \frac{K_1}{\omega_0}\alpha(kT_\theta) - \frac{K_1\alpha_0}{\omega_0^2}\omega(kT_\theta) \quad (3-73)$$

经化简、移位，转化成标准的差分格式

$$p_m(kT_\theta + T_\theta) - (1 - K_2 T_\theta)p_m(kT_\theta) = -\frac{K_1\alpha_0 T_\theta}{\omega_0^2}\omega(kT_\theta) + \frac{K_1 T_\theta}{\omega_0}\alpha(kT_\theta)$$

$$(3-74)$$

根据曲轴转角域的线性化动态做功过程模型式（3-66），经化简、移位，转化成标准的差分格式

$$\tau_i(kT_\theta) = K_\tau p_m(kT_\theta - nT_\theta) \quad (3-75)$$

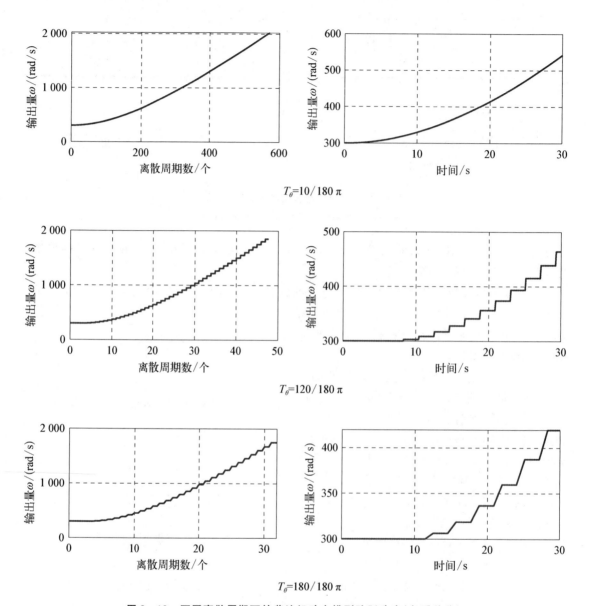

图 3-12 不同离散周期下的柴油机动态模型阶跃响应(向后差分)

在曲轴转角域,线性化的柴油机动态驱动负载过程模型为

$$\frac{\omega(kT_\theta + T_\theta) - \omega(kT_\theta)}{T_\theta} = \frac{1}{J\omega_0}\tau(kT_\theta) - \frac{\tau_0}{J\omega_0^2}\omega(kT_\theta) \tag{3-76}$$

经化简、移位,转化成标准的差分格式

$$\omega(kT_\theta + T_\theta) - \left(1 - \frac{\tau_0 T_\theta}{J\omega_0^2}\right)\omega(kT_\theta) = \frac{T_\theta}{J\omega_0}\tau(kT_\theta) \tag{3-77}$$

根据式(3-65)、式(3-67)和式(3-69),将采用向后差分的曲轴转角域离散化模型汇总如下:

$$\begin{cases} p_m(k+1) - C_{f1}p_m(k) = -C_{f3}\omega(k) + C_{f2}\alpha(k) \\ \tau_i(k) = K_\tau p_m(k-n) \\ \omega(k+1) - C_{f4}\omega(k) = C_{f5}\tau(k) \end{cases} \qquad (3-78)$$

式中,

$$C_{f1} = (1 - K_2 T_\theta), \quad C_{f2} = \frac{K_1 T_\theta}{\omega_0}, \quad C_{f3} = \frac{K_1 \alpha_0 T_\theta}{\omega_0^2}, \quad C_{f4} = \left(1 - \frac{\tau_0 T_\theta}{J \omega_0^2}\right), \quad C_{f5} = \frac{T_\theta}{J \omega_0}$$

对式(3-70)进行 z 变换,并利用 z 变换的平移性质,推导如下:

$$\begin{cases} (z - C_{f1}) p_m(z) = -C_{f3}\omega(z) + C_{f2}\alpha(z) \\ (z - C_{f4}) \omega(z) = C_{f5}\tau(z) \\ \tau(z) = K_\tau z^{-n} p_m(z) \end{cases} \qquad (3-79)$$

从输入输出的角度看,柴油机的功能为以空气为输入(相应进燃油),以曲轴转速为输出,因此,定义柴油机动态模型的输入量为 $\alpha(z)$、输出量为 $\omega(z)$,推导离散域(z 域)中的传递函数为

$$\frac{\omega(z)}{\alpha(z)} = \frac{C_{f2} C_{f5} K_\tau}{z^5 - (C_{f1} + C_{f4})z^4 + C_{f1} C_{f4} z^3 + C_{f3} C_{f5} K_\tau} \qquad (3-80)$$

在 MATLAB 或 SIMULINK 中建立某高速柴油机仿真模型,传递函数的参数值分别为 $C_{b1} = 0.9448$,$C_{b2} = 71190$,$C_{b3} = 0$,$C_{b4} = 1$,$C_{b5} = 0.0885$。以稳态转速下的合转矩、进气量为局域零点,设置参数分别为 $\alpha_0 = 0$,$\tau_0 = 0$,$n = 3$,$T_\theta = 120/180\pi$,仿真柴油机稳定在 $\omega_0 = 300$ rad/s 的工况,结果如图 3-13 所示。其中,图 3-13(a)以离散周期数为横坐标,图 3-13(b)以时间为横坐标。稳态工况下,柴油机转速保持不变,在两种坐标系中,均反映了该柴油机处于稳态工况。

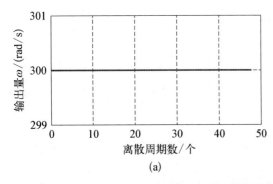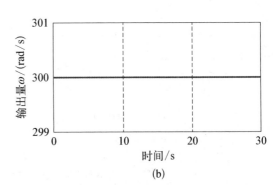

图 3-13 柴油机稳态工况仿真(向前差分)

(a)以离散周期数为横坐标;(b)以时间为横坐标

对该柴油机离散域的输入输出模型进行零极点分析,零极点图绘制如图 3-14 所示。可知,该系统存在 3 个极点,分别为 0、1.0000、0.9448,且无零点,根据稳定性判据准则,该系统临界稳定。

柴油机模型的动态输出受离散周期的影响,不同离散周期下的阶跃响应如图 3-15 所示,为了便于理解,将向前差分与向后差分的仿真结果并列比较,其中左列为向前差分,右列为向

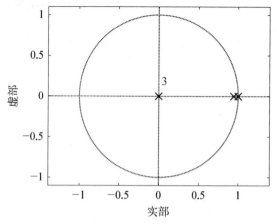

图 3-14 零极点图(向前差分)

后差分。

（1）向前差分与向后差分的仿真结果有类似之处，即离散周期越小，仿真模型的动态输出越接近连续，即动态输出的值变化周期越短；而离散周期越大，仿真模型的动态输出的值变化周期越长，呈明显的阶梯状。不同离散周期下动态响应，在以离散周期为横坐标的结果图中，反映不出不同离散周期的影响，而在以时间轴为横坐标的图中，可以明显看出不同离散周期的影响。

（2）在动态响应的变化率方面，两者有些差异，向前差分的增长率略低于向后差分的增长率，离散周期越大，差别越明显。

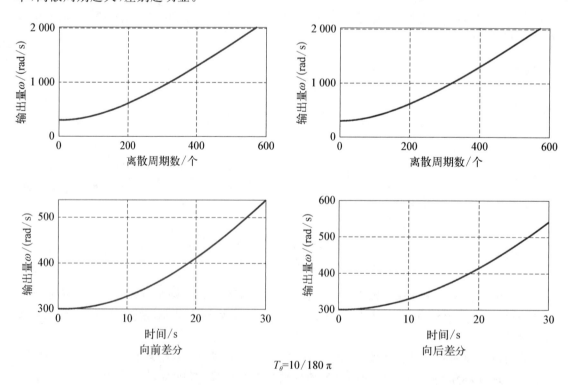

$T_0=10/180\pi$

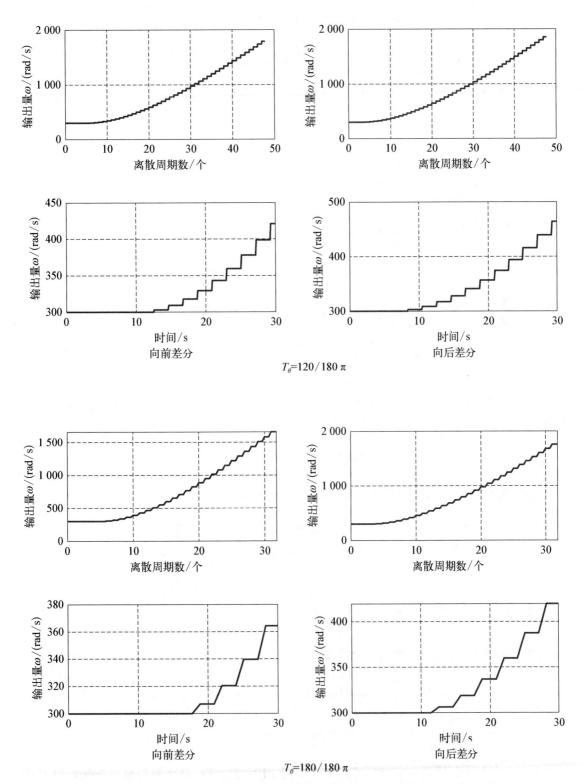

图 3 - 15 不同离散周期下的柴油机动态模型阶跃响应比较(向前差分与向后差分)

4. 基于中心差分的离散域建模与仿真

基于在曲轴转角域线性化的柴油机进气模型式(3-63),应用中心差分方法可得

$$
\frac{p_m(kT_\theta + T_\theta) - p_m(kT_\theta)}{T_\theta} = \frac{-K_2 p_m(kT_\theta + T_\theta) - K_2 p_m(kT_\theta)}{2} -
$$

$$
\frac{\dfrac{K_1 \alpha_0}{\omega_0^2}\omega(kT_\theta + T_\theta) + \dfrac{K_1 \alpha_0}{\omega_0^2}\omega(kT_\theta)}{2} + \quad (3-81)
$$

$$
\frac{\dfrac{K_1}{\omega_0}\alpha(kT_\theta + T_\theta) + \dfrac{K_1}{\omega_0}\alpha(kT_\theta)}{2}
$$

经化简、移位,转化成标准的差分格式

$$
\left(1 + \frac{K_2 T_\theta}{2}\right)p_m(kT_\theta + T_\theta) + \left(-1 + \frac{K_2 T_\theta}{2}\right)p_m(kT_\theta)
$$

$$
= -\frac{K_1 \alpha_0 T_\theta}{2\omega_0^2}\omega(kT_\theta + T_\theta) - \frac{K_1 \alpha_0 T_\theta}{2\omega_0^2}\omega(kT_\theta) + \quad (3-82)
$$

$$
\frac{K_1 T_\theta}{2\omega_0}\alpha(kT_\theta + T_\theta) + \frac{K_1 T_\theta}{2\omega_0}\alpha(kT_\theta)
$$

根据曲轴转角域的线性化动态做功过程模型式(3-66),经化简、移位,转化成标准的差分格式

$$
\tau_i(kT_\theta) = K_\tau p_m(kT_\theta - nT_\theta) \quad (3-83)
$$

在曲轴转角域,采用中心差分方法,线性化的柴油机动态驱动负载过程模型为

$$
\frac{\omega(kT_\theta + T_\theta) - \omega(kT_\theta)}{T_\theta} = -\frac{\dfrac{\tau_0}{J\omega_0^2}\omega(kT_\theta + T_\theta) + \dfrac{\tau_0}{J\omega_0^2}\omega(kT_\theta)}{2} +
$$

$$
\frac{\dfrac{1}{J\omega_0}\tau(kT_\theta + T_\theta) + \dfrac{1}{J\omega_0}\tau(kT_\theta)}{2} \quad (3-84)
$$

经化简、移位,转化成标准的差分格式

$$
\left(1 + \frac{\tau_0 T_\theta}{2J\omega_0^2}\right)\omega(kT_\theta + T_\theta) + \left(-1 + \frac{\tau_0 T_\theta}{2J\omega_0^2}\right)\omega(kT_\theta)
$$

$$
= \frac{T_\theta}{2J\omega_0}\tau(kT_\theta + T_\theta) + \frac{T_\theta}{2J\omega_0}\tau(kT_\theta) \quad (3-85)
$$

根据式(3-82)、式(3-83)和式(3-85),将采用中心差分的曲轴转角域离散化模型汇总如下:

$$
\begin{cases}
C_{T1}p_m(k+1) + C_{T2}p_m(k) = -C_{T3}\omega(k+1) - C_{T3}\omega(k) + C_{T4}\alpha(k+1) + C_{T4}\alpha(k) \\
C_{T5}\omega(k+1) + C_{T6}\omega(k) = C_{T7}\tau(k+1) + C_{T7}\tau(k) \\
\tau_i(k) = K_\tau p_m(k-n)
\end{cases}
$$

$$(3-86)$$

式中，$C_{T1} = \left(1 + \dfrac{K_2 T_\theta}{2}\right)$，$C_{T2} = \left(-1 + \dfrac{K_2 T_\theta}{2}\right)$，$C_{T3} = \dfrac{K_1 \alpha_0 T_\theta}{2\omega_0}$，$C_{T4} = \dfrac{K_1 T_\theta}{2\omega_0}$，$C_{T5} = \left(1 + \dfrac{\tau_0 T_\theta}{2J\omega_0^2}\right)$，$C_{T6} = \left(-1 + \dfrac{\tau_0 T_\theta}{2J\omega_0^2}\right)$，$C_{T7} = \dfrac{T_\theta}{2J\omega_0}$。

对式(3-86)进行 z 变换，并利用 z 变换的平移性质，推导如下：

$$
\begin{cases}
(C_{T1}z + C_{T2})p_m(z) = (-C_{T3}z - C_{T3})\omega(z) + (C_{T4}z + C_{T4})\alpha(z) \\
\tau(z) = K_\tau z^{-n} p_m(z) \\
(C_{T5}z + C_{T6})\omega(z) = (C_{T7}z + C_{T7})\tau(z)
\end{cases}
$$

$$(3-87)$$

与向后差分、向前差分类似，从输入输出的角度看，柴油机的功能为以空气为输入(相应进燃油)，以曲轴转速为输出，因此，定义柴油机动态模型的输入量为 $\alpha(z)$、输出量为 $\omega(z)$，推导离散域(z 域)中的传递函数为

$$
\frac{\omega(z)}{\alpha(z)} = \frac{K_\tau C_{T7} C_{T4}(z^2 + 2z + 1)}{C_{T1} C_{T5} z^5 + (C_{T2} C_{T5} + C_{T1} C_{T6}) z^4 + C_{T2} C_{T6} z^3 + C_{T3} C_{T7} K_\tau (z^2 + 2z + 1)}
$$

$$(3-88)$$

在 MATLAB 或 SIMULINK 中建立某高速柴油机仿真模型，传递函数的参数值分别为 $C_{T1} = 1.027\,6$，$C_{T2} = -0.972\,4$，$C_{T3} = 0$，$C_{T4} = 35\,595$，$C_{T5} = 1$，$C_{T6} = -1$，$C_{T7} = 0.044\,2$。以稳态转速下的合转矩、进气量为局域零点，设置参数分别为 $\alpha_0 = 0$，$\tau_0 = 0$，$n = 3$，$T_\theta = 120/180\pi$，仿真柴油机稳定在 $\omega_0 = 300\ \text{rad/s}$ 的工况，结果如图 3-16 所示。其中，图 3-16(a) 以离散周期数为横坐标，图 3-16(b) 以时间为横坐标。在稳态工况下，柴油机转速保持不变，在两种坐标系中，均反映了该柴油机处于稳态工况。

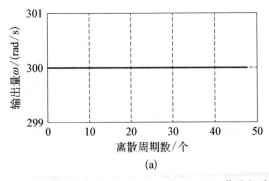
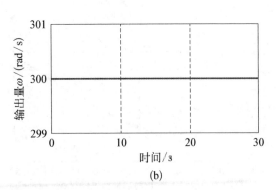

(a)　　　　　　　　　　　　　　(b)

图 3-16　柴油机稳态工况仿真(中心差分)

(a) 以离散周期数为横坐标；(b) 以时间为横坐标

对该柴油机离散域的输入输出模型进行零极点分析,零极点图绘制如图 3-17 所示。可知,该系统存在 5 个极点,分别为 0、0、0、1.000 0、0.946 3,2 个零点,分别为 -1、-1,根据稳定性判据准则,该系统临界稳定。

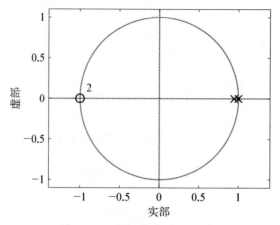

图 3-17　零极点图(中心差分)

柴油机模型的动态输出受离散周期的影响,不同离散周期下的阶跃响应如图 3-18 所示。其规律与向后差分、向前差分类似,离散周期越小,仿真模型的动态输出越接近连续,即动态输出的值变化周期越短;而离散周期越大,仿真模型的动态输出的值变化周期越长,呈明显的阶梯状。

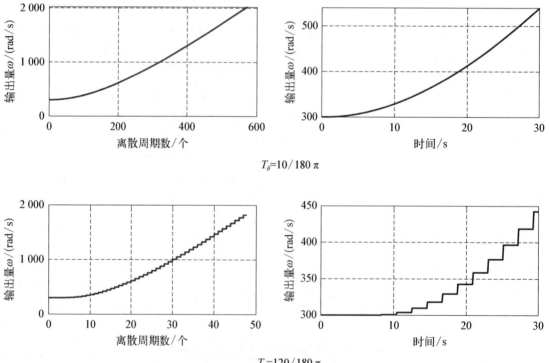

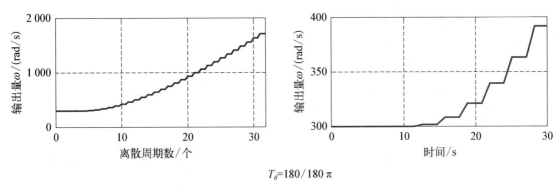

$$T_\theta=180/180\,\pi$$

图 3-18　不同离散周期下的柴油机动态模型阶跃响应(中心差分)

3.8　PID 转速控制仿真

本节应用比例-积分-微分(parallel-integral-differential，PID)控制算法对柴油机进行控制,以实现预期转速目标。首先介绍 PID 控制的基本思路,然后进行 MATLAB 或 SIMULINK 仿真,并给出不同增益下的仿真结果。

3.8.1　PID 控制的基本思路

应用 PID 算法进行控制,可以是比例、积分和微分 3 种算法中的一种,也可以是其中两种或 3 种的组合。PID 控制是最早发展起来的控制策略之一,其算法简单、鲁棒性好和可靠性高,广泛应用于工业过程控制。

如图 3-19 所示,以一个简单的水位控制系统为例,该系统的被控对象为缸内的水,控制目标为水位达到设置的指定位置,控制输入为左上角的进水阀。同时,右下角的排水阀由水缸的用户随时打开或关闭,因此排水阀的开度相当于水位控制系统的外部干扰。

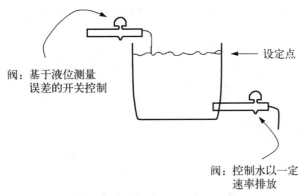

图 3-19　水位控制系统

最直观的控制策略是,当水面高度低于设定位置时,控制进水阀打开,而当水面高度达到或高于设定值时,控制输入进水阀关闭。然而,该"开关型"控制策略无法给出阀门最合适的开度,因而无法实现高精度的水位控制。

下面解释 PID 控制将如何解决这些问题:

(1) 控制进水阀门开度为多少合适?

(2) 当水面高度与预设值的差距大时,是否进水阀应该开大一些?

(3) 当水面高度与预设值的差距很小时,是否进水阀应该开小一些?

1. 比例控制

比例控制的示意如图 3 - 20 所示,算法的数学表达式为

$$u(t) = K_P e(t) \tag{3 - 89}$$

式中,$u(t)$ 为控制输入量;K_P 为比例增益;$e(t)$ 为被控对象的输出与设定值相比的误差。

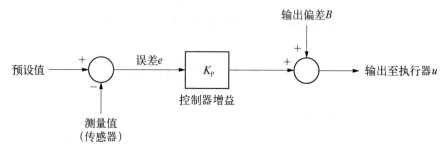

图 3 - 20　比例控制示意

以水位控制系统为对象,控制输入量 $u(t)$ 为进水阀的开度,$e(t)$ 为实际水位与设定水位之差,B 可以理解为出水阀的开度。应用比例控制算法,进水阀的开度与水位误差成正比。该算法符合一般直观操作,即当水位误差较大时(此时仅考虑水位低于设定高度的情况),增大进水阀开度,从而进水量增大,使得水位增高,逐渐接近设定高度;反之,当水位误差较小时,可减小进水阀开度,从而进水量减小,水位缓慢增长,水位逐渐接近设定高度。

比例控制直接根据当前水位进行反馈,响应迅速。但是,比例控制存在稳态误差。如图 3 - 21 所示,如果排水阀被打开,导致水位降低,此时,进水阀开度按照比例控制式(3 - 89)调整开度。但是,当水位达到图中所示的位置时,进水流量正好等于排水流量,水位高度就不再变化了。也就是说,水位高度与设定值相比较的误差将一直存在,而且这个稳态误差无法依靠比例控制自身去克服。

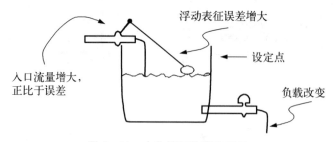

图 3 - 21　水位控制的稳态误差

2. 积分控制

积分控制在克服稳态误差方面具有优势。积分控制的示意如图 3 - 22 所示,算法的数学表达式为

$$u(t) = K_I \int e(t) dt \qquad (3-90)$$

式中，K_I 为积分增益。可见，控制输入不仅要考虑当前误差，还要考虑之前的误差过程。由于之前过程中的误差，当前时刻的控制输入大于比例控制的输入。

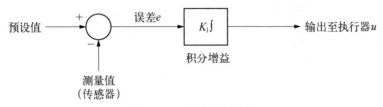

图 3－22　积分控制示意

将积分控制算法应用于水位控制，进水阀开度不但考虑当前水位误差，而且考虑之前的误差过程，其控制量大于比例控制的输入，进水流量增加，水位继续上升。

积分控制可消除稳态误差，但是它的缺点在于，需要对若干个采样周期之前的输出误差产生反馈，响应较慢。

3. 比例-积分控制

比例-积分控制能够结合比例控制和积分控制的优点，既响应迅速，又可消除稳态误差。比例积分控制的示意如图 3－23 所示，相应的算法为

$$u(t) = K_P e(t) + \frac{K_C}{T_I} \int e(t) dt \qquad (3-91)$$

式中，K_P 为比例增益；K_C 为比例积分；T_I 为积分时间常数。

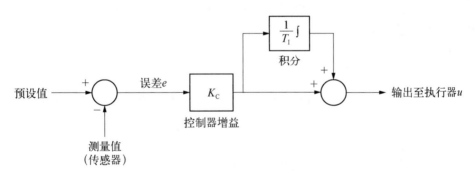

图 3－23　比例积分控制示意 1

比例积分控制的框图也可以用图 3－24 表示，相应的算法为

$$u(t) = K_P e(t) + K_I \int e(t) dt \qquad (3-92)$$

式中，K_P 为比例增益；K_I 为积分增益。

4. 比例-积分-微分（PID）控制

微分控制，顾名思义，是根据误差的变化率实施的控制。因此，如果输出误差的变化率很大，可以预计一段时间后造成较大误差，那么在当前时刻调整控制输入量，以避免未来产生大的误差。可见，微分控制可以考虑未来的误差过程，如图 3－25 所示。

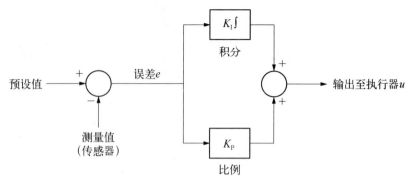

图 3 - 24　比例积分控制示意 2

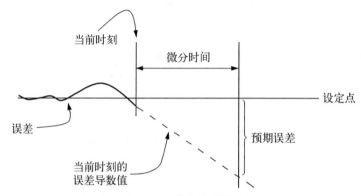

图 3 - 25　微分控制算法

PID 控制能够结合比例控制、积分控制和微分控制的优点,不但考虑当前误差,而且考虑过去或未来的误差过程,从而快速、准确地达到预期目标。

PID 控制的示意如图 3 - 26 所示,相应的算法为

$$u(t) = K_C e(t) + \frac{K_C}{T_I} \int e(t) \mathrm{d}t + K_C T_D \frac{\mathrm{d}e}{\mathrm{d}t} \tag{3-93}$$

式中,K_P 为比例增益;K_C 为比例积分增益;T_I 为积分时间常数;T_D 为微分时间常数。

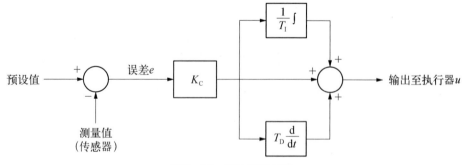

图 3 - 26　PID 控制示意

3.8.2　柴油机转速控制仿真

将 PID 控制器应用于柴油机动态模型,进行转速跟踪仿真,仿真示意如图 3 - 27 所示。

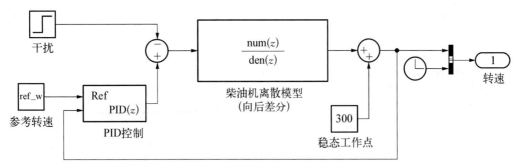

图 3-27 柴油机转速控制仿真示意

设置离散周期 $T_\theta = 10/180\pi$，以 500 rad/s 为参考转速，无干扰工况的柴油机转速及其跟踪误差如图 3-28 所示。图(a)和(b)为比例控制(积分增益为零)的仿真，结果表现出稳态误差，图(c)和(d)为比例积分控制，积分增益为 0.000 1，从图中可以看到，稳态误差消除。

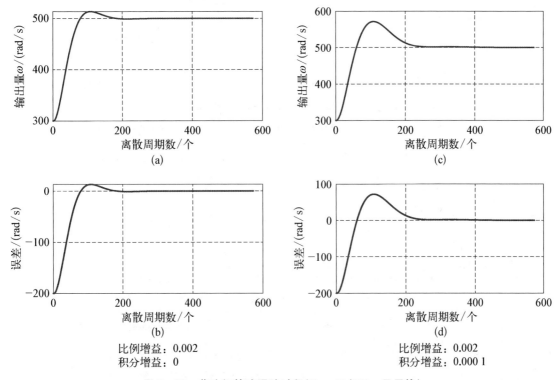

比例增益：0.002
积分增益：0

比例增益：0.002
积分增益：0.000 1

图 3-28 柴油机转速跟踪过程($T_\theta = 10/180\pi$，无干扰)
(a) 转速动态变化过程；(b) 转速跟踪误差；(c) 转速动态变化过程；(d) 转速跟踪误差

设置离散周期 $T_\theta = 10/180\pi$，以 500 rad/s 为目标转速，干扰为 4 N·m 工况下的柴油机转速及其跟踪误差如图 3-29 所示。图(a)和(b)为比例控制的仿真，转速跟踪受到干扰的影响产生明显震荡，积分增益为零，柴油机转速表现出明显的稳态误差。当实施比例积分控制，结果如图(c)和(d)，积分增益设置为 0.000 1，稳态误差显著减小。

设置离散周期 $T_\theta = 120/180\pi$，以 500 rad/s 为目标转速，无干扰工况下以比例微分控制的柴油机转速及其跟踪误差如图 3-30 所示。图(a)和(b)为比例控制仿真，可见转速响应较缓

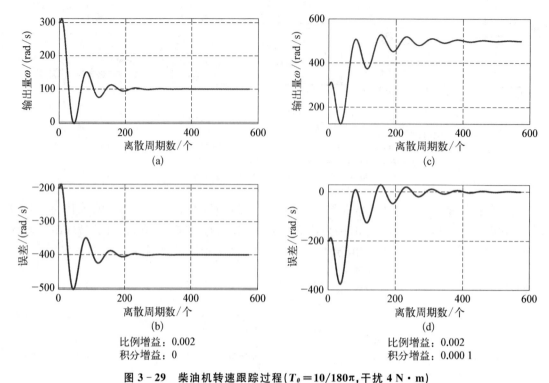

图 3 - 29　柴油机转速跟踪过程($T_\theta = 10/180\pi$, 干扰 4 N·m)
（a）转速动态变化过程；（b）转速跟踪误差；（c）转速动态变化过程；（d）转速跟踪误差

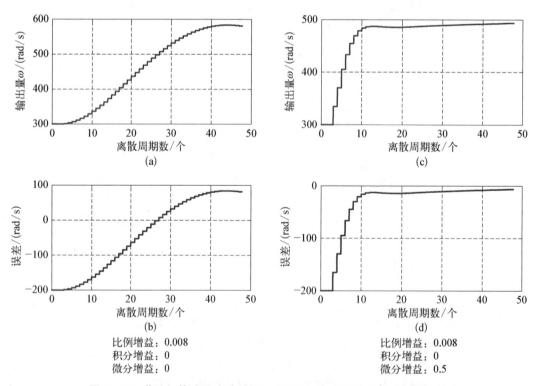

图 3 - 30　柴油机转速跟踪过程($T_\theta = 120/180\pi$, 无干扰比例-微分控制)
（a）转速动态变化过程；（b）转速跟踪误差；（c）转速动态变化过程；（d）转速跟踪误差

慢,而且存在较大稳态误差。图(c)和(d)为比例微分控制仿真,当微分增益取值 0.5 时,由于考虑了转速跟踪误差的变化率,可见转速响应明显迅捷,而且稳态误差也较小。

设置离散周期 $T_\theta = 120/180\pi$,以 500 rad/s 为目标转速,在受到干扰工况下,以比例积分微分控制的柴油机转速及其跟踪误差如图 3-31 所示。作为比较,图(a)和(b)给出比例微分控制的仿真,其积分增益为零,图(c)和(d)为比例微分积分控制的仿真,可见,积分环节使得系统稳态误差减小。

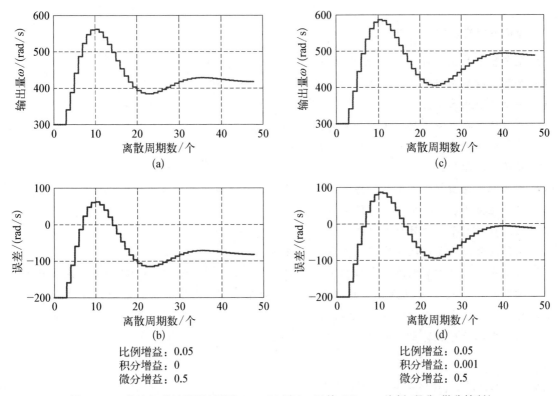

比例增益: 0.05
积分增益: 0
微分增益: 0.5

比例增益: 0.05
积分增益: 0.001
微分增益: 0.5

图 3-31　柴油机转速跟踪过程($T_\theta = 120/180\pi$,干扰 4 N·m,比例-积分-微分控制)
(a) 转速动态变化过程;(b) 转速跟踪误差;(c) 转速动态变化过程;(d) 转速跟踪误差

习　题　3

柴油机的工作原理

1. 内燃机的机械形式有多种,请至少列举 4 种。我们通常所说的内燃机是指哪一种?

2. 请简述活塞式内燃机的基本工作原理。

3. 请简述活塞式内燃机的基本工作过程。

4. 请解释四冲程柴油机的每个冲程的功能。

5. 曲柄连杆机构是柴油机实现工作循环、完成能量转换的主要运动零件,请简述其基本工作原理。

6. 请简述柴油机配气机构的功能与基本工作原理。

7. 请简述柴油机燃料供给系统的功能与基本工作原理。

8. 请简述柴油机起动系统的功能与基本工作原理。

9. 柴油机的两大机构和四大系统分别是什么？

10. 柴油机尾气排放物中，对环境有害的污染物主要有哪些？

11. 柴油机的工作循环中，压缩冲程是否必不可少？请分析说明。

12. 为什么四冲程柴油机无法自行起动？

柴油机电控系统的工作原理

13. 柴油机电控系统有多种，请至少列举 5 种。

14. 柴油机控制系统中使用了多种传感器，请列举至少 4 种。

15. 柴油机控制系统使用了多种执行器，请列举至少 4 种。

16. 请简述电控燃油喷射系统的基本功能与控制目标。

17. 请简述点火提前控制的基本功能与控制目标。

18. 怠速工况指什么？

19. 柴油机怠速控制的目标有哪些？

20. 请简述废气再循环控制系统的基本功能和控制目标。

21. 柴油机控制系统的目标有哪些？

22. 请简述柴油机电控燃油喷射控制系统的组成。

23. 典型的柴油机控制系统有电控燃油喷射系统、电控点火系统、怠速控制系统、废气再循环控制系统等，但是一般未见电控进气系统，是否其不重要或不必要？请给出解释。

24. 怠速控制策略的 4 个阶段（起动控制、暖机控制、怠速反馈控制、电器负载增多时的怠速控制），请比较每个阶段的控制面临的不同挑战。

柴油机准稳态、工作区间和可伸缩模型

25. 请简述柴油机功率损耗的来源。

26. 请给出柴油机燃油消耗率的定义，简述柴油机燃油消耗率与效率的区别与联系。

27. 请给出柴油机热力学效率的定义式。

28. Willans Line 柴油机模型的基本假设是什么？你认为该模型有什么用途？

29. 请按照图 1 的柴油机万有特性曲线和表 1 柴油机的结构参数，按要求建立柴油机模型：

(1) 读图，采集图中的数据（自制坐标线），形成建立准稳态柴油机模型的数据序列。

(2) 用多项式拟合最大转矩 $T_{ice}^{max}(\bullet)$ 曲线。

(3) 建立 Willans Line 模型（包括辨识 Willans Line 系数）。

表 1　某柴油机的结构参数

型　　式	立式、直列六缸、水冷、四冲程
缸套结构	湿式
缸盖结构	每缸一盖

（续表）

型　　式	立式、直列六缸、水冷、四冲程
气缸直径×活塞行程/(mm×mm)	120×145
活塞排量/L	9.839
每缸气门数/个	2
标定功率/kW	162
标定转速/(r/min)	2 200
最大转矩/Nm	900
最大转矩转速/(r/min)	1 300～1 500
最大转矩燃油消耗率/(g/kW·h)	≤210
净质量/kg	900

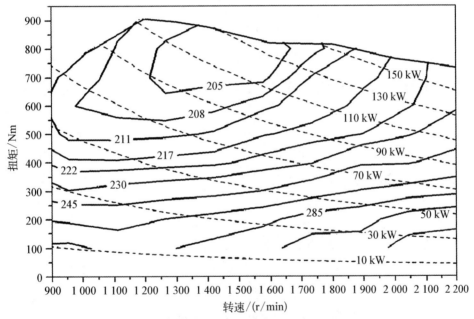

图1　YC6M220-20(M3 000)柴油机万有特性曲线

柴油机动态模型

30. 柴油机电子控制器采集传感器信息,运算生成控制指令,由执行器实现控制指令。

(1) 请问该系统是否为离散控制系统? 哪些因素会使该系统信号离散?

(2) 一些文献采用连续控制系统设计的方法设计该电子控制器的控制策略,是否合理? 请阐述原因。

31. 柴油机工作的四冲程过程中,曲轴连杆机构旋转,带动活塞在气缸内上下运动,每个循环,曲轴转角历经两圈,进气、压缩、做功、排气冲程分别对应曲轴旋转的 $0°\sim180°$、$180°\sim$

$360°$、$360°\sim540°$、$540°\sim720°$转角区间。在设计柴油机喷油、供气等控制策略时,可以选择相对于时间或相对于曲轴转角决策喷油起始时刻、喷油量等。请问你的选择是① 相对于时间? 还是② 相对于曲轴转角? 请阐述原因。

32. 柴油机转速控制中,以转速为输出量,控制目标为使转速跟踪参考转速。请比较:经典控制方法与现代控制方法,分别可能利用哪些信息设计控制策略? 在参考转速为某固定值(设定值问题)和参考转速时变(跟踪问题)两种情况下,分别建议采用哪种控制方法? 为什么?

33. 一个控制系统稳定,从任意初始状态出发,经过有限时间,能否收敛于平衡状态?

34. 从被控对象来看,控制输入、外界干扰都是外部输入,对被控对象的输出产生影响。你认为,从控制角度来讲,控制输入和外界干扰有什么区别? 请举例说明。

35. 关于 z 变换:(1)通过拉普拉斯变换,微分方程转换为代数方程。类似地,z 变换的功能是什么? (2)z 变换与拉普拉斯变换有没有关系? 是什么关系? (3)连续的时间函数 $f(t)$ 经采样得到时间序列 $f(KT)$,$f(t)$ 的 z 变换与时间序列 $f(KT)$ 有什么关系?

36. 请给出 z 变换的线性性质和平移性质的表达式。

37. 已知 $f(t)=2t+1$,求 $f(t-2T)$(T 为离散周期)的 z 变换。

38. 已知某离散系统的时域输入输出模型如下,请推导其离散域的传递函数。

$$y(k+3)+a_3 y(k+2)+a_2 y(k+1)+a_1 y(k)=b_2 u(k+2)+b_1 u(k+1)+b_0 u(k)$$

39. 关于柴油机进气过程的建模,基于理想气体方程 $p_m V_m = nRT_m$,可推导得到以下动态模型:

$$\frac{\mathrm{d}p_m}{\mathrm{d}t}+K_2 \omega p_m = K_1 \alpha$$

(1)请列出该推导过程使用的假设。

(2)请指出该模型的非线性项。

(3)请采用泰勒展开方法推导该模型的线性小扰动模型。

40. 柴油机曲轴旋转的惯性模型,可描述如下:

$$J\frac{\mathrm{d}\omega}{\mathrm{d}t}+B\omega=\tau$$

(1)请采用链式法则将该模型转换为曲轴转角域的惯性模型。

(2)请采用泰勒展开方法推导该模型的线性小扰动模型。

41. 为了进行柴油机转速控制,建立柴油机旋转的动态模型,将负载的柴油机系统(一个机构、五大系统)简化为进气、做功、负载驱动 3 个环节,这种简化是否合理? 简化必然带来建模误差,存在误差的模型能否用来设计控制策略? 请阐述理由。

42. 非线性是被控对象的普遍特性,比如理想气体方程中的压力与体积的乘积项、延迟项,以及摩擦项等。一般的应对方法,先将非线性项进行线性化,而线性化的过程必然带来误差,比如泰勒级数的高阶项被舍弃带来截断误差。

请问:(1)对非线性项线性化的必要性是什么? 你学习过的哪些数学课程提供了分析线性系统的工具? (2)针对延迟项,为什么有时可以保持非线性数学描述而不进行线性化呢?

43. 柴油机简化的线性化小扰动动态模型推导如下:

$$\frac{\mathrm{d}\delta p_m(t)}{\mathrm{d}t} + K_2\,\omega_0\delta p_m(t) = K_1\delta\alpha(t) - K_2\,p_{m0}\delta\omega(t)$$

$$\delta\tau_i(t) = K_\tau\delta p_m(t - t_d)$$

$$J\,\frac{\mathrm{d}\delta\omega(t)}{\mathrm{d}t} + B\delta\omega(t) = \delta\tau(t)$$

请指出:

(1) 这 3 个方程分别描述了柴油机的什么过程?

(2) 模型中的变量有几个? 分别是哪些?

(3) 如果变量数超过方程数,则该方程组有无数组解,那么是不是意味着这组方程无法求解得到确切的柴油机动态过程?

(4) 什么情况下该方程组具有唯一解? 请解释该情况的物理意义。

(5) 以进气量 $\delta\alpha(t)$ 为控制输入,$\delta\alpha(t)$ 如何给值可形成开环控制? 又如何给值可形成闭环控制?

44. 采用离散模型对柴油机转速动态变化的过程进行仿真,发现采用不同的差分方法会得出不同的转速变化过程,请问:

(1) 向后差分方法得到的结果与向前差分方法得到的结果有哪些不同? 请阐释原因。

(2) 离散周期如何影响离散模型的仿真结果?

45. 应用 z 变换推导的传递函数如下:在系统的离散模型中,当前转速 $\omega(k)$ 需要利用 n 个离散周期之前的油门开度 $\alpha(k-n)$,请问 n 为多少? 请解释分析过程。

$$\frac{\omega(z)}{\alpha(z)} = \frac{C_{b2}\,C_{b5}\,K_\tau}{C_{b1}\,C_{b4}z^3 - (C_{b1} + C_{b4})z^2 + z + C_{b3}\,C_{b5}\,K_\tau}$$

46. PID 控制在工程上广泛应用:

(1) 请阐述比例、积分、微分闭环控制的特点。

(2) 请从柴油机电控领域中举一个 PID 控制应用的案例,并给出被控对象、控制目标、控制输入、控制方法等要素。

4 驱动电机建模与仿真

电机是用来实现能量转换的装置,绝大多数电机实现的是电能和机械能之间的转换。电动机是把电能(输入)转换为机械能(输出)的机械;发电机实现反向转换,把输入的机械能转换为电能。

电机的形式多种多样,大小不同,以不同方式应用在各个领域。例如,人们可以利用小功率电机来实现小型硬盘中的精确位置控制;而在电厂,由涡轮机驱动的大型发电机能够产生大量的电能,工作点一般较稳定;电动汽车用的驱动电机通常要求频繁起动/停车、加速/减速,低速或爬坡时要求高转矩,高速行驶时要求高转速,转矩、转速变化范围较大且在制动时能用作发电机回收制动能量。与车用驱动电机和一般工业用驱动电机相比较,船用驱动电机具有负荷大、转矩转速范围宽、工作环境复杂的特点,在混合动力架构中,能实现电动、发电四象限运行。

船用驱动电机的应用场景包括以下几种。

(1) 客轮(邮轮和渡轮),通常对船上舒适性有非常高的要求,船体不能有太大的噪声和振动,而驱动电机在这方面有比较显著的优点。采用驱动电机作为主推进装置的邮轮已有很多,大型邮轮推进系统的功率高达30~40 MW,又由于在吊舱内安装高效率驱动电机的吊舱式电力推进系统能够显著提高船舶的机动性,并提高了达10%的推进效率,因此新造邮轮使用吊舱式电力推进系统的比例在增加。

(2) 跨海渡轮,在两岸穿梭频繁,需要经常停靠码头,对船舶的机动性和经济性要求都比较高,采用驱动电机,比如吊舱式电力推进系统,可以发挥机动性和经济性的双重优势。

(3) 钻井船、采油轮及油轮,在难以开采的深海区域开展油气田开采时,为了进行深海钻井和浮式采油,需要动力定位或推进器辅助锚泊,通过控制驱动电机,无论海洋环境如何变化,都能够准确地保持在某个固定控位。

(4) 海洋工程支援船和海上施工船,包括潜水支援船、起重船以及管道敷设船等,最初采用定速可调距螺旋桨进行动力定位。目前主要利用驱动电机的调速功能进行调整和定位,如电缆敷设船一般都装备 DP2 或 DP3 动力定位,其中大部分配备总功率为 8~30 MW 的驱动电机。

(5) 挖泥船和施工船,在浅水中作业时,工作地点经常改变,功率需求变化大,采用一个或多个驱动电机,驱动电机的电力来自柴油发电机,可提高船舶机动性和燃油消耗效率。

(6) 快艇和休闲艇,舒适性和环境友好是最重要的设计准则,高效率、低振动、低噪声的驱动电机在这类船舶中日益普及,装机功率一般为 500~2 000 kW。

(7) 破冰船和冰区航行船,负荷可能发生急剧变化并且在一些区域需要达到零排放,自20世纪80年代开始,大部分新建破冰船和冰区航行船都使用驱动电机作为主推进装置,根据破冰能力大小的不同,这类船舶的装机功率一般为 5~55 MW。

(8) 军用船艇,相较于商用船舶,其对电力推进系统的可用性和冗余性要求通常更加严格,必须具有很好的冲击性能和低噪声特征。在潜艇上,由柴油机发电、蓄电池储能设备、燃料电池或核电站提供动力的驱动电机已得到应用。

（9）科学考察船，包括地质考察船、海洋考察船、渔业考察船，由于生态环境保护的需要，对水下噪声要求非常严格，其允许噪声通常要比其他船舶的正常噪声低几十分贝。降低水下噪声的常用措施包括采用驱动电机直接推进以及采用特殊措施对振动和转矩波动进行过滤和消减等。

不同的电机形式在磁场的产生方式与绕组的耦合方式上也有所不同。但是在不同电机中，以磁路为媒介都可以实现能量在电气部分和机械部分之间的转换和流动，所以，要学习电机首先必须理解驱动电机磁场结构及其磁场在能量转换过程中的作用。本章首先介绍驱动电机的分类，然后基于电磁感应与相互作用定律，建立驱动电机的"转盘"模型，理解电机及其控制系统的基本工作原理，接下来建立用于动力系统性能分析的驱动电机模型。

4.1 驱动电机的分类

按照驱动电机中转子与定子的结构以及通电方式的不同，常见的类型有永磁同步电机、感应电机和直流电机。下面以电动工作状态（第一、三象限）为例，介绍3种驱动电机的工作原理。

4.1.1 永磁同步电机

永磁同步电机是由永磁体励磁产生同步旋转磁场的同步电机，永磁体作为转子产生旋转磁场，当定子侧通入三相电流（大多数为三相，也有二相、六相、十二相等），在空间中产生旋转磁场，转子在旋转磁场中受到电磁力作用产生旋转运动，如图4-1所示。在该过程中，电能转化为动能。

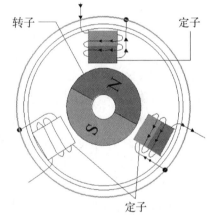

图4-1 永磁同步电机原理示意

永磁同步电机以永磁体提供励磁，因此电机结构较为简单，降低了加工和装配费用，且省去了容易出问题的集电环和电刷，提高了电机运行的可靠性；又因无须励磁电流，没有励磁损耗，也提高了电机的效率和功率密度。

永磁同步电机主要由定子、转子和端盖等部件构成，定子由叠片叠压而成，尽量减少电机运行时产生的铁耗。定子上安装三相交流绕组，称为电枢。转子可以制成实心的形式，也可以由叠片压制而成，其上安装永磁体材料。

永磁同步电机可以将电机整体安装在螺旋桨轴上，形成整体直驱系统，即一个轮轴就是一个驱动单元，在这种连接方式中，无须齿轮箱。永磁同步电机的优点如下：

（1）永磁同步电机本身的功率效率高，功率因数高。

（2）永磁同步电机发热较小，因此电机冷却系统结构简单、体积小、噪声小。

（3）在无齿轮箱的动力系统中，电力驱动系统可采用全封闭结构，无传动齿轮磨损、无传动齿轮噪声，免润滑油、免维护。

（4）永磁同步电机允许的过载电流大，可靠性显著提高。

（5）由于采用了永磁材料磁极，特别是采用了稀土金属永磁体（如钕铁硼等），其磁能级高，可得到较高的气隙磁通密度，因此在容量相同时，电机的体积小、重量轻。

（6）转子没有铜损，也没有集电环和电刷的摩擦损耗，运行效率高。

（7）转动惯量小，允许的脉冲转矩大，可获得较高的加速度，动态性能好，结构紧凑，运行可靠。

4.1.2 感应电机

感应电机，又称为异步电机，它通过定子产生的旋转磁场与转子绕组的相对运动，转子绕组切割磁感线产生感应电动势，从而使转子绕组中产生感应电流。转子绕组中的感应电流与定子产生的旋转磁场作用，产生电磁转矩，从而使转子旋转。感应电机的基本原理如图 4-2 所示，图中定子产生的旋转磁由手动旋转的永磁体表示，一般感应电机的旋转磁场由交流电励磁产生。摇动磁极，将引起鼠笼转子跟着磁场一起旋转，且方向相同，摇得越快转子转得越快，摇得越慢转得也越慢。

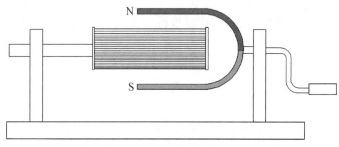

图 4-2 感应电机的原理

当转子转速 n 低于旋转磁场转速 n_s 时（$n_s > n > 0$），转差率 $s = (n_s - n)/n_s$，值为 $0 < s < 1$。设定子三相电流所产生的气隙旋转磁场为逆时针转向，按右手定则即可确定转子导体"切割"气隙磁场后感应电动势的方向。由于转子绕组是短路的，转子导体中便有电流流过。转子感应电流与气隙磁场相互作用，将产生电磁力和电磁转矩；按左手定则，电磁转矩的方向与转子转向相同，即电磁转矩为驱动性质的转矩，此时电机从电网输入功率，通过电磁感应，由转子输出机械功率，电机处于电动机状态。

感应电机的定子由定子铁芯、定子绕组和机座 3 部分组成。定子铁芯是主磁路的一部分。为了减少激磁电流和旋转磁场在铁芯中产生的涡流和磁滞损耗，铁芯由硅钢片叠成。容量较大的电机，硅钢片两面涂以绝缘漆作为片间绝缘。小型定子铁芯用硅钢片叠装、压紧，成为一个整体后固定在机座内，中型和大型定子铁芯由扇形冲片拼成。在定子铁芯内圆上，均匀地冲有许多形状相同的槽，用以嵌放定子绕组。小型感应电机通常采用半闭口槽和由高强度漆包线绕成的单层（散下式）绕组，线圈与铁芯之间垫有槽绝缘。半闭口槽可以减少主磁路的磁阻，使激磁电流减少，但嵌线较不方便。中型感应电机通常采用半开口槽。大型高压感应电机都采用开口槽，以便于嵌线。为了得到较好的电磁性能，中、大型感应电机一般采用双层短距绕组。

感应电机的转子由转子铁芯、转子绕组和转轴组成。转子铁芯也是主磁路的一部分，一般由硅钢片叠成，铁芯固定在转轴或转子支架上。整个转子的外表呈圆柱形。转子绕组分为笼型和绕线型两类。

笼型绕组是一个自行闭合的绕组，它由插入每个转子槽中的导条和两端的环形端环构成，如果去掉铁芯,整个绕组形如一个"圆笼",因此称为笼型绕组。为节约用铜和提高生产率,小型笼型电机一般都用铸铝转子;对中、大型电机,由于铸铝质量不易保证,故采用铜条插入转子槽内,再在两端焊上端环的结构。笼型感应电机结构简单、制造方便,经济、耐用,所以应用极广。

绕线型转子的槽内嵌有用绝缘导线组成的三相绕组,绕组的3个出线端接到设置在转轴上的3个集电环上,再通过电刷引出。这种转子的特点是可以在转子绕组中接入外加电阻,以改善感应电机的起动和调速性能。与笼型转子相比较,绕线型转子结构稍复杂,价格稍贵,因此只在要求起动电流小、起动转矩大,或需要调速的场合下使用。

感应电机的优点如下:

(1)小型轻量化。

(2)易实现转速超过 10 000 r/min 的高速旋转。

(3)高速、低转矩时运转效率高。

(4)低速时有高转矩,有宽泛的速度控制范围。

(5)高可靠性。

(6)制造成本低。

感应电机的缺点是功率因数滞后,轻载功率因数低,调速性能稍差。

4.1.3 直流电机

直流电机由直流电压和直流电流供电。对于上述感应电机,当时变电流流过恰当放置的绕组时能够产生旋转的磁场,可是,直流电流不随时间变化,那么直流电机是如何旋转的呢?

直流电机的结构由定子和转子两大部分组成,基本工作原理如图 4-3 所示。直流电机运行时静止不动的部分称为定子,定子的主要作用是产生磁场,由机座、主磁极、换向极、端盖、轴承和电刷装置等组成。运行时转动的部分称为转子,其主要作用是产生电磁转矩和感应电动势,是直流电机进行能量转换的枢纽,所以通常又称为电枢,由转轴、电枢铁芯、电枢绕组、换向器和风扇等组成。

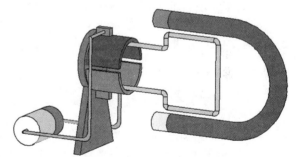

图 4-3 直流电机的工作原理

定子上有磁极(绕组式或永磁式),转子有绕组,通电后,转子上形成磁场,定子和转子的磁极之间有夹角,在定转子磁场的相互吸引下,电机旋转。改变电刷的位置,就可以改变定转子电流方向,从而改变磁极夹角,于是改变电机的旋转方向。

因此,从本质上讲,直流电机也是交流电机,只是在电刷的换向作用下,从电机的接线端看,电流为直流电流。与交流电机一样,电磁感应定律和相互作用定律也是直流电机的工作原理。

直流电机的应用已经不如以前那样广泛,主要原因有两方面:一是直流电机在运行中会出现大量的与换向片和电刷有关的问题,例如电火花、功率损耗、磨损和维护费用昂贵等;二是高性能整流器的出现,能够使得单相或多相交流电源产生受控的高品质直流电压和直流电流,同时随着高性能交流传动系统的出现,交流电机在各个应用领域取代了直流电机。

当然,学习和理解直流电机仍然是必要的,原因如下:第一,目前一些应用领域还在使用和制造直流电机,因此有必要熟悉直流电机的工作情况;第二,直流电机具有优良的性能和控制特性,是设计交流传动系统时的参考对象。

直流电机的励磁方式是指对励磁绕组如何供电、产生励磁磁通势而建立主磁场。根据励磁方式的不同,直流电机可分为他励直流电机、并励直流电机、串励直流电机、复励直流电机。励磁绕组与电枢绕组无连接关系,而由其他直流电源对励磁绕组供电的直流电机称为他励直流电机。永磁直流电机也可看作他励直流电机。并励直流电机的励磁绕组与电枢绕组相并联,电机本身发出来的端电压为励磁绕组供电,也就是说,励磁绕组与电枢共用同一电源,从性能的角度看,与他励直流电机相同。串励直流电机的励磁绕组与电枢绕组串联后,再接于直流电源,因此,这种直流电机的励磁电流就是电枢电流。复励直流电机有并励和串励两个励磁绕组。若串励绕组产生的磁通势与并励绕组产生的磁通势方向相同称为积复励。若两个磁通势方向相反,则称为差复励。

按有无刷分类,可分为无刷直流电机和有刷直流电机。无刷直流电机是将普通直流电机的定子与转子进行了互换,其转子为永久磁铁产生气隙磁通,定子为电枢,由多相绕组组成。在结构上,它与永磁同步电机类似。其定子在铁芯中嵌入多相绕组(三相、四相、五相不等),绕组可接成星形或三角形,并分别与逆变器的各功率管相连,以便进行合理换向。转子多采用钐钴或钕铁硼等高矫顽力、高剩磁密度的稀土材料,由于磁极中磁性材料所放位置的不同,可以分为表面式磁极、嵌入式磁极和环形磁极。由于电机本体为永磁电机,所以习惯上把无刷直流电机也称为永磁无刷直流电机。

有刷直流电机的 2 个电刷(铜刷或者碳刷)是通过绝缘座固定在电机后盖上的,直接将电源的正负极引入转子的换向器上,而换向器连通转子上的线圈,3 个线圈极性不断地交替变换,与外壳上固定的两块磁铁形成作用力而转动起来。由于换向器与转子固定在一起,而刷与外壳(定子)固定在一起,电机转动时刷与换向器不断地发生摩擦产生大量的阻力与热量,所以有刷电机的效率低下,损耗非常大。但是它同样具有制造简单、成本低廉的优点。

总体上讲,直流电机的优点有起动和调速性能好,调速范围广平滑,过载能力较强,转矩较大。但是,由于电刷和换向器的滑动接触,造成了机械磨损和火花,使直流电机的故障多、可靠性低、寿命短、保养维护工作量大。

4.2　驱动电机的基本工作原理

4.2.1　电磁感应与相互作用定律

所有的电机都是通过电磁介质把电气部分和机械部分连接起来的,其原因在于磁场和导体相互作用时发生的两个有趣的现象。

如图 4-4 所示,规则线圈(导体)被放置在均匀的磁场中,线圈两侧连接有转轴,转轴放在凹槽中。图 4-4 仅给出了截面图,实际线圈垂直于纸面。回顾物理知识可知,当通过一个给定平面的磁通量改变时,可以在线圈中产生感应电压。假设线圈垂直于纸面,且在外部原动机的带动下旋转,则通过线圈的磁通量就会随着时间变化而变化,进而在线圈的两端(图4-4中的1点和2点)感应出电压。如果绕组线圈回路闭合,则感应电压在闭合回路中产生电流。

在磁场中旋转的线圈因为磁通量的变化,会产生感应电压,这就是法拉第感应定律,该定律是发电机运行的基本原理,在发电机中,机械能(原动机)带动磁场中的绕组旋转,产生感应电压。

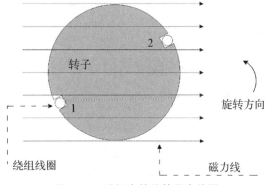

图4-4 磁场中的旋转导电线圈

利用相同的模型解释电机是如何工作的。在图4-5中,线圈的两端(1、2)和外部电压源连接,在线圈中产生电流(电流在端子2处流出纸面,在端子1处流入纸面)。

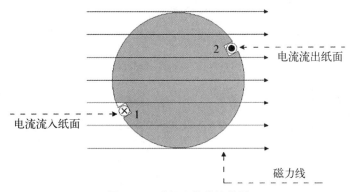

图4-5 磁场中的载流线圈

电流在磁场中产生安培力,该安培力是线圈与产生磁场的物体之间的相互作用力。安培力作用在线圈上,将产生机械转矩,使线圈(图4-4中的转子)旋转。该相互作用解释了在磁场中载流导体上的力和转矩的产生机理,它是电机运行的基本原理。

值得注意的是,在图4-4和图4-5给出的发电机和电机的模型中,包含完全相同的组件。基于这个事实,可以认为一个电机既能运行在发电机状态,又能运行在电动机状态,如果能量是由机械能转换成电能,则运行在发电机状态;反之,则运行在电动机状态。实际的电机具有更加复杂的结构,这些结构保证了能量转换的高性能和高效率,然而,它们的基本原理保持不变。

4.2.2 电磁转矩的产生

电机的形式很多,工作原理都基于电磁感应定律和电磁力定律。因此,电机构造的一般原则是用适当的导磁和导电材料构成互相进行电磁感应的磁路和电路,以产生电磁功率,达到能量转换的目的。

电机的基本原理是电生磁。电生磁的基本现象是用一条直的金属导线通过电流,那么在导线周围的空间将产生圆形磁场。导线中流过的电流越大,产生的磁场越强。磁场成圆形,围绕导线周围。电机主要由定子与转子组成,通电导线在磁场中受力运动的方向与电流方向和磁场方向有关。电机工作原理是磁场对电流受力的作用,使电机转动。

电磁转矩是电机旋转磁场各极磁通与转子电流相互作用而在转子上形成的旋转力矩,是电机将电能转换成机械能最重要的物理量之一。

当电枢绕组中有电流流过时,通电的电枢绕组在磁场中将受到电磁力,该力与电机电枢铁芯半径之积称为电磁转矩。

电机和发电机的电磁转矩都是由电枢电流在磁场中受到的电磁力产生的。若电机的电磁转矩方向与转动方向相同,则它是驱动力矩,电机通过它将电能转换为机械能。若发电机的电磁转矩方向与转动方向相反,则它是制动力矩,发电机通过它将机械能转换为电能。

下面以电机为例,解释电磁力是如何产生的。将电机的定子和转子简化视为两个同轴转盘,其中任意一个都可以作为转子或定子。在两个转盘上分别嵌入磁铁,初始位置时,两个转盘磁铁正对,电磁力通过轴心,不产生旋转力矩,如图 4-6(a)所示。当转动其中一个转盘,使两个转盘相对错开一个角度,由于磁铁同性相斥、异性相吸,该电磁力作用在两个转盘上,方向不通过轴心,因此产生旋转力矩,于是另一个转盘会在旋转力矩的作用下跟着旋转。

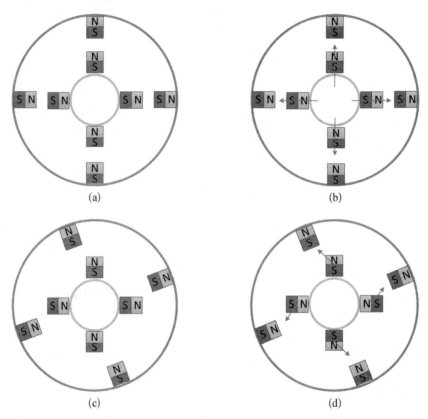

(a)　　　　　　　　　　　　　(b)

(c)　　　　　　　　　　　　　(d)

图 4-6　电磁转矩的产生

(a) 两个转盘磁铁正对;(b) 电磁力通过轴心,不产生旋转力矩;(c) 两个转盘的磁铁错开;(d) 电磁力产生旋转力矩

以永磁同步电机为例,可以将外圈当作定子,内圈当作转子,定子上有绕组,通两相电流,转子上嵌有永磁体,如图 4-7 所示。定子电流产生的磁场与转子永磁体磁场之间产生电磁力,在一般位置时,该电磁力相对于转子旋转中心产生电磁转矩,于是驱动转子旋转,其转盘模型如图 4-8 所示。

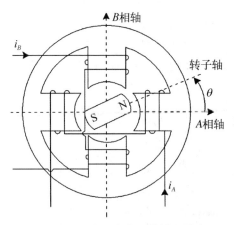

图4-7 永磁同步电机的简化模型

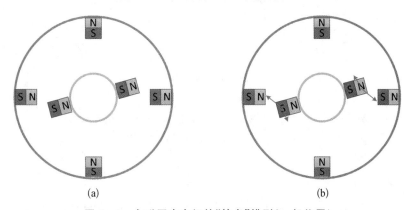

(a)   (b)

图4-8 永磁同步电机的"转盘"模型(一般位置)

(a) 绕组通电产生磁场;(b) 内外磁极产生相互作用力

当定子上仅仅 A 相绕组通电流,即 $i_A = +I_m$,$i_B = 0$。 按右手螺旋定则,产生水平方向磁场。以转盘中心为旋转中心,电磁力产生磁场转矩,转子在磁场转矩作用下旋转,直到定子、转子磁场方向一致后,停止运转,如图 4-9 所示。

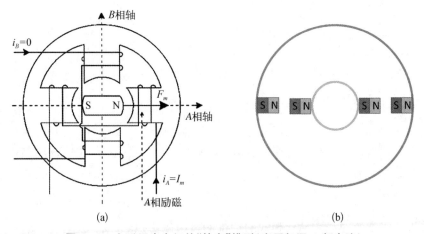

(a)   (b)

图4-9 永磁同步电机的"转盘"模型(定子仅通 A 相电流)

(a) 仅 A 相通电;(b) "转盘"模型

当定子 A、B 相绕组通相同大小的电流时,即 $i_A = i_B = I_m/\sqrt{2}$。按照右手螺旋定则,分别产生水平、垂直方向磁场,大小相同,矢量和为如图的 45°方向。以转盘中心为旋转中心,电磁力产生磁场转矩,转子在磁场转矩作用下旋转,指导定子、转子磁场方向一致后,停止旋转,如图 4 - 10 所示。

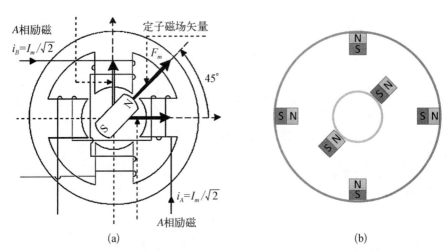

(a)   (b)

图 4 - 10　永磁同步电机的"转盘"模型(定子 A、B 相电流相等)

(a) 仅 A、B 两相通电;(b)"转盘"模型

4.2.3　电磁转矩的量化

如前所述,定子线圈通电产生磁场,该磁场与转子上的永磁体磁场相互作用,产生电磁力。因此,首先分析定子线圈的磁场强度以及在定子磁场中的磁感应强度。

磁场强度是线圈安匝数的一个表征量,反映磁场源的强弱。在稳恒磁场中,磁场强度 H 沿任何闭合路径 L 的线积分,等于这闭合路径所包围的各个电流 I 的代数和,即安培环路定理。它确定了磁场与电流之间的关系。它是计算磁路的基本公式。磁场强度 H 是计算磁场时所引用的一个物理量,是矢量。对于环形线圈,闭合路径上 H 大小相等,则有

$$HL = \Sigma I \tag{4-1}$$

因此,磁场强度的计算公式为

$$H = \Sigma I / L \tag{4-2}$$

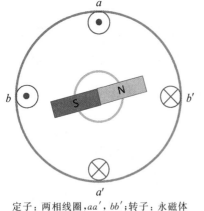

定子:两相线圈,aa'、bb';转子:永磁体

**图 4 - 11　两相永磁同步电机的
"转盘"模型**

式中,L 也称为有效磁链长度,单位为 m;磁场强度 H,单位为 A/m。在铁芯磁路里,磁路长度是固定的,通常用安匝数(线圈电流 I 与匝数 N 的积)来表示磁场源的大小,即

$$H = NI / L \tag{4-3}$$

对于如图 4 - 11 所示的两相永磁同步电机,a 相和 b 相线圈产生的磁场分别为

$$H_a = NI_a / L_a \tag{4-4}$$

$$H_b = NI_b/L_b \tag{4-5}$$

磁感应强度 $\boldsymbol{B}$ 是表示磁场内某点的磁场强弱和方向的物理量,由电流在磁场中所受的力的大小来度量,它是一个向量。通电导体受安培力方向可用左手定则确定。磁感应强度 $\boldsymbol{B}$ 的单位是 T(特斯拉)。令介质磁导率为 μ,则有 a、b 两相电流产生的磁感应强度 B_a、B_b 分别为

$$B_a = H_a\mu \tag{4-6}$$

$$B_b = H_b\mu \tag{4-7}$$

首先,按照右手螺旋定则,图 4-11 所示的定子上 a、b 两相绕组电流产生的磁感应强度 B_a、B_b 的方向如图 4-12 所示,两者矢量合成为定子的磁感应强度 $\boldsymbol{B}_s$。

然后,讨论定子、转子两个磁场的相互作用。定子磁场的磁感应强度为 $\boldsymbol{B}_s$,其大小和方向随着 a、b 两相电流的大小而改变;转子磁场的磁感应强度为 $\boldsymbol{B}_r$,其大小由转子永磁体的特性决定,方向随着转子旋转。定子、转子两个磁场相互作用产生磁场力,根据通电导体在磁场中的受力规律,力矩大小为如图 4-13 所示的平行四边形的面积,计算公式如下:

$$T = k\boldsymbol{B}_r\boldsymbol{B}_s \tag{4-8}$$

式中,k 为转矩系数。

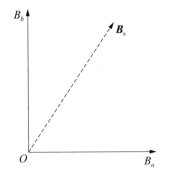

图 4-12　磁感应强度向量合成图

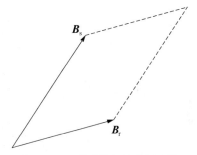

图 4-13　电磁转矩计算示意图

由式(4-8)可知,电磁转矩的大小正比于定子磁感应强度和转子磁感应强度,并且与两者之间的方向有关。当定子磁感应强度垂直于转子磁感应强度时,电磁转矩最大。当定子磁感应强度平行于转子磁感应强度时,电磁转矩为零。

4.3　驱动电机控制系统的基本工作原理

学习电磁转矩的产生机理是理解电机原理的基础。在该基础上,理解电机控制的电压环、电流环和速度环,并进一步理解 d-q 坐标系和弱磁控制的概念和功能。

4.3.1　电机控制回路

本节以电机为例讲述电机的控制回路,为了表述方便,以内转子的永磁同步电机的结构为背景。电机一般以获得预期的旋转运动为控制目标。根据牛顿运动定律,需要根据电机电磁

转矩与旋转运动的关系,确定合适的电磁转矩,以实现预期的旋转运动。而电机的电磁转矩由电磁力产生,因此需要提供合适的磁场力。总之,从力与运动的关系的角度分析,为了实现预期的旋转运动(转速),最直接的思路是控制电机定子、转子的电磁场,以提供合适的磁场力。以预期转速为目标的闭环控制,称为速度环,控制回路如图 4-14 所示。换句话说,控制电机实质上是控制电机的电磁力。

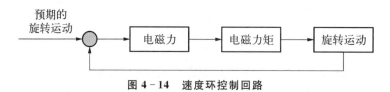

图 4-14　速度环控制回路

电机电磁力是定子、转子磁场之间的相互作用,需要通过合适的定子绕组电流产生。因此,控制电机的电磁力实质上是控制电机的电流(每相电流的幅值、频率)。因此,从电机绕组电流与电磁力的相互关系的角度分析,为了提供预期的电磁力,需要控制电机定子绕组电流的频率、幅值。通过电流实现预期电磁力的闭环控制,称为电机控制的电流环。控制回路如图 4-15 所示。

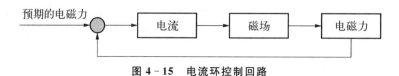

图 4-15　电流环控制回路

电机定子绕组电流,需要合适的电压施加在绕组电路上产生,即给每相电路施加一定幅值、频率的电压,以实现的绕组电流。因此,从电压与电流关系的角度分析,为了提供预期的绕组电流,需要控制电机电压(每相电压的幅值、频率),以在每相绕组中实现预期的电流。通过电压实现预期电流的闭环控制,称为电压环。控制回路如图 4-16 所示。

图 4-16　电压环控制回路

表 4-1 总结了电机控制的速度环、电流环和电压环的比较。

表 4-1　电机控制的速度环、电流环、电压环的比较

控 制 环	被 控 对 象	控 制 输 入	控 制 目 标
速度环	旋转负载	电磁力	达到预期旋转运动
电流环	磁场中的导体	各相电流	达到预期电磁力
电压环	等效电路	各相电压	达到预期电流

4.3.2　$d-q$ 坐标系

电机分析常用的坐标系有静止坐标系与旋转坐标系。静止坐标系有两相、三相、六相等。

电机定子上每相绕组产生磁场的方向可根据右手螺旋定则给出,将该方向规定为该相绕组轴线的正方向,作为静止坐标系的一个轴。因此,对于定子上有两相绕组的电机,其静止坐标系为两相,类似地,三相定子绕组形成三相静止坐标系,六相定子绕组形成六相静止坐标系。

忽略电机电子的制造、安装等误差,在静止坐标系中,各轴线在同一平面内,并通过同一个轴心,相互有夹角。一般地,两相静止坐标系中两条轴线之间夹角为90°,三相静止坐标系中每120°有一条轴线,六相静止坐标系中每60°有一条轴线。由在一个平面上多条轴线组成的静止坐标系有两个特点:① 同一平面上多条轴线上表达的物理量可以投影映射到两条相互垂直、相互独立的正交两相坐标系上;② 每条轴线上的磁链、电压方程中含有三角函数,即一种典型的非线性项。因此,静止坐标系中表达的电机数学模型复杂、非线性项多,不方便进行求解与分析。

d-q 坐标系是一个与转子同步旋转的正交坐标系,它以转子磁感应强度方向为基准构建 d 轴(direct 的简称,译为直轴),而与之垂直的轴为 q 轴(quadrature 的简称,译为交轴),如图 4-17 所示。d-q 坐标系是包括永磁同步电机在内的所有交流电机最常用的坐标系。

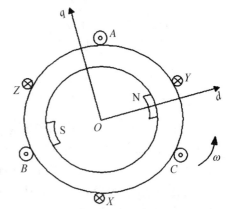

图 4-17 d-q 坐标系示意

d-q 坐标系的定义源于电机转矩,即定子、转子产生电磁转矩的影响因素。总体上讲,该电磁转矩是由定子磁场与转子磁场相互吸引或排斥作用而产生的,其大小、方向与定子磁感应强度以及转子磁感应强度的幅值、相位有关。由图 4-13 所示的电磁转矩的计算可知,当定子磁感应强度垂直于转子磁感应强度时,电磁转矩最大;当定子磁感应强度平行于转子磁感应强度时,电磁转矩为零。因此,为了便于求解和分析,构建 d-q 坐标系,将其原点固定于转子上,与转子同步旋转,d 轴方向为转子的磁感应强度方向,q 轴方向为超前 d 轴90°电角度,这样就形成了一个与转子同步旋转的正交坐标系。电机的电流、电压、磁感应强度、电磁力和电磁转矩等物理量都可以在这个坐标系中投影于 d、q 两个轴上。

在 d-q 坐标系中,定子磁场的磁感应强度平行于 d 轴的分量,与转子的磁感应强度平行,因此不产生电磁转矩。相应地,定子磁场的磁感应强度垂直于 d 轴的分量,才产生电磁转矩。对这两个轴上的分量进行分别控制就可以控制这个变量,也就是说,实现了这个变量的解耦控制。以内转子永磁同步电机为例,其转子磁场由永磁体产生,是不可控制量,那么只需控制定子磁场,就可以控制电机的电磁转矩了。定子磁场中可变的部分是定子电流产生的电流励磁磁场,那么在 d-q 坐标系内对定子电流解耦控制,就可实现电机电磁力矩的控制,这也是矢量控制的实现方法。

在 d-q 坐标系中,定子绕组产生的磁场,其磁感应强度可以分解为 d 轴分量和 q 轴分量,该分量大小与绕组电流和不断变化的转子位置有关。对于三相电机,其 a、b、c 三相电流分别产生磁场,以 a 相为例,其磁感应强度为

$$B_a = \frac{N\mu}{L_a} I_a \tag{4-9}$$

于是,a 相电流可表示为

$$I_a = \frac{L_a}{N\mu}B_a \tag{4-10}$$

由于磁感应强度 B_a 可以分解为 d 轴分量和 q 轴分量,表示为 B_{ad}、B_{aq},那么相应地,I_a 也可以分解为 d 轴分量和 q 轴分量,表示为 I_{ad}、I_{aq},则有

$$I_{ad} = \frac{L_a}{N\mu}B_{ad} \tag{4-11}$$

$$I_{aq} = \frac{L_a}{N\mu}B_{aq} \tag{4-12}$$

类似地,b 相可分解为 I_{bd}、I_{bq},c 相电流可分解为 I_{cd},I_{cq}。 d 轴电流 I_d、q 轴电流 I_q 分别由三相分量相加得到

$$I_d = I_{ad} + I_{bd} + I_{cd} \tag{4-13}$$

$$I_q = I_{aq} + I_{bq} + I_{cq} \tag{4-14}$$

如图 4-18 所示,在 $d-q$ 坐标系中,只需关心 I_d 和 I_q。 一方面,由于 I_d 与转子磁感应强度方向垂直,不对电磁力做贡献,因此为了提高效率,应以 $I_d = 0$ 为目标;另一方面,I_q 直接且完全决定电磁力的大小,因此为了实现高性能的转速环、电流环和电压环控制,需提高 I_q 的控制精度。 可见,多相绕组的电、磁场物理量,都简化到 $d-q$ 二维正交坐标系,甚至简化到仅讨论 I_q,极大地简化了电机电磁力的分析和求解。

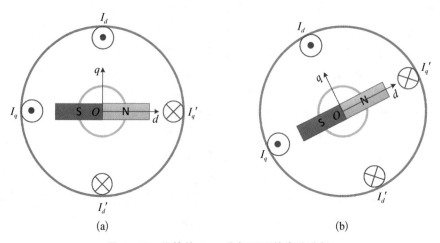

(a)　　　　　　　　　　　　(b)

图 4-18　旋转的 $d-q$ 坐标系下的电流分解

(a) $d-q$ 坐标系下的电流分解;(b) $d-q$ 坐标系随转子旋转

下面给出一个坐标变换的实例,如图 4-19 所示,从静止 $a-b-c$ 坐标系转换到旋转 $d-q$ 坐标系,令转子转角为 θ_r,其坐标变换矩阵 $\boldsymbol{C}_{3s-2r}$ 为

$$\boldsymbol{C}_{3s-2r} = \sqrt{\frac{2}{3}}\begin{bmatrix} \cos\theta_r & \cos\left(\theta_r - \frac{2}{3}\pi\right) & \cos\left(\theta_r + \frac{2}{3}\pi\right) \\ -\sin\theta_r & -\sin\left(\theta_r - \frac{2}{3}\pi\right) & -\sin\left(\theta_r + \frac{2}{3}\pi\right) \end{bmatrix} \tag{4-15}$$

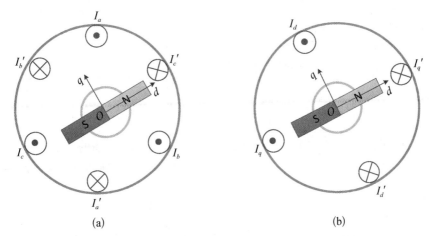

图4-19　从三相静止坐标系到旋转 d-q 坐标系的变换

（a）三相绕组电流（静止 a-b-c 坐标系）；（b）旋转 d-q 坐标系

可见，坐标变换矩阵 $\boldsymbol{C}_{3s-2r}$ 与转子转角 θ_r 有关，也与绕组的布置有关。

4.3.3　弱磁控制

受到电机供电电压的限制，以及电机逆变器直流侧电压达到最大值后会引起电流调节器的饱和，为了获得较宽的调速范围，在基速以上高速运行时，需要对电机进行弱磁控制，实现恒功率调速。

以永磁同步电机为例，对弱磁控制进行定性理解。由于转子永磁体磁链和定子绕组电磁场磁链的影响，电机定子绕组的供电电压需要克服切割转子磁场引起的动生电动势和定子绕组的感生电动势，在此通称为反电动势。通常，转子转速越高，则反电动势越大。如果转速增大到供电电压不足以克服反电动势时，则该转速不可实现。

而在工程实际应用中，电机需要在高转速区域工作。为了实现高转速，必须降低高转速下的反电动势，一个可行的思路就是减小磁链。而转子的磁链由永磁体产生，一般是固定的，可调节的只有定子绕组磁链。通过调节定子电流减小定子绕组磁链，即为弱磁，使得电机定子绕组的反电动势减小，从而实现电机高转速运行，即为弱磁控制。

下面从永磁同步电机的定子电压方程来理解弱磁控制的机理。忽略定子绕组电路的电阻，考虑感生电动势和动生电动势，定子电压在 d-q 坐标系下的方程可写为

$$\begin{aligned}U_d &= x_q I_q = \omega L_q I_q\\ U_q &= E_0 + x_d I_d = \omega \psi_m + \omega L_d I_d\end{aligned} \tag{4-16}$$

式中，U_d、U_q 为定子在 d-q 坐标系下的 d 轴、q 轴电压；I_d、I_q 为定子在 d-q 坐标系下的 d 轴、q 轴电流；x_d、x_q 分别为 d 轴、q 轴的感抗；E_0 为动生电动势；ψ_m 为转子磁链；ω 为电转速。可见，电转速越大，电压越大。在电压受限的情况下，电转速高，电流小，才能满足电压平衡方程。

在 d-q 坐标系中，U_d、U_q 满足

$$U_d^2 + U_q^2 = U^2 \tag{4-17}$$

其中,U 为直流电压。

将式(4-16)代入式(4-17),可得

$$\frac{\left(I_d+\dfrac{\psi_m}{L_d}\right)^2}{\left(\dfrac{U}{\omega L_d}\right)^2}+\frac{I_q^2}{\left(\dfrac{U}{\omega L_q}\right)^2}=1 \tag{4-18}$$

式(4-18)为电压椭圆方程的数学描述,可知:① 电压限制椭圆的中心在 $d-q$ 坐标系的左半平面;② 电转速 ω 越大,电压限制椭圆的半径越小。

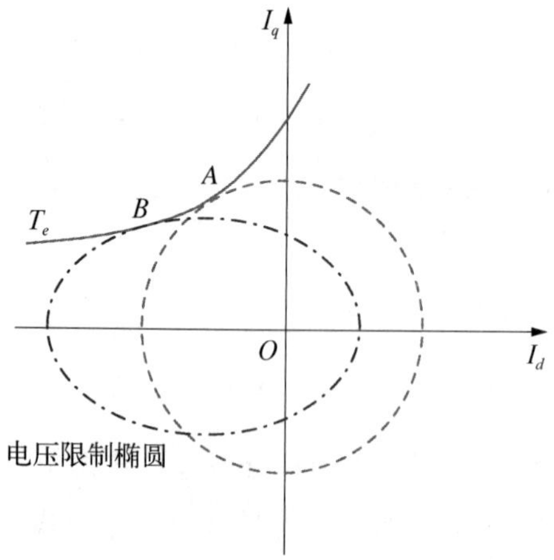

电压限制椭圆如图 4-20 所示,图中 T_e 为等电磁转矩曲线,该曲线上任意一个工作点实现的电磁转矩相等。其中点 A 为距离原点最近的工作点,也就是说,工作点 A 的电流最小,消耗的焦耳热最小,是高效工作点。但是从图中可以看到,点 A 超出了电压限制椭圆的范围,也就是说,点 A 不可实现。为了实现输出电磁转矩 T_e,需要在电压限制椭圆内找到一个工作点,如图中的点 B,是可行的工作点。

比较工作点 A 与 B,它们的 d 轴电流都为负,而且工作点 B 的 d 轴电流绝对值更大,因此,工作点 B 的 d 轴电流产生的磁链的绝对值也更大,更多地抵消

图 4-20 电压限制椭圆与弱磁控制

了转子永磁体产生的磁链(方向为 d 轴正向),这样带来了"弱磁"效果,可以实现电机在高转速运行。同时,我们也发现,$\mathrm{abs}[I_d(B)]>\mathrm{abs}[I_d(A)]$,也就是说,工作点 B 的电流值比工作点 A 的电流值大,导致的焦耳热必定也多,这是弱磁控制的代价。

下面从电压限制椭圆的角度理解电机在转速从低到高的过程中,工作在恒转矩区、基转速和恒功率区的状态,如图 4-21 所示。图中表述了电机工作时受到的两个限制,即电压限制和电流限制,电机工作点需同时在电压限制椭圆和电流限制圆内。随着转速增加,电压限制椭圆

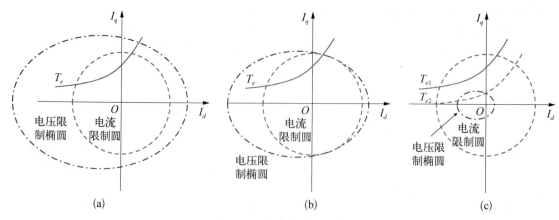

图 4-21 电压限制椭圆与电机工作区域

(a) 低转速,恒转矩区;(b) 基转速;(c) 基转速,恒功率区

的半径会变小,而电流限制圆的半径保持不变。当电机转速较低时,电压限制椭圆轴径较大,覆盖电流限制圆。电机最大输出力矩受电流限制,而电流限制圆半径基本不随转速变化,因此最大输出转矩不变,为恒转矩。当电机转速到达基转速时,电压限制椭圆轴径与电流限制圆相当。当电机转速高于基转速时,电压限制椭圆轴径减小,不足以覆盖电流限制圆。电机工作电流受电压限制,只能在小电流工作点工作,因此最大输出转矩也变小,而转速增加,当保持功率不变时,即为弱磁区的恒功率调速。

4.4 准稳态电机模型

准稳态电机模型用于描述电机稳定工作在某转速、转矩的工作效率。在建模之前,需要理解电机效率的影响因素,即损耗的种类与产生的原因。

以永磁同步电机为例,电机工作时,定子和转子分别发生损耗。定子损耗主要有绕组铜耗和定子铁耗,转子损耗主要有转子铁芯及永磁体涡流损耗和机械损耗。这些损耗最终转化为热能。

绕组铜耗是指定子绕组通电产生的电阻损耗,根据焦耳定律,总绕组铜耗可以用式(4-19)计算

$$P_{Cu} = mI^2R \tag{4-19}$$

式中,m 为电机相数;I 为绕组中的总电流有效值;R 为每一相绕组的电阻值。

定子铁耗包括磁滞损耗、涡流损耗和附加损耗,由定子铁芯中随时间和空间变化的磁场而产生。磁滞损耗是由于铁芯材料置于变化磁场中时,材料被反复磁化,存在磁滞而造成的损耗。同时,变化的磁场在铁芯中产生涡流,涡流引起的损耗称为涡流损耗。附加损耗主要由于磁通的高次谐波、磁通挤入槽内以及磁通在端部泄露产生了谐波磁场,当谐波磁场相对于磁极表面运动时则在磁极表面产生涡流附加损耗和磁滞附加损耗。定子铁耗的计算十分复杂,Bertotti 分离铁耗计算模型是一种应用最广泛的计算模型

$$P_{Fe} = P_h + P_e + P_a = k_h f B_m^\alpha + k_e (fB_m)^2 + k_a (fB_m)^{1.5} \tag{4-20}$$

式中,k_h、k_e、k_a 分别是磁滞损耗、涡流损耗和附加损耗系数;α 为磁滞损耗幂指数系数;B_m 为磁通密度幅值。k_a 的值较小,因此附加损耗常被忽略;α 的值取决于材料性能;k_h、k_e、k_a 的大小与材料有关,与磁通密度频率 f、磁通密度幅值 B_m 无关。

由于定子铁芯开槽引起的气隙磁导不均匀分布、绕组非正弦分布等原因会产生磁势空间谐波,PWM 供电会产生电流时间谐波,这两种谐波会在转子中产生较大的涡流损耗。

一般认为转子铁芯和永磁体的涡流损耗均匀分布。永磁同步电机转子铁芯及永磁体的涡流损耗可用式(4-21)计算

$$P_{re} = \frac{1}{\sigma_{re}} \int J_{re}^2 dV_{re} \tag{4-21}$$

式中,σ_{re} 为材料的电导率;J_{re} 为涡流密度;V_{re} 为体积。涡流密度可以根据解析法或磁场有限元分析求得。

永磁同步电机中的机械损耗主要有轴承摩擦损耗和空气摩擦损耗。轴承的摩擦损耗与摩擦面之间的压力、摩擦系数以及相对运动速度有关,其中摩擦系数受润滑条件、温度、加工质量

等因素影响。对于滑动轴承常用式(4-22)计算

$$P_{bs} = \frac{\mu d_b l_b \omega_n G_b}{S_n} \qquad (4-22)$$

式中，μ 为摩擦系数；d_b 为轴颈直径；l_b 为轴颈长度；ω_n 为轴的圆周速度；G_b 为轴承的载荷；S_n 为轴颈对轴直径平面的投影面积。

对于滚动轴承，常采用式(4-23)计算

$$P_{br} = \frac{\mu G_b \omega_{nr}}{d_{nr}} \qquad (4-23)$$

式中，d_{nr} 为滚珠中心处直径；ω_{nr} 为滚珠中心的圆周速度。

电机工作时转子的空气摩擦损耗主要由转子表面的空气摩擦损耗和轴向推力轴承盘两侧的摩擦损耗组成。转子表面的空气摩擦损耗与电机转速的三次方成比例，因此在高转速下损耗变得非常大，可用式(4-24)计算

$$P_f = C_f \rho \pi \omega^3 r^4 L \qquad (4-24)$$

式中，C_f 为空气摩擦因数，其值与空气的流动状态和流动速度有关；ρ 为周围介质密度；ω 为转子的角速度；r 为转子半径；L 为转子长度。

转子表面的空气摩擦损耗与电机转速、转子表面形状、粗糙度等多种因素有关，有些还需要考虑冷却风扇，因此难以通过理论分析和解析方法准确计算。利用 CFD 仿真计算转子表面空气摩擦损耗，能够将流体与固体接触面设为耦合边界条件，得到比传统解析方法更加准确的空气摩擦损耗。

可见，电机损耗机理复杂，其效率难以用解析模型进行准确描述。因此，普遍采用方便的脉谱图进行电机效率的描述，通过台架试验获得试验工作点的效率值。电机工作点表达为转矩 $T_{mg}(t)$、转速 $\omega_{mg}(t)$，电机效率随着电机工作点而变化。在如图 4-22 所示的稳态效率脉

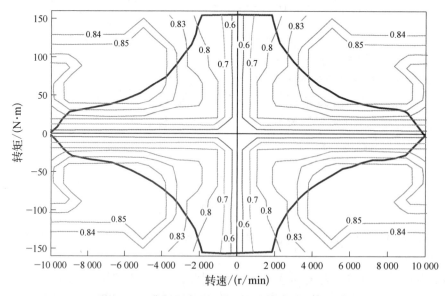

图 4-22　电机四象限工作区间与稳态效率脉谱图

谱图中,效率的一般表达式为

$$\eta_{mg}[\omega_{mg}(t),T_{mg}(t)]<1,\ \forall\,\omega_{mg},T_{mg} \tag{4-25}$$

令电功率为 $P_1(t)$,机械功率为 $P_2(t)$,当 $P_2(t)>0$ 时电机机械功率为正,说明电机工作在电动模式;当 $P_2(t)<0$ 时电机的机械功率为负,说明电机工作在发电模式。考虑效率 η_{mg},电动模式和发电模式下的电功率 $P_1(t)$ 分别按式(4-26)计算。

$$P_1(t)=\frac{P_2(t)}{\eta_{mg}[\omega_{mg}(t),T_{mg}(t)]}=\frac{T_{mg}(t)\omega_{mg}(t)}{\eta_{mg}[\omega_{mg}(t),T_{mg}(t)]},\ P_2(t)>0 \tag{4-26}$$

$$P_1(t)=P_2(t)\eta_{mg}[\omega_{mg}(t),T_{mg}(t)],\ P_2(t)<0$$

4.5　运行区间模型

图 4-23 描述了电机运行区域的两个重要特征:第一是基转速特征,基转速把电机运行工作点划分成两个区域,分别为电机转速从零逐渐增大的过程中输出的最大转矩 $T_{mg}^{\max}$ 不变或者变化。当转速处于较小范围内,最大输出转矩 $T_{mg}^{\max}$ 不变,转速增加,则电机输出的机械功率逐渐变大,直到电机转速到达基转速。当转速超过基转速时,电机输出的机械功率不能继续增大,最大输出转矩 $T_{mg}^{\max}$ 随着转速增大而减小。电机的基转速特性在动力系统的设计中十分重要。电机基转速的定义为

$$\omega_{mg}^{\text{base}}=\frac{P_{mg}^{\max}}{T_{mg}^{\max}} \tag{4-27}$$

第二是电机持续运行时,最大输出功率 $P_{mg}^{\max}$ 不能超过限值。因此,为了实现高转速运行,最大输出转矩不得不降低,即

$$T_{mg}^{\max}[\omega_{mg}(t)]=\frac{P_{mg}^{\max}}{\omega_{mg}(t)},\ \omega_{mg}(t)>\omega_{mg}^{\text{base}} \tag{4-28}$$

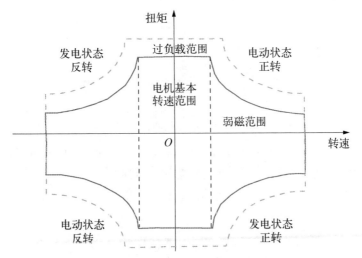

图 4-23　电机四象限工作区间

电机最大输出功率恒定、受限的区域称为弱磁区域。该区域转速较高,如果不采用减小磁通量的方法,定子绕组上产生的反电动势(包括感生电动势和动生电动势)过大,将超过供电电压,使得高转速不可实现。因此,一般采用减弱磁通量的方法,即弱磁控制,降低定子绕组上产生的反电动势,从而实现电机高转速运行。在电机设计时,定子绕组上反电动势的特性受基转速与最高转速之比的影响,即

$$b_{mg} = \frac{\omega_{mg}^{base}}{\omega_{mg}^{max}} \tag{4-29}$$

对于永磁同步电机,经验表明,b_{mg} 的取值范围一般为

$$0.2 \leqslant b_{mg} \leqslant 0.6 \tag{4-30}$$

此外,电机工作范围的限制还包括工作温度、过载能力、可靠性等。绕组绝缘层的溶解温度一般为 180℃。电机过载系数一般为 1~4,即可以瞬时过载 1~4 倍。

4.6 可伸缩电机模型

建立可伸缩电机模型的目的在于采用通用的参数描述一系列尺寸由小到大、功率由小到大的电机,便于进行电机设计和性能预测。Willans Line 模型是一种建立可伸缩电机模型的方法。以电机为例,该模型引入平均有效压力的概念描述电机输出机械功的能力,用转子表面线速度描述电机运行转速,意图表达电机性能的可伸缩特性。

电机输入的电能与输出的机械能之间存在以下关系:

$$T_{mg}(t)\omega_{mg}(t) = e_{mg}[\omega_{mg}(t)]i(t)v(t) - P_{mg,loss}(t) \tag{4-31}$$

式中,e_{mg} 为效率函数,与转速 $\omega_{mg}(t)$ 等因素复杂相关;$i(t)$ 为电机电流;$v(t)$ 为电机电压;$i(t)v(t)$ 为输入给电机的电气功率;$P_{mg,loss}(t)$ 为损失功率;$T_{mg}(t)\omega_{mg}(t)$ 为电机输出的机械功率。

将式(4-31)两端同时除以 $\omega_{mg}(t)$,可得

$$T_{mg}(t) = e_{mg}[\omega_{mg}(t)]\frac{i(t)v(t)}{\omega_{mg}(t)} - \frac{P_{mg,loss}(t)}{\omega_{mg}(t)} \tag{4-32}$$

令 $T_a(t) = \frac{i(t)v(t)}{\omega_{mg}(t)}$,$T_{loss}(t) = \frac{P_{mg,loss}(t)}{\omega_{mg}(t)}$,代入式(4-32)得

$$T_{mg}(t) = e_{mg}[\omega_{mg}(t)]T_a(t) - T_{loss}(t) \tag{4-33}$$

式(4-33)等号右边第 1 项 $e_{mg}[\omega_{mg}(t)]T_a(t)$ 可视为当电机机械损耗为零时电机输出的机械转矩,右边第 2 项 $T_{loss}(t)$ 为计入所有机械损耗的转矩损失。

定义平均机械有效压力 $P_{me}(t)$、平均电气有效压力 $P_{ma}(t)$、转子表面线速度 $c_m(t)$ 如下:

$$P_{me}(t) = \frac{T_{mg}(t)}{2V_r} \tag{4-34}$$

$$P_{ma}(t) = \frac{i(t)v(t)}{2V_r\omega_{mg}(t)} \tag{4-35}$$

$$c_m(t) = r\omega_{mg}(t) \tag{4-36}$$

式中，V_r 为电机转子体积，其定义为 $V_r = \pi r^2 l$；r 为电机转子半径；l 为电机转子铁芯长度。

将式(4-34)、式(4-35)和式(4-36)代入式(4-33)得 Willans Line 模型的核心公式

$$p_{me}(t) = e_{mg}[c_m(t)]p_{ma}(t) - p_{me0}[c_m(t)] \tag{4-37}$$

于是，电机效率 η_{mg} 可按式(4-38)计算

$$\eta_{mg}(t) = \frac{p_{me}(t)}{p_{ma}(t)} \tag{4-38}$$

观察式(4-37)，式中包含有 3 类变量，Willans Line 模型系数(e_{mg})、电机尺寸变量(V_r、r、l)和电机性能变量(T_{mg}、ω_{mg})。一般意义上，已知两类变量可以求解第 3 类变量，因此，该方程可以用来求解 3 类问题：

(1) 已知电机尺寸变量、电机性能变量，求 Willans Line 模型系数。

(2) 已知 Willans Line 模型系数、电机尺寸变量，求电机性能变量。

(3) 已知 Willans Line 模型系数、电机性能变量，求电机尺寸变量。

进一步细化 Willans Line 模型系数 e_{mg} 的数学表达为

$$p_{me}(t) = \{e_{mg0}[c_m(t)] - e_{mg1}[c_m(t)]p_{ma}(t)\}p_{ma}(t) - p_{m,loss}[c_m(t)] \tag{4-39}$$

式中，$e_{mg1}[c_m(t)] = e_{mg10} + e_{mg11}c_m(t)$；$e_{mg0}[c_m(t)] = e_{mg00} + e_{mg01}c_m(t) + e_{mg02}c_m^2(t)$；$p_{m,loss}[c_m(t)] = p_{m,loss0} + p_{m,loss2}c_m^2(t)$； \hfill (4-40)

至此，需要求解的 Willans Line 模型系数有 e_{mg10}、e_{mg11}、e_{mg00}、e_{mg01}、e_{mg02}、$p_{m,loss0}$ 和 $p_{m,loss2}$。

举例说明某永磁同步电机参数，如表 4-2 所示。

表 4-2　某永磁同步电机参数

参　　　数	参 数 值	参　　　数	参 数 值
额定功率/kW	80	转子铁芯长度/mm	171.0
额定电压/V	660	定子外径/mm	225.5
最大转速/(r/m)	12 000	定子内径/mm	143.0
最大转矩/N·m	310	磁极对数 p	4
转子外径/mm	141.5		

Willans Line 模型系数分别为 $e_{mg10} = 1.806\,4 \times 10^{-6}$，$e_{mg11} = -1.650\,4 \times 10^{-7}$，$e_{mg00} = 0.949\,2$，$e_{mg01} = -3.751\,7 \times 10^{-4}$，$e_{mg02} = -7.770\,8 \times 10^{-5}$，$p_{m,loss0} = 332.064\,2$，$p_{m,loss2} = 0.558\,0$。图 4-24 所示为 Willans Line 模型的拟合结果与实验结果的比较。

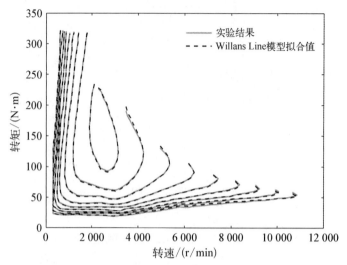

图 4－24　Willans Line 模型的拟合结果与实验结果比较

4.7　直流电机动态模型

本节以他励直流电机为例,根据直流电机等效电路建立动态模型。等效电路如图 4－25 所示,其励磁绕组和电枢绕组分别用独立的直流电源供电,励磁绕组通电产生主磁场,电枢绕组通电产生电枢磁场。主磁场和电枢磁场相互作用,在电枢绕组产生感应电动势,同时产生电磁转矩。根据能量流动的方向,电机既可以运行在电动模式,又可以运行在发电模式。下面主要讨论电机的电动机模式,在这种模式中,电机电能转化为机械能,产生电磁转矩驱动负载。

电机的动态性能用如下微分方程来描述。励磁回路电压方程为

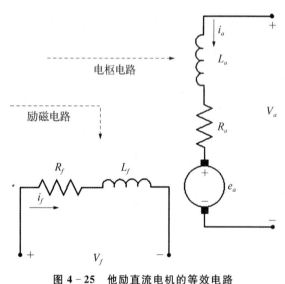

图 4－25　他励直流电机的等效电路

$$V_f = R_f i_f + L_f \frac{\mathrm{d}i_f}{\mathrm{d}t} \qquad (4-41)$$

式中,R_f 为励磁电阻;i_f 为励磁电流;L_f 为励磁电感;v_f 为励磁电压。

电枢回路电压方程为

$$V_a = e_a + R_a i_a + L_a \frac{\mathrm{d}i_a}{\mathrm{d}t} \qquad (4-42)$$

式中,e_a 为电枢反电动势;R_a 为电枢电阻;i_a 为电枢电流;L_a 为电枢电感;V_a 为电枢电压。

机械子系统(轴＋负载)的动力学方程为

$$T_e = T_L(\omega_m) + B\omega_m + J\frac{\mathrm{d}\omega_m}{\mathrm{d}t} \tag{4-43}$$

式中，T_e 为轴上的电机转矩；T_L 为负载转矩；B 为阻尼系数；J 为转动惯量；ω_m 为轴的机械转速。

虽然电枢回路和励磁回路是相互独立的，但是两者之间以磁场为媒介互相耦合，电气子系统和机械子系统之间通过磁场相互作用。式(4-44)给出了子系统之间的联系

$$\begin{aligned} e_a &= K_\phi \phi \omega_m \\ T_e &= K_\phi \phi i_a \end{aligned} \tag{4-44}$$

式中，K_ϕ 为常数；ϕ 为每极磁通量。

如果忽略磁路饱和的影响，或者电机仅运行在励磁曲线的线性区，则每极磁通量和励磁电流之间存在着线性关系，那么式(4-44)就可以表示为

$$\begin{aligned} e_a &= K_f i_f \omega_m \\ T_e &= K_f i_f i_a \end{aligned} \tag{4-45}$$

把励磁电流、电枢电流和电机转速作为状态变量，可以得到他励直流电机的状态方程

$$\begin{cases} \dfrac{\mathrm{d}i_a}{\mathrm{d}t} = \dfrac{1}{L_a}(V_a - R_a i_a - K_f i_f \omega_m) \\[2mm] \dfrac{\mathrm{d}i_f}{\mathrm{d}t} = \dfrac{1}{L_f}(V_f - R_f i_f) \\[2mm] \dfrac{\mathrm{d}\omega_m}{\mathrm{d}t} = \dfrac{1}{J}\left[K_f i_f i_a - T_L(\omega_m) - B\omega_m\right] \end{cases} \tag{4-46}$$

利用状态方程，可以对他励直流电机在不同运行条件下的动态特性进行仿真。观察式(4-46)可以发现，包含状态变量 i_f、i_a 和 ω_m 的乘积，因此这些方程式所描述的系统具有非线性。如果假设励磁电流保持不变(或主要由永磁体产生)，方程中的非线性耦合项消失，这为对电机的动态特性进行简单分析奠定了基础。线性特性降低了动态特性的分析难度。

为了简化分析过程，考虑一种简单情况，假设励磁电流已经达到稳态，也就是 $\dfrac{\mathrm{d}i_f}{\mathrm{d}t}=0$，该假设可去除状态变量的乘积项，得到线性状态方程为

$$\begin{cases} \dfrac{\mathrm{d}i_a}{\mathrm{d}t} = \dfrac{1}{L_a}(V_a - R_a i_a - K\omega_m) \\[2mm] \dfrac{\mathrm{d}\omega_m}{\mathrm{d}t} = \dfrac{1}{J}\left[K i_a - T_L(\omega_m) - B\omega_m\right] \end{cases} \tag{4-47}$$

其中，$K = K_f i_f$。

由式(4-47)的第 1 个式子可以看出，增大电枢电压会导致电枢电流的增加。式(4-47)的第 2 个式子给出了负载动态，由该式可以看出，当电枢电流增加时会使得电机转速增加。反之，如果降低电枢电压会使得电枢的电流减小，电机的转速下降。

如果不考虑摩擦的影响，阻尼系数 B 为零，则在稳态时有 $\dfrac{\mathrm{d}\omega_m}{\mathrm{d}t}=0$，这时电枢电流产生的

转矩 Ki_a 必然等于负载转矩 T_L。如果转矩 Ki_a 不等于负载转矩 T_L，就会导致电机转速的上升或下降，电机不能处于稳定状态，直至两者再次匹配。

假设主磁场恒定不变，可以用图 4-26 表示他励直流电机系统。在该图中，对状态方程式 (4-47) 在 s 域进行了拉普拉斯变换。用电压 $V_a(s)$ 和扰动 $T_L(s)$ 作为系统的输入量，系统的输出 $\omega_m(s)$ 可表示为

$$\omega_m(s) = \frac{K}{(R_a + sL_a)(B + sJ) + K^2} V_a(s) - \frac{R_a + sL_a}{(R_a + sL_a)(B + sJ) + K^2} T_L(s) \quad (4-48)$$

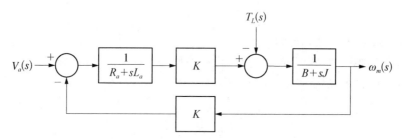

图 4-26　主磁场恒定不变时他励直流电机的系统框图

如图 4-26 所示，直流电机可以分为电枢子系统和机械子系统。电枢子系统的时间常数为 $\tau_e = L_a/R_a$，机械子系统的时间常数为 $\tau_m = J/B$。机械子系统的响应速度要比电枢子系统的响应速度慢得多，这意味着两个子系统具有不同的动态特性。

对于一台稳定运行的直流电机，电枢电压 V_a 突变，电枢子系统会快速响应，电枢电流快速变化，如果机械子系统的时间常数足够大，那么在电枢子系统的响应过程中，可以认为电机的转速基本不变。电枢子系统响应完毕，机械子系统开始对新的电枢电流（电机电磁转矩）进行响应，转速按时间常数 τ_m 变化。

4.8　永磁同步电机动态模型

本节介绍如何建立永磁同步电机的动态模型，并基于这个物理机理模型推导永磁同步电机的效率。

首先在定子的静止坐标系（$a-b-c$）中建立三相电机的电路微分方程

$$\boldsymbol{V}_{abc}^s = \begin{bmatrix} V_a^s(t) \\ V_b^s(t) \\ V_c^s(t) \end{bmatrix} = \mathrm{diag}\begin{bmatrix} R_s & R_s & R_s \end{bmatrix} \begin{bmatrix} I_a^s(t) \\ I_b^s(t) \\ I_c^s(t) \end{bmatrix} + \frac{\mathrm{d}\boldsymbol{\Psi}_{abc}^s}{\mathrm{d}t} \quad (4-49)$$

式中，$V_a^s(\cdot)$、$V_b^s(\cdot)$、$V_c^s(\cdot)$ 分别为 a、b、c 三相绕组的端电压；$I_a^s(\cdot)$、$I_b^s(\cdot)$、$I_c^s(\cdot)$ 分别为 a、b、c 三相绕组的电流；R_s 为电阻，三相绕组电阻相同。磁链 $\boldsymbol{\Psi}_{abc}^s$ 为定子电流的函数：

$$\boldsymbol{\Psi}_{abc}^s = \begin{bmatrix} \Psi_a^s(t) \\ \Psi_b^s(t) \\ \Psi_c^s(t) \end{bmatrix} = \begin{bmatrix} L_{aa}(\theta(t)) & L_{ab}(\theta(t)) & L_{ac}(\theta(t)) \\ L_{ab}(\theta(t)) & L_{bb}(\theta(t)) & L_{bc}(\theta(t)) \\ L_{ac}(\theta(t)) & L_{bc}(\theta(t)) & L_{cc}(\theta(t)) \end{bmatrix} \begin{bmatrix} I_a^s(t) \\ I_b^s(t) \\ I_c^s(t) \end{bmatrix} + \begin{bmatrix} \Psi_{ma}(\theta(t)) \\ \Psi_{mb}(\theta(t)) \\ \Psi_{mc}(\theta(t)) \end{bmatrix}$$

$$(4-50)$$

式中，$\theta(\cdot)$ 为转子转角；$L_{aa}(\cdot)$、$L_{bb}(\cdot)$、$L_{cc}(\cdot)$ 分别为三相定子绕组的自感系数，可以用以下多项式描述：

$$\begin{cases} L_{aa}[\theta(t)] = L_{0s} + L_{sl} + L_{2s}\cos[2\theta(t)] \\ L_{bb}[\theta(t)] = L_{0s} + L_{sl} + L_{2s}\cos\left[2\theta(t) + \frac{2}{3}\pi\right] \\ L_{cc}[\theta(t)] = L_{0s} + L_{sl} + L_{2s}\cos\left[2\theta(t) + \frac{2}{3}\pi\right] \end{cases} \qquad (4-51)$$

$L_{ab}(\cdot)$、$L_{bc}(\cdot)$、$L_{ac}(\cdot)$ 为三相绕组的互感系数，可以用以下多项式描述：

$$\begin{cases} L_{ab}[\theta(t)] = -\frac{1}{2}L_{0s} + L_{2s}\cos\left[2\theta(t) - \frac{2}{3}\pi\right] \\ L_{bc}[\theta(t)] = -\frac{1}{2}L_{0s} + L_{2s}\cos[2\theta(t)] \\ L_{ac}[\theta(t)] = -\frac{1}{2}L_{0s} + L_{2s}\cos\left[2\theta(t) + \frac{2}{3}\pi\right] \end{cases} \qquad (4-52)$$

式中，L_{sl} 为定子漏磁；L_{0s}、L_{2s} 为定子励磁电感；Ψ_{ma}、Ψ_{mb}、Ψ_{mc} 为转子磁链，按式(4-53)计算

$$\begin{cases} \Psi_{ma}[\theta(t)] = \Psi_m\cos[\theta(t)] \\ \Psi_{mb}[\theta(t)] = \Psi_m\cos\left[\theta(t) - \frac{2}{3}\pi(\text{rad})\right] \\ \Psi_{mc}[\theta(t)] = \Psi_m\cos\left[\theta(t) + \frac{2}{3}\pi(\text{rad})\right] \end{cases} \qquad (4-53)$$

从式(4-50)可知，自感和互感系数是转子位置(转角)和时间的非线性函数，也就是说，这些系数在不断变化，变化的空间使得电机的分析十分复杂。为了使定子电压、电流和电感系数不随着转子角度而变化，需要构建随转子同步旋转的坐标系，通常，Clark 变换和 Park 变换可以将静止坐标系变换至旋转坐标系。采用 Clark 变换和 Park 变换，从 $a-b-c$ 静止坐标系到 $d-q-0$ 旋转坐标系的变换矩阵为

$$\boldsymbol{T}\left[\theta(t)\right]_{abc-dq0} = \frac{2}{3}\begin{bmatrix} \cos(\theta(t)) & \cos\left(\theta(t) - \frac{2}{3}\pi(\text{rad})\right) & \cos\left(\theta(t) + \frac{2}{3}\pi(\text{rad})\right) \\ \sin(\theta(t)) & \sin\left(\theta(t) - \frac{2}{3}\pi(\text{rad})\right) & \sin\left(\theta(t) + \frac{2}{3}\pi(\text{rad})\right) \\ \frac{1}{2} & \frac{1}{2} & \frac{1}{2} \end{bmatrix}$$

$$\qquad (4-54)$$

可见，这是一个线性变换，而且满秩，它的逆变换存在：

$$\boldsymbol{T}\left[\theta(t)\right]_{dq0-abc} = \boldsymbol{T}\left[\theta(t)\right]_{abc-dq0}^{-1}$$

$$= \begin{bmatrix} \cos(\theta(t)) & \sin(\theta(t)) & 1 \\ \cos\left(\theta(t) - \frac{2}{3}\pi(\text{rad})\right) & \sin\left(\theta(t) - \frac{2}{3}\pi(\text{rad})\right) & 1 \\ \cos\left(\theta(t) + \frac{2}{3}\pi(\text{rad})\right) & \sin\left(\theta(t) + \frac{2}{3}\pi(\text{rad})\right) & 1 \end{bmatrix} \qquad (4-55)$$

将式(4-54)代入式(4-49)和式(4-50),可以得到式(4-56)和式(4-57),从数学形式上,方程得以简化。当然,两个方程之间仍然存在耦合关系。

$$\frac{\mathrm{d}I_q^r}{\mathrm{d}t} = \frac{V_q^r(t) - R_s I_q^r(t) - \omega(t)L_d I_d^r(t) - \omega(t)\Psi_m}{L_q} \tag{4-56}$$

$$\frac{\mathrm{d}I_d^r}{\mathrm{d}t} = \frac{V_d^r(t) - R_s I_d^r(t) + \omega(t)L_q I_q^r(t)}{L_d} \tag{4-57}$$

上述方程分别对应如图4-27所示的永磁同步电机在d-q坐标系中的等效电路。

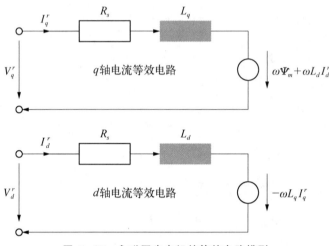

图4-27 永磁同步电机的等效电路模型

式中,$\omega(t)$为定子的电转速。转子的机械转速与电转速之间存在比例关系,该比例取决于电机的极对数。

$$\omega(t) = p\omega_{mg}(t) \tag{4-58}$$

关于空间变换的概念,可以做以下理解:

(1) I_q^r、I_d^r是在d-q坐标系中假想的电流,它们产生的磁链与定子三相绕组a、b、c产生的磁链等效。

(2) L_d是纵向电感(沿d轴),L_q是横向电感(沿q轴)。

(3) q轴磁链为$\Psi_q(t) = L_q I_q^r(t)$,d轴磁链为$\Psi_d(t) = L_d I_d^r(t) + \Psi_m$。

(4) $-\omega(t)\Psi_q(t) = -\omega(t)L_q I_q^r(t)$、$\omega(t)\Psi_d(t) = \omega(t)L_d I_d^r(t)$为感生电动势,也称为转速电压。

考虑稳态工况,$\dfrac{\mathrm{d}I_q^r}{\mathrm{d}t} = 0$,$\dfrac{\mathrm{d}I_d^r}{\mathrm{d}t} = 0$,则式(4-56)和式(4-57)可以简化为

$$V_q^r(t) = R_s I_q^r(t) + \omega(t)L_d I_d^r(t) + \omega(t)\Psi_m \tag{4-59}$$

$$V_d^r(t) = R_s I_d^r(t) - \omega(t)L_q I_q^r(t) \tag{4-60}$$

在d-q坐标系中,推导电机输入的电气功率$P_1(t)$为

$$P_1(t) = \frac{3}{2}[V_q^r(t)I_q^r(t) + V_d^r(t)I_d^r(t)]$$

$$= \frac{3}{2}\{R_s[I_q^r(t)]^2 + R_s[I_d^r(t)]^2 + [\omega(t)L_d I_d^r(t) + \omega(t)\Psi_m]I_q^r(t) - \omega(t)L_q I_q^r(t)I_d^r(t)\} \quad (4-61)$$

式中,焦耳热损耗为

$$P_{\text{loss}}(t) = R_s[I_q^r(t)]^2 + R_s[I_d^r(t)]^2 \quad (4-62)$$

考虑能量平衡,并以焦耳热损耗为主要损耗,忽略其他损耗,输入电气功率 $P_1(t)$、损耗功率 $P_{\text{loss}}(t)$ 以及输出机械功率 $P_2(t)$ 之间,式(4-63)成立:

$$P_1(t) - P_{\text{loss}}(t) = P_2(t) \quad (4-63)$$

式中

$$P_2(t) = T_m(t)\omega_{mg}(t) \quad (4-64)$$

将式(4-61)、式(4-63)、式(4-64)代入式(4-62)得

$$\frac{3}{2}\{[\omega(t)L_d I_d^r(t) + \omega(t)\Psi_m]I_q^r(t) - \omega(t)L_q I_q^r(t)I_d^r(t)\} = T_m(t)\omega_{mg}(t)$$

$$= \frac{1}{p}T_m(t)\omega_m(t) \quad (4-65)$$

由式(4-65)可得 $T_m(t)$ 与电流、电感的关系为

$$T_m(t) = \frac{3}{2}p \cdot [\Psi_m I_q^r(t) + (L_d - L_q)I_d^r(t)I_q^r(t)] \quad (4-66)$$

式(4-66)中右边,中括号内的第 1 项为 q 轴电流在转子磁链中产生的电磁转矩,第 2 项 d 轴、q 轴电流产生的磁阻转矩。

当 $L_d = L_q$ 时,

$$T_m(t) = \frac{3}{2}p\Psi_m I_q^r(t) \quad (4-67)$$

可知,当忽略磁阻转矩或者 $L_d = L_q = L_s$(如表贴式永磁同步电机)时,电机输出转矩仅与 q 轴电流有关,而与 d 轴电流无关。当然,在实际内置式永磁同步电机中,磁阻转矩不可避免地存在,当 $L_d > L_q$ 时,d 轴电流将增大电机输出转矩,但是当 $L_d < L_q$ 时,d 轴电流将减小电机输出转矩。

根据牛顿运动定律,电机输出轴的动力学方程为

$$\frac{\mathrm{d}\omega_{mg}}{\mathrm{d}t} = \frac{T_m(t) - T_L(t)}{J} \quad (4-68)$$

式中,$T_L(t)$ 为电机的负载转矩;J 为负载在电机输出轴的等效转动惯量。当 $\frac{\mathrm{d}\omega_{mg}}{\mathrm{d}t} = 0$ 时,$T_L(t) = T_m(t)$,将式(4-67)代入得

$$T_L(t) = \frac{3}{2} p \, \Psi_m I_q^r(t) \tag{4-69}$$

此外,根据式(4-59)和式(4-60),可得 $I_q^r(t)$ 的表达式为

$$I_q^r(t) = \frac{V_q^r(t)R_s - p\omega(t)L_s V_q^r(t) - p\omega(t)R_s \Psi_m}{R_s^2 + p^2 L_s^2 \omega^2(t)} \tag{4-70}$$

将式(4-70)代入式(4-69)可得

$$T_L(t) = \frac{3}{2} p \, \Psi_m \frac{V_q^r(t)R_s - p\omega(t)L_s V_q^r(t) - p\omega(t)R_s \Psi_m}{R_s^2 + p^2 L_s^2 \omega^2(t)} \tag{4-71}$$

接着,推导电机效率为

$$\eta = \frac{P_2}{P_1} = \frac{T_{mg}(t)\omega_{mg}(t)}{\frac{3}{2}[V_q^r(t)I_q^r(t) + V_d^r(t)I_d^r(t)]} = \frac{T_{mg}(t)\omega_{mg}(t)}{T_{mg}(t)\omega_{mg}(t) + \dfrac{R_s T_{mg}^2}{\frac{3}{2}p^2 \Psi_m^2} + \dfrac{L_s^2 \omega_{mg}^2 T_{mg}^2}{\frac{3}{2}\Psi_m^2 R_s}} \tag{4-72}$$

也可以写成如下形式

$$\eta = \left[1 + \frac{R_s}{\frac{3}{2}p^2 \Psi_m^2} \frac{T_{mg}(t)}{\omega_{mg}(t)} + \frac{L_s^2}{R_s} \frac{\omega_{mg}(t)T_{mg}(t)}{\frac{3}{2}\Psi_m^2}\right]^{-1} \tag{4-73}$$

可知,电机效率与电机工作点(转速、输出转矩)有关,影响电机效率的设计因素有绕组电阻、电感、永磁体磁链、磁极对数等。

某永磁同步电机的参数:绕组电阻 $R_s = 0.0089\ \Omega$,绕组电感 $L_s = 0.00005\ \text{H}$,永磁体磁链 $\Psi_m = 0.175\ \text{Wb}$,极对数 $p = 5$,效率图绘制如图 4-28 所示。可见,该电机的效率特性表现为随着转矩增大,电机效率降低;随着转速增大,效率以抛物线形式先增大后减小。

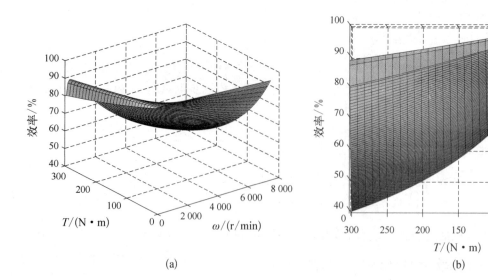

(a)   (b)

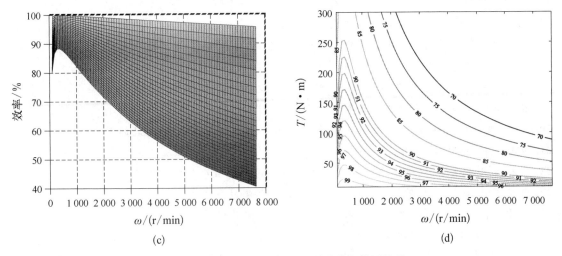

图 4 - 28　永磁同步电机稳态效率解析模型结果

（a）效率与转矩、转速的关系；（b）效率与转矩的关系；（c）效率与转速的关系；（d）效率的等高线图

习　题　4

驱动电机的基本工作原理

1. 电机是用来实现什么能量形式之间的能量转换的装置？

2. 电机是把什么能量形式转换为什么能量形式？发电机呢？

3. 驱动电机指驱动船舶航行、车辆行驶的动力装置，与普通电机相比，它主要有哪些特点？

4. 永磁同步电机的基本工作原理是什么？具有哪些主要特点？

5. 感应电机的基本工作原理是什么？具有哪些主要特点？

6. 直流电机的基本工作原理是什么？具有哪些主要特点？

7. 请以永磁同步电机为例，简述电机力矩产生的基本原理。

8. 令永磁同步电机定子的合成磁场强度为 B_s，转子磁场强度为 B_r，并令该电机的力矩系数为 k，请写出定子、转子两个磁场相互作用，产生磁场力矩矢量的表达式，并分析该力矩大小的影响因素。

9. 请指出电机控制中速度环、电流环、电压环的控制目标分别是什么？控制输入分别是什么？

10. 请给出永磁同步电机 d - q 坐标系的定义，并解释建立该坐标系的意义。

11. 请给出永磁同步电机 d 轴电流与 q 轴电流的定义。

12. 永磁同步电机的定子磁场是否完全由定子电流产生？

13. 请解释永磁同步电机弱磁区产生的原因

驱动电机的稳态与动态模型

14. 永磁同步电机驱动船舶航行，从供电到螺旋桨旋转运动，过程中的能量损失主要有哪些形式？

15. 铁耗指铁芯中随时间和空间变化的磁场带来的损耗。在永磁同步电机中，铁耗的来源有哪些？

16. 定子绕组铜耗的大小与什么因素有关？永磁同步电机的转子产生铜耗吗？

17. 电机工作过程中的机械损失的主要来源是什么？

18. 当电机工作在低速、大转矩工况时，一般情况下，电机铜损与铁损相比较，哪一种损耗较大？为什么？

19. 关于说法：① 当电机输出转矩最大时，电机的损耗最大；② 当电机的转速最大时，电机的损耗最大。请评价和分析这两种说法是否合理。

20. 电机、发动机的转矩、转速都可以用准稳态模型进行表达，请比较两者的不同。

21. 电机基转速（基速）的定义是什么？

22. 电机 Willan Line 可伸缩准稳态模型的基本思想是什么？

23. 电机 Willan Line 可伸缩准稳态模型可用来分析哪些问题？

24. 关于电机输出力矩与电流的关系，以下说法正确的有哪些？

(1) q 轴电流越大，电机输出力矩越大。

(2) d 轴电流，对电机输出力矩做贡献，但这只是相对而言，比如对于表贴式永磁同步电机，不做主要贡献。

(3) 永磁体磁链越大，电机输出力矩越大。

(4) 磁极对数越多，电机输出力矩越大。

(5) 在电机可行力矩范围内，电机转速不影响力矩与电流的关系。

25. 关于电机输出力矩与电压的关系，以下说法正确的有哪些？

(1) 一定转速下，q 轴电压越大，电机输出力矩越大。

(2) 电压需要克服反电动势才能产生正向电机力矩（电机才能转起来）。

(3) 电机转速越大，磁极对数越多，反电动势越大，输出力矩越小。

26. 关于电机效率，以下说法正确的有哪些？

(1) 电机效率与电机工作点（转速、输出转矩）有关。

(2) 影响电机效率的设计因素：绕组电阻，电感，永磁体磁链，磁极对数。

27. 从电机的动态模型（等效电路动态模型以及机械运动动态模型）可知，该系统有两个输入（q 轴电压、d 轴电压），一个输出（转子角速度）。求解控制问题，如何施加输入量（q 轴电压，d 轴电压），使得输出（转子角速度）达到预期转速。理论上，如果没有别的约束，那么，这个控制问题存在无穷多组解。如果追求唯一解（或最优解），需要增加约束。至于增加什么约束，请说说你的设想。

28. 请按照图 1 永磁同步电机特性图和表 1 电机的结构参数，建立电机模型：

(1) 读图，采集图中的数据（自制坐标线），形成建立准稳态电机模型的数据序列。

(2) 建立 Willans Line 模型（包括辨识 Willans Line 系数），并验证模型结果。

表 1　某电机的结构参数

参　　数	参　数　值
额定功率/kW	80
额定电压/V	660
最大转速/rpm	12 000

（续表）

参　　数	参　数　值
最大转矩/(N·m)	310
转子外径/mm	141.5
转子铁芯长度/mm	171.0
定子外径/mm	225.5
定子内径/mm	143.0
磁极对数 p	4

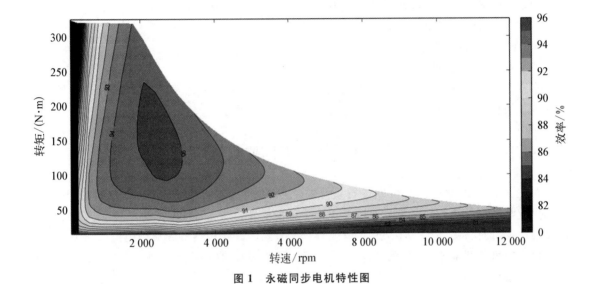

图 1　永磁同步电机特性图

29. 请按照下式以及表 2 给出的参数值计算某电机的效率，绘制效率图，并分析与解释电机效率变化的规律：

$$\eta = \frac{P_2}{P_1} = \frac{T_{mg}(t)\,\omega_{mg}(t)}{T_{mg}(t)\,\omega_{mg}(t) + \dfrac{R_s\,T_{mg}^2}{\dfrac{3}{2}p^2\,\Psi_m^2} + \dfrac{L_s^2\,\omega_{mg}^2\,T_{mg}^2}{\dfrac{3}{2}\,\Psi_m^2\,R_s}}$$

表 2　参　数　值

参　　数	参　数　值
绕组电感 L_s/H	0.000 05
绕组电阻 R_s/Ω	0.008 9
永磁体磁链 Ψ_m/Wb	0.175
极对数 p	5

5 动力电池建模与仿真

本书中的电池特指化学电池,即将化学能转化为电能的装置。动力电池指为电动船舶、电动汽车、电动列车、电动自行车等提供动力来源的电池。对于电动船舶,为了提高动力系统效率,减少排放,降低噪声,动力电池用于替代或补充柴油等燃料。

与普通用途的电池相比,动力电池具有以下特点:

(1) 高能量与高功率。

(2) 高倍率部分荷电状态下循环使用。

(3) 工作温度范围宽($-30℃\sim65℃$)。

(4) 使用寿命长,一般要求不少于 $5\sim10$ 年。

(5) 安全可靠性高。

本章首先介绍动力电池的主要类型及其工作原理,然后介绍在动力电池设计与分析中常用的 3 种模型,即理论比能量模型、准稳态模型和动态模型。

5.1 基本工作原理

在化学电池中,电池内部自发进行氧化、还原等化学反应,从而实现化学能转化为电能。氧化反应和还原反应分别在两个电极上进行。负极活性物质由电位较负并在电解质中稳定的还原剂组成,如锌、镉、铅等活泼金属,氢或碳氢化合物等。正极活性物质由电位较正并在电解质中稳定的氧化剂组成,如二氧化锰、二氧化铅、氧化镍等金属氧化物,氧、空气、卤素及其盐类,含氧酸及其盐类等。电解质是具有良好离子导电性的材料,如酸、碱、盐的水溶液,有机或无机非水溶液,熔融盐或固体电解质等。不同的电池两极材料会产生不同的电化学反应,电池的内阻、容量、电压也不同。本节首先介绍电池的分类,然后介绍典型电池的电化学机理。

5.1.1 动力电池的分类

电池的分类方法主要有 3 种。第 1 种按电解液种类,分为碱性电池、酸性电池和有机电解液电池。其中,碱性电池的电解质主要以氢氧化钾水溶液为主,如碱性锌锰电池(俗称碱锰电池或碱性电池)、镉镍电池、镍氢电池等。酸性电池以硫酸水溶液为介质,如锌锰干电池、铅酸蓄电池等。有机电解液电池以有机溶液为介质,如锂电池、锂离子电池等。

第 2 种按工作性质和储存方式,分为一次电池和二次电池。一次电池又称为原电池,即不能再充电的电池,如锌锰干电池、锂原电池等。二次电池,即可充电电池,如镍氢电池、锂离子电池、镉镍电池等。蓄电池习惯上指铅酸蓄电池,也是二次电池。一次电池结构上相对简单,质量比容量和体积比容量相对较大,自放电速度较慢。二次电池具有可充可放的功能,在动力电池领域广泛应用。

第 3 种按电池使用的正、负极材料,分为锌系列电池、镍系列电池、锂离子电池、锂锰电池、空气(氧气)系列电池等。锌系列电池包括锌锰电池、锌银电池等。镍系列电池包括镉镍电池、氢镍电池等。铅系列电池包括铅酸电池、铅碳电池等。锂离子电池包括钴酸锂、锰酸锂、磷酸铁锂、镍钴锰等。二氧化锰系列电池有锌锰电池、碱锰电池等。

在动力电池领域，广泛使用的电池有铅酸电池、镍氢电池和锂离子电池。下面介绍这几种电池的电化学机理。

5.1.2　铅酸电池

法国人普兰特于1859年发明铅酸蓄电池，至今经历了160多年的发展历程。铅酸电池相对古老且技术成熟，广泛应用于航海、航空、汽车、通信、电力等领域。

常用的铅酸蓄电池有普通铅酸蓄电池、干式荷电铅酸蓄电池和免维护铅酸蓄电池3种。普通铅酸蓄电池的极板由铅和铅的氧化物构成，电解液是硫酸的水溶液。它的主要优点是电压稳定，价格便宜；缺点是比能量低（每千克蓄电池储存的电能），使用寿命短，日常维护频繁。

干式荷电铅酸蓄电池的主要特点是负极板有较高的储电能力，在完全干燥状态下，能在2年内保存所得到的电量，使用时只需加入电解液，等待 $20\sim30$ min 就可使用。

免维护铅酸蓄电池即阀控铅酸电池，内部不含流动电解液，电解液吸附在多孔的隔板或气相 SiO_2 胶体中。由于自身结构上的优势，电解液的消耗量非常小，在使用寿命内基本不需要补充蒸馏水。它还具有耐震、耐高温、体积小和自放电小的特点，使用寿命一般为普通铅酸蓄电池的2倍。

铅酸蓄电池的结构如图5-1所示，在外壳之内有多个单格，其内部由正极板、负极板、隔板、汇流导体和含电解液的多孔物质组成，其顶部有盖、溢气阀。

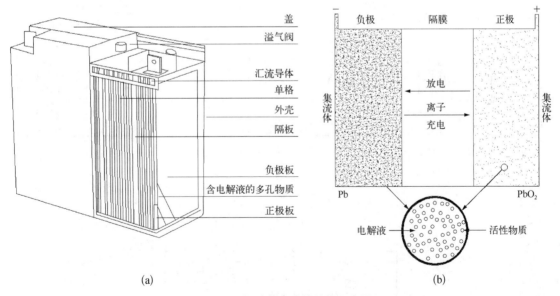

(a)　　　　　　　　　　　　(b)

图 5-1　铅酸蓄电池的结构示意图
（a）外部结构；（b）剖面结构

铅酸电池的正、负极分别进行充放电的可逆电化学反应。负极的活性材料为铅（Pb）粉末，正极材料为二氧化铅（PbO_2），电解液为硫酸（H_2SO_4）的水溶液。硫酸溶于水后电离为 H^+ 和 HSO_4^-。放电时，负极 Pb 与 HSO_4^- 发生电化学反应，生成硫酸铅（$PbSO_4$）和 H^+，并释

放出 2 个电子 e^-。放电时,负极和正极的化学反应方程式分别为

$$负极,失去电子:Pb + HSO_4^- - 2e^- \xrightarrow{放电} PbSO_4 + H^+$$

$$正极,得到电子:PbO_2 + HSO_4^- + 3H^+ + 2e^- \xrightarrow{放电} PbSO_4 + 2H_2O$$

$$(5-1)$$

放电过程中,在负极上,2 个电子通过外电路做功提供电能。H^+ 离子穿过隔膜到正极附近。在正极上,PbO_2 与 HSO_4^- 以及从负极扩散来的 3 个 H^+、来自外部电路的 2 个电子发生电化学反应,生成 $PbSO_4$ 和 H_2O。为了便于理解,将电化学反应过程形象地描述为图 5-2,负极、正极持续反应,持续产生电流。可见,放电反应的目的是从负极材料中把电子源源不断地分离出来。

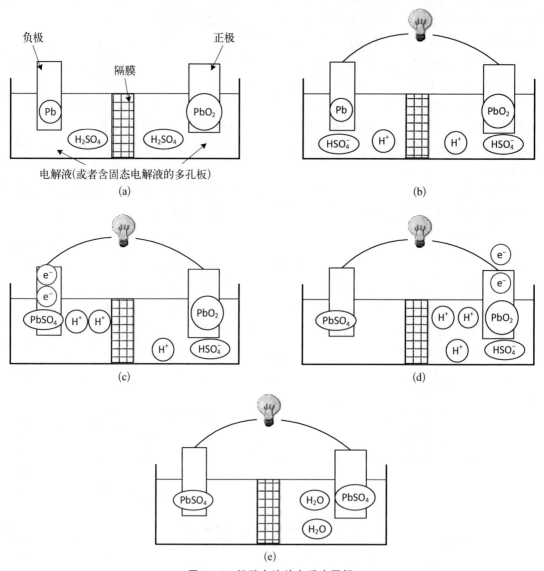

图 5-2　铅酸电池放电反应图解

(a) 当外部电路开路时,铅酸电池内部无反应;(b) 当外部电路闭合时,铅酸电池内部开始反应(硫酸溶于水,电离为 H^+ 和 HSO_4^-);(c) 负极反应,失去电子(或者说提供电子),产生 $PbSO_4$ 和 H^+;(d) 电子通过导线从负极到达正极,H^+(两个)透过隔膜也到达正极;(e) 正极反应,得到电子(或者说消耗电子),产生 $PbSO_4$ 和 H_2O

放电过程的特点如下：

(1) 负极材料提供电子,电子的多少决定了电池的最大容量。

(2) 负极材料需要足够活跃,其中的电子才能自发地分离出来。

(3) 负极材料相对于正极材料越活跃,电子越容易析出,电池电势差越大。

(4) 当负极剩余的活跃材料减少,电子析出受阻,电势差减小。

(5) 电子沿着闭合回路离开负极,并在闭合电路中得到利用,而阳离子沿着电解液和隔膜离开负极流向正极,闭合回路与电解液分别形成两条相互独立的路径。

(6) 电子的通道(闭合回路)、阳离子的通道(电解液、隔膜)分别需要足够通畅,放电反应才能顺利进行,才能源源不断地稳定提供电子,形成电流。

(7) 电子、阳离子在正极汇合,发生反应,达到电荷守恒。

综上,铅酸电池放电过程的总反应式为

$$Pb + PbO_2 + 2H_2SO_4 \xrightarrow{\text{放电}} 2PbSO_4 + 2H_2O \tag{5-2}$$

充电过程是式(5-2)中反应的逆过程,在阳极(极板与放电过程的正极相同),$PbSO_4$ 与 $2H_2O$ 反应,失去 2 个电子,生成 PbO_2 和 HSO_4^-,并释放出 3 个 H^+。在阴极(极板与放电过程的负极相同),$PbSO_4$ 和 H^+ 反应,得到外部电路的 2 个电子,生成 Pb 和 HSO_4^-。同时,在电解液中,HSO_4^- 与 H^+ 结合生成 H_2SO_4。充电时,阳极、阴极的化学反应式分别为

$$\text{阳极,失去电子：} PbSO_4 + 2H_2O - 2e^- \xrightarrow{\text{充电}} PbO_2 + HSO_4^- + 3H^+$$
$$\text{阴极,得到电子：} PbSO_4 + H^+ + 2e^- \xrightarrow{\text{充电}} Pb + HSO_4^- \tag{5-3}$$

该电化学反应过程可形象地描述为图 5-3。可见,充电反应的目标是将电子储存到负极材料中。

充电过程的特点如下：

(1) 直流电源的负极失去电子,进入充电电池的阴极。

(2) 充电电池的阳极失去电子,进入直流电源的正极,充电电池相当于直流电源外接的闭合回路,电子从负极流出从正极流入。

(3) 负极材料能正常吸收电子的能力有限,如果发生过充,多余的电子、阳离子会在阳极、阴极发生副反应。

(4) 电子沿着闭合回路从直流电源负极进入充电电池阴极,从充电电池阳极进入直流电源正极,而阳离子沿着电解液从充电电池阳极流向充电电池阴极,闭合回路与电解液是相互独立的两条路径。

(5) 电子的通道(闭合回路)、阳离子的通道(电解液、隔板)需要足够通畅,充电反应才能顺利进行。

(6) 电子、阳离子在阴极汇合,发生反应,达到电荷守恒。

综上,铅酸电池充电过程的总反应式为

$$2PbSO_4 + 2H_2O \xrightarrow{\text{放电}} Pb + PbO_2 + 2H_2SO_4 \tag{5-4}$$

电池电压取决于正极和负极材料。在铅酸电池中,负极 Pb 相对于标准氢电极电位是

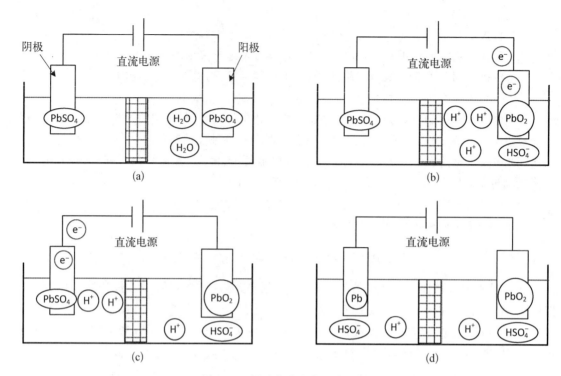

图 5 - 3　铅酸电池充电反应图解

(a) 接通直流电源,开始充电;(b) 阳极反应,失去电子(提供电子),产生 PbO_2、HSO_4^-、$3H^+$;(c) 电源做功将电子送至阴极,H^+(2个)透过隔膜也到达阴极;(d) 阴极反应,得到电子,产生 Pb、HSO_4^-,电极恢复原状,电解液恢复原状

-0.3 V,正极 PbO_2 相对于标准氢电极电位是 1.6 V,因此单体铅酸蓄电池的理论电压是 1.9 V。若铅酸电池电压高于 1.9 V,则处于过充状态,若低于 1.9 V,则处于充电不足状态。

在某些工况条件下,铅酸电池会发生副反应,降低电池的充放电效率,造成电池性能长期的衰退。引起副反应的工况应尽量避免,以免电池老化和电池寿命衰减。铅酸电池的寿命由下述几个失效模式决定:

(1) 腐蚀。正极板栅 Pb 外面包覆着活性材料 PbO_2。正常情况下,正极上主要是 PbO_2 进行上述化学反应式的电化学反应过程。但是,板栅 Pb 可能被硫酸(H_2SO_4)腐蚀溶解生成氧化铅(PbO),增加正极的电阻。

(2) 析氢。在过充电时,负极产生氢气,正极产生氧气,造成电池的内压上升。如果电池内压上升到一定值,则阀控铅酸电池的阀门会开启释放所产生的气体。如果电池析气量过多,电池内部水分永久损失,将造成隔膜干涸,电解液浓度上升。

(3) 硫化。在放电时,铅酸电池正负极都生成 $PbSO_4$ 晶体。在充电时,正负极上的 $PbSO_4$ 晶体分别转化成 PbO_2 和 Pb 活性物质。极板硫化就是充电后极板上仍有 $PbSO_4$ 晶体,硫化会造成电池容量损失。电池硫化主要发生在高温部分放电(低压)电池中,如果电池长期搁置,或者长期小电流放电,负极较正极更容易发生硫化。

(4) 活性材料性能衰退。腐蚀、气体产生和硫化都会降低正负极活性物质的性能。气体产生和充放电引起的体积膨胀、收缩,都会引起机械压力的变化。$PbSO_4$ 和 PbO_2 的体积分别是 Pb 体积的 2.4 倍和 1.96 倍,因此,在充放电时,电池正负极产生较大的压力变化。随着电池荷电状态降低,压力增加。随着循环次数的增加,正极板栅上的活性物质 PbO_2 会逐渐软化和脱落。

(5) 隔膜的枝晶化。铅酸电池在放电时,化学反应式(5-1)中正负极都消耗硫酸,因此导致硫酸的浓度随着电池荷电状态而变化。在较低的电池荷电状态下,硫酸浓度减小,加重了 $PbSO_4$ 晶体形成。而沉积的 $PbSO_4$ 晶体可能填塞在隔膜的孔隙中,在充电时,这些 $PbSO_4$ 晶体可能转化成树枝状的金属铅,刺穿隔膜,使正负极直接导通,引起电池的短路。

5.1.3　镍氢电池

镍氢(Ni-MH)电池的性能和成本均高于铅酸电池。镍氢电池具有很好的循环寿命、容量和快速充电能力,在混合动力系统中已有大量应用。然而,镍氢电池存在明显缺点,即在没有负载时自放电相对较快。

镍氢电池的结构如图5-4所示,其正极的活性物质为氢氧化镍,负极为吸氢镍合金。电池还包括电绝缘隔板、碱性电解液[如氢氧化钾(KOH)溶液]以及多孔金属基体。以圆柱形镍氢电池为例,正极和负极用隔膜分隔,卷绕成圈,并装入壳内。镍氢电池通过堆叠和连接多个电芯装配成柱形电池。

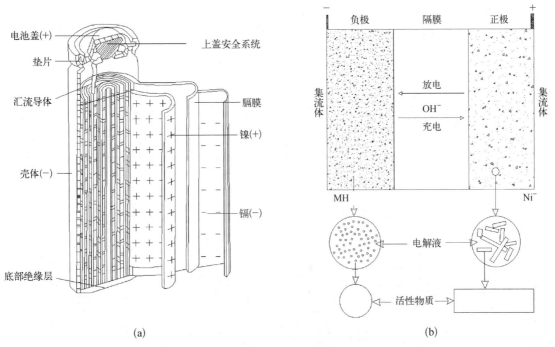

(a)　　　　　　　　　　　　　(b)

图 5-4　镍氢电池的结构示意图

(a) 外部结构;(b) 剖面结构

放电过程中,在正极上,羟基氧化镍(NiOOH)转化为氢氧化镍[Ni(OH)₂],化学反应方程式为

$$正极,得到电子:NiOOH + H_2O + c^- \xrightarrow{放电} Ni(OII)_2 + OH^- \tag{5-5}$$

放电过程中,在负极上,氢氧根离子(OH^-)和电子分别通过隔膜和外部电路,金属氢化物

（MH）被氧化释放出氢，生成金属合金（M）和水，化学反应方程式为

$$负极，失去电子：MH + OH^- \overset{放电}{\Longrightarrow} M + H_2O + e^- \qquad (5-6)$$

镍氢（Ni-MH）电池放电的电化学反应过程形象地描述为图5-5。可见，负极在外部电路闭合时自发地失去电子，通过负极、正极持续反应，持续放电产生电流。在该过程中，负极材料中电子源源不断地分离出来，从而达到放电反应的目的。

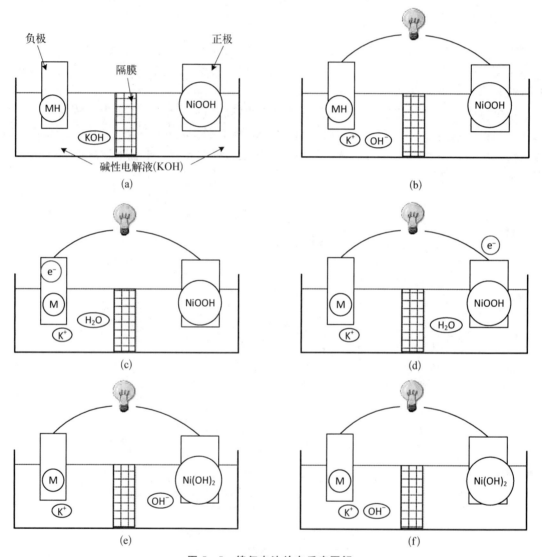

图 5-5 镍氢电池放电反应图解

（a）外部电路开路时，镍氢电池内部无反应；（b）外部电路闭合，开始反应，氢氧化钾（KOH）溶于 H_2O，电离为 K^+ 和 OH^-；（c）负极反应，失去电子（或者说提供电子），产生金属 M 和 H_2O；（d）电子通过导线从负极到达正极，H_2O 可以透过隔膜，充满电解液，包括正极周围；（e）正极反应，得到电子（或者说消耗电子），产生 $Ni(OH)_2$ 和 OH^-；（f）OH^- 可以透过隔膜，与 K^+（也透过隔膜）共同形成电解液平衡

充电过程是放电反应的逆过程。充电过程中，阳极失去电子，流向外部电源，阴极从外部电源获得电子，同时，阴极产生的氢氧根离子（OH^-）通过隔膜流向阳极。充电过程中，阴极和

阳极的化学反应方程式为

$$阴极,得到电子：M + H_2O + e^- \xrightarrow{充电} MH + OH^-$$
$$阳极,失去电子：Ni(OH)_2 + OH^- - e^- \xrightarrow{充电} NiOOH + H_2O$$

(5 - 7)

镍氢（Ni-MH）电池充电的电化学反应过程形象地描述为图 5-6。可见，在外部电源做功的驱动下，阳极失去电子，阴极获得电子。通过阴极、阳极持续反应，持续产生电流，将电子储存到负极材料中，从而达到充电反应的目的。

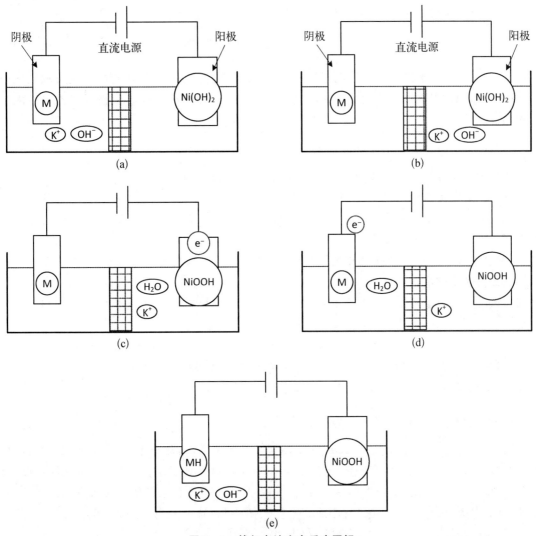

图 5-6 镍氢电池充电反应图解

（a）接通直流电源，开始充电；（b）K$^+$、OH$^-$离子充满电解液，包括阳极周围；（c）阳极反应，失去电子，产生羟基氧化镍（NiOOH）和水（H$_2$O）；（d）电源做功将电子送至阴极，水（H$_2$O）能透过隔膜，充满电解液，包括阴极周围；（e）阴极反应，得到电子，产生金属氢化物 MH 和氢氧根离子 OH$^-$，电极恢复原状，电解液恢复原状

电池电压取决于正极和负极材料。负极 MH 相对于标准氢电极电位是 -0.83 V，正极 NiOOH 相对于标准氢电极电位是 0.52 V，因此单体镍氢电池理论电压是 1.35 V。

镍氢电池内发生的副反应会损坏电池寿命并产生气体增加电池内压。过充电时,正极镍电极析出氧

$$4OH^- \xrightarrow{\text{过充电}} O_2 + 2H_2O + 4e^- \tag{5-8}$$

氧气通过隔膜扩散到负极,将 MH 氧化形成水

$$O_2 + 2H_2O + 4e^- \xrightarrow{\text{过充电}} 4OH^- \tag{5-9}$$

反应式(5-8)和式(5-9)的最终效应是使氧气不产生压力。但是在过充电的极端情况下,一个有潜在危险的反应是在负极中形成氢

$$2H_2O + 2e^- \xrightarrow{\text{过充电}} H_2 + 2OH^- \tag{5-10}$$

反应式(5-10)通常是不可逆的,但是氢气可被活性物质吸收。例如镍氢电池自放电比较快(以天计),原因是 NiOOH 的氢气的反应,最终由于以上副反应存在,负极可以被电解液中的水腐蚀。

$$2M + H_2O \longrightarrow MH + MOH \tag{5-11}$$

负极中的副反应使容量逐渐减少,最终限制镍氢电池的循环寿命。

影响镍氢电池寿命的原因主要有以下几个:

(1) 水解。过充情况下,水与多余的电子反应产生氢气。失水将导致电池干燥,增加电池的内部电阻和电解液的浓度。

(2) 腐蚀。负极上的金属与电解液中的水反应,使得金属被腐蚀,这样加速水的损失。腐蚀将减少负极中的活性物质,并减少可用吸氢材料。当正极的容量大于负极时,负极产生的氢取代正极产生的氧。过量的氢不能被活性物质吸收,电池压力增加,有可能导致泄气和永久性的水损失。高温运行会增加水损失,加速腐蚀。

(3) 碎裂。镍氢电池老化也受到应力导致的活性物质碎裂的影响。活性物质中氢的嵌入和脱出会导致晶格膨胀和收缩,产生应力。氢嵌入和脱出的量依赖于放电深度。较高的放电深度将导致更高的应力,以及活性物质的加速劣化或碎裂。

5.1.4 锂离子电池

锂离子电池循环寿命长(大于 500 次)、能量转换效率高、自放电率低(小于每月 10%),具有良好的应用潜力。但是所有的锂离子电池,包括聚合物锂离子电池、锂铁电池等,都需避免过充。如果充电时间过长,发生爆炸的可能性就会加大。锂的化学性质非常活泼,当电池充放电时,电池内部持续升温,活化过程中所产生的气体膨胀,使电池内压加大。压力达到一定程度,如外壳有伤痕,即会破裂,引起漏液、起火,甚至爆炸。

图 5-7 是锂离子电池的结构示意图。正极活性物质为锂金属氧化物($LiMO_2$),其中,M表示金属,比如钴(Co)。负极活性物质为嵌锂碳(Li_xC)。正极中的金属是过渡金属,通常是钴(Co)。活性物质在电池两端黏接到金属箔集流体,并用微孔聚合物隔膜或凝胶聚合物作为电气隔离。液体或凝胶聚合物电解质允许锂离子(Li^+)在正极和负极之间扩散。锂离子通过插层过程从活性物质中嵌入或脱出。

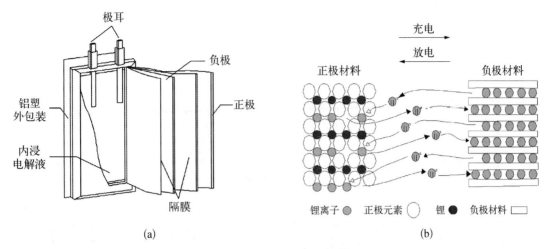

图 5-7 锂离子电池的结构示意图

（a）外部结构；（b）剖面结构

锂离子电池放电时，嵌在负极碳层中的锂离子脱出，运动至正极发生反应，正极的锂离子越多，放电容量越高。放电过程中负极和正极上的化学反应方程式（$0 < x < 1$）为

$$负极：失去电子，脱出锂离子，Li_xC - xe^- \overset{放电}{\Longrightarrow} C + xLi^+$$

$$正极：得到电子，嵌入锂离子，Li_{1-x}CoO_2 + xLi^+ + xe^- \overset{放电}{\Longrightarrow} LiCoO_2 \tag{5-12}$$

锂离子电池放电过程的电化学反应形象地描述为图 5-8。

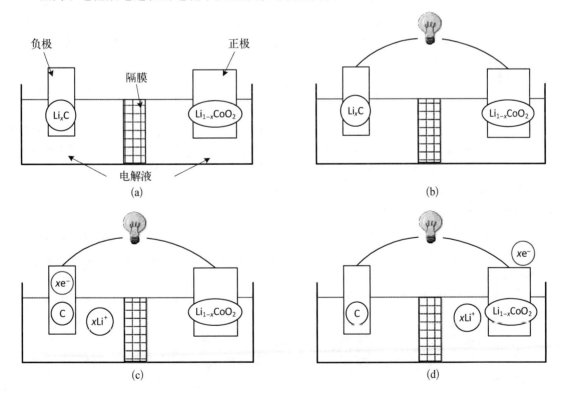

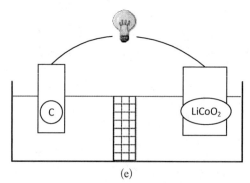

(e)

图 5 - 8 锂离子电池放电反应图解

(a) 外部电路开路,锂电池内部嵌锂碳、脱锂钴酸锂无反应;(b) 外部电路闭合,锂电池内部开始反应;(c) 负极反应,失去电子(提供电子),脱出锂离子,生成碳;(d) 电子通过导线从负极到达正极,锂离子 Li⁺ (x 个)透过隔膜也到达正极;(e) 正极反应,得到电子,产生 LiCoO₂

当对电池进行充电时,电池的阳极上有锂离子生成,生成的锂离子经过电解液运动到阴极。而作为阴极的碳呈层状结构,它有很多微孔,达到阴极的锂离子就嵌入碳层的微孔中,嵌入的锂离子越多,充电容量越高。锂离子电池充电过程中阴极和阳极上的化学反应方程式($0 < x < 1$)为

$$\text{阴极：得到电子，嵌入锂，C} + x\text{Li}^+ + x\text{e}^- \xrightarrow{\text{充电}} \text{Li}_x\text{C}$$
$$\text{阳极：失去电子，析出锂离子，LiCoO}_2 - x\text{e}^- \xrightarrow{\text{充电}} \text{Li}_{1-x}\text{CoO}_2 + x\text{Li}^+$$

(5 - 13)

锂离子电池充电过程的电化学反应形象地描述为图 5 - 9。其中,x 最大值为 1,钴酸锂 LiCoO₂ 脱出 1 个锂离子和 1 个电子,中间的状态就是 Li₁₋ₓCoO₂,$0 < x < 1$,脱出锂离子的量与充电截止电压相对应。电压越高,脱出量越接近 1,但也越不稳定。当锂离子全部脱出时,氧元素容易失去,释放成氧气,所以钴酸锂正极材料过充时有气体放出,电池内部压力增大。

锂离子电池的功率和能量随着充放电循环而衰减。功率衰减主要由于内部电阻或阻抗增加。内阻导致欧姆效应损失而产生热量,不但浪费能源,而且加速老化。除欧姆效应的能量损失外,锂离子电池容量随着时间的推移而减少。其容量减少还由于正极、负极和电解质的分解。分解机制复杂,耦合进行,与电池的化学体系、设计和制造有关。

锂离子电池负极的主要老化机理如下:

(1) 固体电解质界面(solid electrolyte interface,SEI)膜的生长。SEI 膜生长在负极上,导致阻抗上升。SEI 膜在循环初期形成,并在循环和储存过程中生长,特别是在较高的温度下,SEI 膜滞留锂。

(2) 锂腐蚀。负极活性炭材料中的锂可以随着时间的推移发生腐蚀,由于可迁移锂的不可逆损失导致容量衰减。

(3) 接触损失。SEI 膜从负极脱落,导致接触损失和增加电池阻抗。

(4) 锂金属层。锂金属层在低温度、高充电率和低电池电压时在负极上表面形成,从而导致可循环锂的不可逆损失。

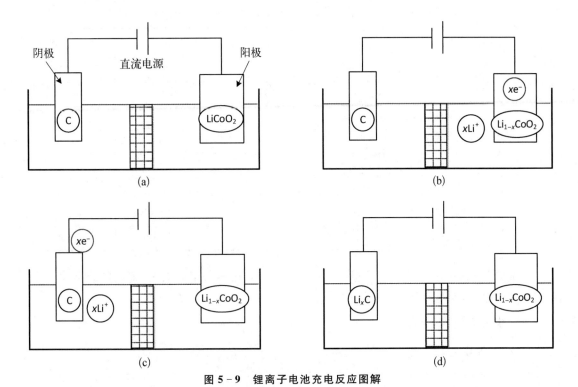

图 5 - 9 锂离子电池充电反应图解

(a) 接通直流电源,开始充电;(b) 阳极反应,失去电子(提供电子),脱锂($x\mathrm{Li}^+$),生成锂钴氧化物($\mathrm{Li}_{1-x}\mathrm{CoO}_2$);(c) 电子通过导线从阳极到达阴极,锂离子 Li^+(x 个)透过隔膜也到达阴极;(d) 阴极反应,得到电子(消耗电子),嵌入锂($x\mathrm{Li}^+$),生成嵌锂碳($\mathrm{Li}_x\mathrm{C}$)

　　最近有研究表明,循环过程中的阻抗上升和容量衰减主要是由正极造成的,放电容量可能受到氧化物颗粒中活性炭锂场所减少的限制。正极也形成钝化层,并在循环过程中加厚、变性,从而导致电池内阻上升和功率衰减。

5.1.5　性能比较

1. 能量密度和比能量

　　表 5-1 列出了铅酸电池、镍氢电池和锂离子电池在几个主要方面的比较。理论电压由电极材料决定,实际电压能够从现实电池中测量得到。对于铅酸电池和锂离子电池,实际电压值与理论电压值基本上相同,分别在 2 V 和 4 V 左右。镍氢电池的实际电压比理论值低 10% 左右。比能量(W·h/kg)是单位质量电池储存的能量。理论容量(A·h/g)取决于参加电化学反应的当量活性材料。理论容量与电压相乘得到理论比能量。铅酸电池的理论比能量最低,镍氢电池次之,锂离子电池最高。80% DoD(放电深度,depth of discharge,DoD)表征了电池储存的电量中实际能释放的电量。虽然锂离子电池在实际工作时比能量达不到理论值,几乎为理论值的 1/3,但是仍然远高于其他两种电池。锂离子电池的功率密度也高于其他两种电池。

　　船舶动力系统需要高比能量、高功率密度的动力电池。高的比能量意味着较小的电池载重能提供较多的电能,因此,船舶可以装载更多的有效载荷。高的功率密度(W/L)意味着输出相同功率的电池仅占用较小的体积,也就是说,给船舶舱室留出了更多可以利用的空间。

表 5-1　铅酸电池、镍氢电池和锂离子电池性能比较

		铅酸电池	镍氢电池	锂离子电池
理论值	电压/V	1.93	1.35	4.1
	比能量/(W·h/kg)	166	240	410
实际值	比能量/(W·h/kg)	35	75	150
	能量密度/(W·h/L)	70	240	400
	库伦效率	0.80	0.65~0.70	>0.85
	能量效率	0.65~0.70	0.55~0.65	~0.80
	比能量 80%DoD/(W·h/kg)	220	150	350
	功率密度/(W/L)	450	>300	>800

　　能量储存效率是电池的一个重要度量。表 5-1 给出两种不同效率,即库伦效率和能量效率。库伦效率 f、能量效率 η 的表达式分别为

$$f = \frac{\int_{\text{discharge}} I(t)\,\mathrm{d}t}{\int_{\text{charge}} I(t)\,\mathrm{d}t} \tag{5-14}$$

$$\eta = \frac{\int_{\text{discharge}} I(t)V(t)\,\mathrm{d}t}{\int_{\text{charge}} I(t)V(t)\,\mathrm{d}t} \tag{5-15}$$

式中,$I(t)$ 为电池电流;$V(t)$ 为电池电压。

　　从表 5-1 可知,锂离子电池的库伦效率和能量效率均比其他两种电池高。因此,从效率的角度看,锂离子电池是最有效的化学体系,其次为铅酸电池和镍氢电池。

　　2. 充电与放电

　　电池在充放电工作中的动态特性控制着电流能被注入与取出的速度。电池端电压是指电池正、负极两端的电压,在充放电过程中不是恒定的,而是在稳定的充电与放电过程中分别升高与下降。当充电或放电停止后,瞬变电压响应在几秒到几分钟内稳定下来。因此需要最大限度地充电,使电池的电压饱和在一个最大值。在过充情况下,大部分能量转化为热量损失或发生对电池有害的副反应。类似地,在电池由于过放电使电压下降到末端电压或终止电压以下时,充电不足,也会对电池造成伤害。

　　电池的工作范围由荷电状态(state of charge, SOC)表达,定义为可充电电池现有充电量与最大可充电量的百分比。一个满充电池的 SOC 为 100%。当电池 SOC 不同时,电池效率不同。例如,镍氢电池适合的 SOC 工作范围为 30%~70%,在这个范围内,电池的库伦效率较高。

　　电池充电与放电动力学可通过测量恒流充电下的电压来表征。充电与放电倍率的测定与电池容量 C 相关。例如,5 A·h 电池 0.1 C 放电倍率电流为 0.5 A,10 A·h 电池 2 C 放电倍率电流为 20 A。图 5-10 给出电池在低倍率、中等倍率及高倍率下放电的代表性曲线。由于电流倍率是恒定的,可以绘制电压响应对时间或放电深度 DoD 的曲线。低倍率曲线近似平衡电

池(或开路)电势。最佳开路电势曲线在宽范围放电深度内是平的,因此,电池电压在放电时基本是恒定的,简化了电压调整电路的设计。中等倍率放电曲线向下变化是由于在整个放电深度范围内的欧姆损耗,在较小的放电深度时为电荷迁移动力损耗,在较大的放电深度时为传质限制。高倍率放电证明电压下降很快,因此只有部分容量可在高倍率放电时被利用。

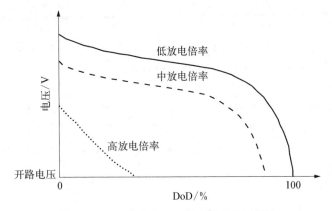

图 5－10　不同放电倍率的电压曲线示意图

　　比能量与功率密度是描述电池放电性能的概括统计量。表5－1中锂离子电池的比能量最高,其次是镍氢电池,铅酸电池最小。锂离子电池的功率密度也最高,镍氢电池和铅酸电池均次之。然而,在放电特性方面,镍氢电池的放电曲线最平,而锂离子电池和铅酸电池的放电曲线斜率较大。

　　电池充电时,充电机控制充电电流或电压,但是不能同时控制。电流与电压的关系由电池阻抗决定。充电通常由恒流(constant current, CC)充电与恒压(constant voltage, CV)充电阶段组成。图5－11所示为某铅酸电池的CC－CV充电曲线。最初,电池处于低SOC,恒流充电使电压升高至恒压等级。如果在初始状态进行恒压充电,电流会更高,导致发生副反应或温度过高。当达到预设电压,充电机转换至恒压模式,电流减小以便电池达到100%SOC。电池长期处于恒压模式的阶段称为浮充。同样,涓流充电保持在低倍率(C/100①)恒流模式。更

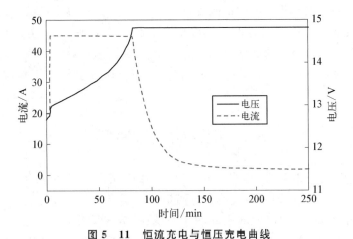

图 5　11　恒流充电与恒压充电曲线

　　①　或写为0.01C,表示充/放电倍率,如果是1C,表示1小时放电至SOC=0的电流强度;如果是0.01C,表示放电/充电电流的电流强度是1C的1/100,非常小。

多的精密充电机使用不同电流与电压等级的复合恒流与恒压流程,记录电流-时间曲线图,附加的传感器(如温度与压力)将电池的潜在损害降至最低,并使电池寿命、安全性及效率最大化。快速充电控制器可以使用大电流充电,但是要在过度放气、压力或温度升高发生前利用反馈切断充电电流。

铅酸电池、镍氢电池和锂离子电池都可以恒流充电。铅酸电池和镍氢电池微过充不会造成极端后果,但过度过充会使电池产生气体并过热。然而,锂离子电池过充会使其容量不可逆转地降低并胀气。铅酸电池和锂离子电池可以恒压充电,但不推荐镍氢电池使用恒压充电,而推荐使用带有梯度或递减电流的恒流充电方法,铅酸电池和锂离子电池推荐使用如图 5 - 11 所示的恒流-恒压法。

电池充电速度取决于电池的充电接受能力。锂离子电池、镍氢电池与铅酸电池推荐使用 C/3 充电。在快速充电模式下,铅酸电池可以提升至 4C 充电。镍氢电池可以以 1C 快速充电,当电池电压或温度速率超过临界值时必须终止充电。锂离子电池可以接受 2C 的高倍率充电,但应避免过低与过高电压。

3. 循环寿命

电池的循环寿命与化学体系、充放电循环、温度、储存等因素有关。确定循环寿命最准确可靠的方法如下:首先测试相同批次的多个电池,以确定电池容量。然后采用典型的电流循环曲线,使用充放电仪测试电池。在测试间隔时间内把电池从循环中撤出,测试电池容量。最终可得到电池容量与循环次数曲线。

铅酸电池、镍氢电池和锂离子电池都有很好的循环寿命。通常,在较低的 DoD 循环中,电池的寿命较长。目前,锂离子电池的循环寿命最长,在低倍率和室温下,100%DoD 的锂离子电池可达到 3 000 次循环,在 20%～40%DoD 的情况下可达到 2 000 次循环。镍氢电池次之,在 80%DoD、0.2C 充放电倍率、室温下,可达到 500 次循环。对于铅酸电池,在 100%DoD 的情况下可达到 200 次循环,在 25%DoD 的情况下可达到 1 500 次循环。当电池容量下降为初始容量的 50%～80% 时,从化学体系以及应用的角度判断电池寿命是否结束。

4. 工作温度范围

电池在极低温和极高温条件下的性能较差。在低温条件下,离子扩散和迁移会被抑制,从而产生有害的副反应,例如锂离子析出。高温也会引起其他的副反应,例如腐蚀和气体产生。电池放电工作温度范围比充电的低温更低,比充电的高温更高。对于铅酸电池,充放电温度为 $-40\sim60\,^\circ\!\mathrm{C}$;锂离子电池的工作温度范围是 $-20\sim60\,^\circ\!\mathrm{C}$;镍氢电池的工作温度范围最窄,在 $-20\sim45\,^\circ\!\mathrm{C}$ 之间。

5.2　理论比能量模型

电池的放电过程处于平衡状态,放电电压保持,且活性物质利用率为 100%,在此条件下电池的输出能量为理论能量,即可逆电池在恒温恒压下所做的最大功。电池在一定的条件下对外做功所能输出的电能称为电池的能量,单位一般用 W·h 表示。电池的单位质量电化学反应物质能输出的理论能量,称为电池的理论比能量。对于一个给定材料体系的电池,根据法拉第定律来计算电池的比能量。

法拉第定律是电化学上最早的、定量的基本定律,揭示了通入电量与析出物质之间的定量关系,可描述电极上通过的电量与电极反应物重量之间的关系,也称为电解定律。法拉第定律有两个子定律,第一定律:在电极界面上发生化学变化物质的质量与通入的电量成正比。法拉第第一定律的研究表明,对单个电解池而言,在电解过程中,阴极上还原物质析出的量与所通过的电流强度和通电时间成正比。当我们讨论的是金属的电沉积时,用公式可以表示为

$$M = KQ = KIt \tag{5-16}$$

式中,M 为析出金属的质量;K 为比例常数,也称为电化当量;Q 为通过的电量;I 为电流强度;t 为通电时间。

法拉第第二定律:通电于若干个电解池串联的线路中,当所取的基本粒子的荷电数相同时,在各个电极上发生反应的物质,其物质的量相同,析出物质的质量与其摩尔质量成正比。物质的电化当量 K 与它的化学当量成正比,所谓化学当量是指该物质的摩尔质量 M 与它的化合价的比值,单位为 kg/mol。第二定律的数学表达式为

$$K = M/(Fn) \tag{5-17}$$

式中,n 指的是化合物中正或负化合价总数的绝对值。化合价等于每个该原子在化合时得失电子的数量,即该元素能达到稳定结构时得失电子的数量;F 为法拉第恒量,数值为 $F = 96\,485$ C/mol,它是阿伏伽德罗常数 $N_A = 6.022\,14 \times 10^{23}$ mol^{-1} 与元电荷 $e = 1.602\,176 \times 10^{-19}$ C 的积,又称为法拉第常数。

按化合物在电化学反应中得失电子的数量,计算产生的电量,根据式(5-16)和式(5-17)推导可得

$$Q = Fn \tag{5-18}$$

这些电量做的功,计算为

$$W = QV \tag{5-19}$$

因此,单位质量电化学反应物质所做的功,即理论比能量,可计算为

$$W(m) = QV(m) = FnV(m) \tag{5-20}$$

下面分别计算铅酸电池、镍氢电池、锂离子电池的理论比能量。铅酸电池反应物的理论质量如表 5-2 所示,理论电压为 1.93 V。

表 5-2 铅酸电池反应物的理论质量

反 应 物	摩尔质量/(g/mol)	摩尔数/mol	总质量/g
Pb	207.2	1	207.2
PbO$_2$	239.2	1	239.2
H$_2$SO$_4$	98.1	2	196.2
总计			642.6

根据式(5-20),铅酸电池的理论比能量为

$$
\begin{aligned}
W/m &= FnV/m \\
&= 96\ 485\ \text{C/mol} \times 2\ \text{mol} \times 1.93\ \text{V}/642.6\ \text{g} \\
&= 579.57\ \text{J/g} \\
&= 161.99\ \text{W} \cdot \text{h/kg}
\end{aligned}
\tag{5-21}
$$

镍氢电池反应物的理论质量如表5-3所示,理论电压为1.35 V。

表5-3　镍氢电池反应物的理论质量

反 应 物	摩尔质量/(g/mol)	摩尔数/mol	总质量/g
MH(按 Ni 计算)	59.7	1	59.7
NiOOH	91.7	1	91.7
总计			151.4

根据式(5-20),镍氢电池的理论比能量为

$$
\begin{aligned}
W/m &= FnV/m \\
&= 96\ 485\ \text{C/mol} \times 1\ \text{mol} \times 1.35\ \text{V}/151.4\ \text{g} \\
&= 860.34\ \text{J/g} \\
&= 238.98\ \text{W} \cdot \text{h/kg}
\end{aligned}
\tag{5-22}
$$

比较镍氢电池与铅酸电池,发现镍氢电池反应物的理论质量远小于铅酸电池,这是镍氢电池的理论比能量大于铅酸电池的原因。

锂离子电池反应物的理论质量如表5-4所示,理论电压为4.1 V。

表5-4　锂离子电池反应物的理论质量

反 应 物	摩尔质量/(g/mol)	摩尔数/mol	总质量/g
C	12.017	1	12.017
$LiCoO_2$	97.872	1	97.872
总计			109.889

根据式(5-20),锂离子电池的理论比能量为

$$
\begin{aligned}
W/m &= FnV/m \\
&= 96\ 485\ \text{C/mol} \times 1\ \text{mol} \times 4.1\ \text{V}/109.889\ \text{g} \\
&= 3\ 599.89\ \text{J/g} \\
&= 999.97\ \text{W} \cdot \text{h/kg}
\end{aligned}
\tag{5-23}
$$

比较锂离子电池与铅酸电池,一方面,锂离子电池反应物的理论质量远小于铅酸电池;另一方面,锂离子电池的理论电压远高于铅酸电池。因此,锂离子电池的理论比能量远大于铅酸电池。类似的原因,锂离子电池的理论比能量也远大于镍氢电池。

5.3　准稳态模型

准稳态电池模型用于量化描述电池的效率。在建模之前,先介绍 6 个定义。

(1) 电池容量 Q_{bat},单位为安时(A·h),指电池从全满到完全放电能够释放出的总电量。

(2) 放电时率,是以放电时间表示的放电速率,即以某电流放至规定终止电压所经历的时间。例如:一组额定容量为 12 A·h 的电池,以 20 h 放电完毕,则称为 C20 放电率。当放电过程保持为恒流,则放电电流 $I_{20h} = 12/20 = 0.6$ A。如果这组容量为 12 A·h 的电池,以 1 小时放电完毕,则放电电流 $I_{1h} = 12/1 = 12$ A,此时 I_{1h} 数值上等于额定容量。

(3) 放电倍率 $c(t)$,表示蓄电池放电电流相对额定容量的比率,即倍率。按式(5-23)计算:

$$c(t) = \frac{I_{bat}}{I_{1h}} \tag{5-23}$$

例如,一组额定容量 100 A·h 的蓄电池,以 1 h 放电完毕,即放电电流 $I_{1h} = 100/1 = 100$ A。当按倍率 $c(t) = 0.1$ 放电时,即以 0.1C 放电速率放电,放电电流 $I_{bat} = 0.1 \times 100 = 10$ A。当按倍率 $c(t) = 0.5$ 放电时,即以 0.5C 放电速度放电,放电电流 $I_{bat} = 0.5 \times 100 = 50$ A。

对于额定容量为 24 A·h 的蓄电池,以 1 h 放电完毕,即放电电流 $I_{1h} = 24/1 = 24$ A。当按倍率 $c(t) = 2$ 放电时,即以 2C 放电速度放电,放电电流 $I_{bat} = 2 \times 24 = 48$ A。当按倍率 $c(t) = 0.5$ 放电,即以 0.5C 放电速度放电,放电电流 $I_{bat} = 0.5 \times 24 = 12$ A。可见,放电倍率是表征放电电流大小的参数。

(4) 荷电状态 $\xi(t)$,指电池可用的容量 $Q(t)$ 与电池容量 Q_{bat} 的比值,计算为

$$\xi(t) = \frac{Q(t)}{Q_{bat}} \tag{5-25}$$

(5) 可用电池容量 $Q(t)$ 的计算,很难直接测量,一般采用库伦法对电流强度 $I_{bat}(t)$ 进行积分来计算

$$Q(t) = \int_{t_0}^{t} I_{bat}(\tau)d\tau + Q(t_0) \tag{5-26}$$

式中,$Q(t_0)$ 为 t_0 时刻的电池容量。

(6) 放电深度 DoD(t),通常在电池出厂时,厂家考虑电池寿命给出推荐值,比如 DoD(t) = 0.7,表示放电深度不建议超过 0.7。放电深度 DoD(t) 与荷电状态 $\xi(t)$ 存在如下关系:

$$\text{DoD}(t) = 1 - \xi(t) \tag{5-27}$$

一种常用的电池准稳态等效电路模型如图 5-12 所示。V_{OC} 为开路电压,即无负载时电池极板间的电压,主要取决于极板材料活性。R_{bat} 为电池内阻,描述电子迁移过程受到的阻力。V 为电池负载端电压。

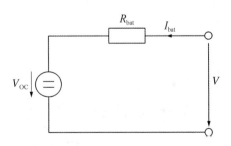

注:电流强度 $I_{bat}(t)$ 以从电池正极流向电池负极为正向。

图 5-12　电池的准稳态等效电路模型

根据基尔霍夫定律,电压平衡方程为

$$V(t) = V_{OC}(t) + I_{bat}(t)R_{bat} \tag{5-28}$$

电池放电时,$I_{bat}(t) < 0$,此时 $V(t) < V_{OC}(t)$。电池充电时,$I_{bat}(t) > 0$,此时 $V(t) > V_{OC}(t)$。

根据式(5-28),列出功率平衡方程为

$$V(t)I_{bat}(t) = V_{OC}(t)I_{bat}(t) + I_{bat}^2 R_{bat} \tag{5-29}$$

令电池负载功率 $P_{bat}(t) = V(t)I_{bat}(t)$,代入式(5-29)得

$$P_{bat}(t) = V_{OC}(t)I_{bat}(t) + I_{bat}^2 R_{bat} \tag{5-30}$$

其中,当电池放电时,由于 $I_{bat}(t) < 0$,则 $V_{OC}(t)I_{bat}(t) < 0$,因此 $P_{bat}(t) < 0$,且 $|P_{bat}(t)| < |V_{OC}(t)I_{bat}(t)|$。当电池充电时,由于 $I_{bat}(t) > 0$,则 $V_{OC}(t)I_{bat}(t) > 0$,因此 $P_{bat}(t) > 0$,且 $|P_{bat}(t)| > |V_{OC}(t)I_{bat}(t)|$。

电池向驱动电机供电的等效模型如图 5-13 所示。驱动电机的输出力矩为 $T_{mg}(t)$,输出转速为 $\omega_{mg}(t)$,则驱动电机的输出功率为 $P_{mg}[T_{mg}(t), \omega_{mg}(t)]$。此外,驱动电机损耗的功率为 $P_{aux}(t)$,该系统的功率平衡方程式为

$$P_{bat}(t) = -P_{mg}[T_{mg}(t), \omega_{mg}(t)] - P_{aux}(t) \tag{5-31}$$

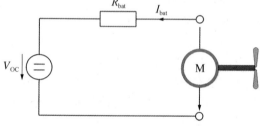

图 5-13 电池向驱动电机供电的等效模型

下面基于等效电路模型推导电池 SOC 的表达式。根据式(5-30)可得电流的表达式

$$I_{bat}(t) = \frac{-V_{OC}(t) + \sqrt{V_{OC}^2(t) + 4R_{bat}P_{bat}(t)}}{2R_{bat}} \tag{5-32}$$

将式(5-26)代入式(5-25)可得

$$\xi(t) = \frac{1}{Q_{bat}}\left[\int_{t_0}^{t} I_{bat}(\tau)d\tau + Q(t_0)\right] \tag{5-33}$$

因此,将式(5-32)代入式(5-33)即可求得电池荷电状态 $\xi(t)$,或者电池荷电状态 $\xi(t)$ 的求解按式(5-34)表达

$$\dot{\xi}(t) = \frac{1}{Q_{bat}}I_{bat}(t)$$
$$\xi(t_0) = \xi_0 \tag{5-34}$$

式中,初始荷电状态 $\xi_0 = \dfrac{Q(t_0)}{Q_{bat}}$。

从式(5-32)可知,电池开路电压 $V_{OC}(t)$ 是准确计算电池电流 $I_{bat}(t)$ 的前提。但是,开路电压取决于极板材料活性,不便直接测量,影响开路电压的因素很多,比如荷电状态、温度等。因此,开路电压模型的准确性十分重要。

下面给出 4 种典型的开路电压模型。

第 1 种为根据实验值拟合开路电压 $V_{OC}(t)$ 与荷电状态 $\xi(t)$ 的关系,得到五参数经验模型表达式为

$$V_{OC}[\xi(t)] = K_0 + K_1\xi(t) + \frac{K_2}{\xi(t)} + K_3\ln[\xi(t)] + K_4\ln[1-\xi(t)] \qquad (5-35)$$

式中,K_0、K_1、K_2、K_3、K_4 为系数。

模型式(5-35)的计算相对复杂,对其进行简化,舍弃对数、倒数等非线性项,得到第 2 种模型,即开路电压 $V_{OC}(t)$ 的线性模型

$$V_{OC}[\xi(t)] = K_0 + K_1\xi(t) \qquad (5-36)$$

第 3 种为伪能斯特模型,其一般形式为

$$V_{OC}[\xi(t)] = K_0 + K_3\ln[\xi(t)] + K_4\ln[1-\xi(t)] \qquad (5-37)$$

式中,理论上系数可以任意取值,不一定符合能斯特方程,因此称为伪能斯特模型。

第 4 种为能斯特模型,与基于以定量描述某种离子在 A、B 两体系间形成的扩散电位的能斯特方程表达式相比较,可以定义系数 $K_0 = V_0$,$K_3 = K_4 = \dfrac{RT}{n_e F}$,推导可得如下开路电压的能斯特模型

$$V_{OC}[\xi(t)] = V_0 + \frac{RT}{n_e F}\ln\left[\frac{\xi(t)}{1-\xi(t)}\right] \qquad (5-38)$$

式中,V_0 为标准电压;R 为气体常数,值为 8.315 J/(mol·K);F 为法拉第常数,值为 96 485 C/mol;n_e 是自由电子数。

上述 4 种开路电压模型的比较如图 5-14 所示。从图中可见,五参数经验模型的计算结果与实验结果最吻合。

电池内阻一般也受到 SOC 和温度等因素的显著影响,一般用曲线来表达其之间的关系。但是,在系统能耗的性能分析中,通常将电池内阻视为常数,基本能满足能耗评估的精度要求。

电池效率指以同样的电流强度进行电池充放电循环,放电能量与充电能量之比。基于稳态等效电路模型,充电功率计算为

$$P_c(t) = [\tilde{V}_{OC} + R_{bat}|I_{bat}(t)|]|I_{bat}(t)| \qquad (5-39)$$

式中,假设充电过程中开路电压 V_{OC} 为常数,表示为 $\tilde{V}_{OC}$,可以认为是电池的标称电压。

在 $[t_0 = 0 \quad t_f]$ 的时间间隔内,充电能量为

$$\begin{aligned} E_c &= \int_0^{t_f} |P_c(t)|\,\mathrm{d}t \\ &= \int_0^{t_f} |[\tilde{V}_{OC} + R_{bat}|I_{bat}(t)|]||I_{bat}|\,\mathrm{d}t \end{aligned} \qquad (5-40)$$

类似地,基于稳态等效电路模型,放电功率计算为

$$P_d(t) = [\tilde{V}_{OC} - R_{bat}|\tilde{I}_{bat}(t)|]|I_{bat}(t)| \qquad (5-41)$$

于是,根据式(5-39)和式(5-41),电池的瞬时效率 $\eta_{bat,i}(t)$ 为

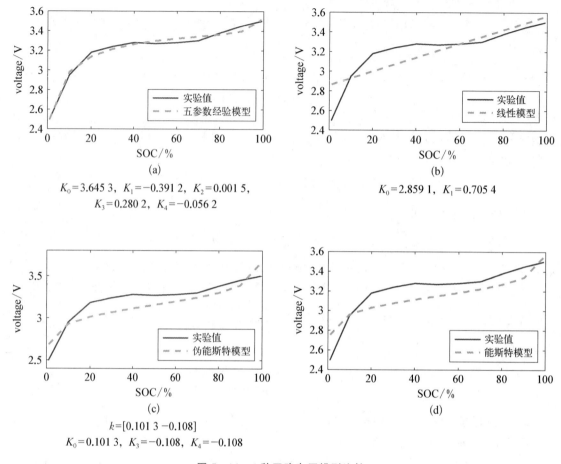

$K_0 = 3.645\ 3,\ K_1 = -0.391\ 2,\ K_2 = 0.001\ 5,$
$K_3 = 0.280\ 2,\ K_4 = -0.056\ 2$

$K_0 = 2.859\ 1,\ K_1 = 0.705\ 4$

$k = [0.101\ 3\ -0.108]$
$K_0 = 0.101\ 3,\ K_3 = -0.108,\ K_4 = -0.108$

图 5 - 14 4 种开路电压模型比较

（a）五参数经验模型；（b）线性模型；（c）伪能斯特模型；（d）能斯特模型

$$\eta_{\text{bat, i}}(t) = \frac{P_d(t)}{P_c(t)} = \frac{\widetilde{V}_{\text{OC}} - R_{\text{bat}} \mid I_{\text{bat}}(t) \mid}{\widetilde{V}_{\text{OC}} + R_{\text{bat}} \mid I_{\text{bat}}(t) \mid} \tag{5-42}$$

在 $[t_0 = 0 \quad t_f]$ 的时间间隔内，放电能量为

$$E_d = \int_0^{t_f} \mid P_d(t) \mid \mathrm{d}t$$
$$= \int_0^{t_f} \mid [\widetilde{V}_{\text{OC}} - R_{\text{bat}} \mid I_{\text{bat}}(t) \mid] \mid \mid I_{\text{bat}}(t) \mid \mathrm{d}t \tag{5-43}$$

假设充电电流 I_{bat} 为常数，表示为 $\widetilde{I}_{\text{bat}}(t)$。根据式(5-40)和式(5-43)，电池在 $[t_0 = 0 \quad t_f]$ 的时间间隔内的全局效率 $\eta_{\text{bat, g}}(t)$ 为

$$\eta_{\text{bat, g}}(t) = \frac{E_d}{E_c} = \frac{\widetilde{V}_{\text{OC}} - R_{\text{bat}} \mid \widetilde{I}_{\text{bat}} \mid}{\widetilde{V}_{\text{OC}} + R_{\text{bat}} \mid \widetilde{I}_{\text{bat}} \mid} \tag{5-44}$$

某锂离子电池的标称电压 $\widetilde{V}_{\text{OC}} = 3.15$ V，充电电流为 13.2 A，按式(5-44)计算可得效率随内阻变化的规律如图 5-15 所示。可见，内阻越大，效率越低，当内阻为 0.005 Ω 时，效率达到 95.9%。

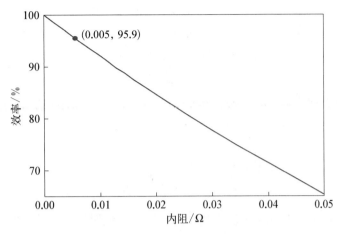

图 5-15 电池效率随电池内阻变化规律

5.4 动 态 模 型

常用的电池动态模型有 Randles 模型和 Thevenin 模型。经典的 Randles 模型和一种扩展的 Randles 模型如图 5-16 所示。与准稳态等效电路模型相比较，Randles 模型增加了电容特性的模型，用于反应正、负电极之间的电荷聚集与分离效应，其等效电路如图 5-16(a)所示。扩展的 Randles 模型增加了电容特性以及充放电电阻不同特性的模拟，其等效电路如图 5-16(b)所示。

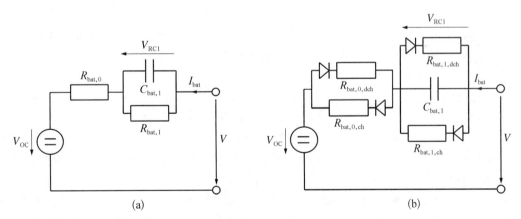

图 5-16 电池动态模型

(a) 经典 Randles 模型；(b) 一种扩展的 Randles 模型

根据基尔霍夫定律，经典 Randles 模型的电压、电流方程式为

$$V(t) = V_{OC}[\xi(t)] + R_{bat,0} I_{bat}(t) + V_{RC1}(t) \tag{5-45}$$

$$\begin{aligned}I_{bat}(t) &= I_{C1}(t) + I_{R1}(t) \\ &= C_{bat,1} \frac{dV_{RC1}(t)}{dt} + \frac{V_{RC1}(t)}{R_{bat,1}}\end{aligned} \tag{5-46}$$

式中，$V_{RC1}(\cdot)$ 为非欧姆超电势。将式(5-46)代入式(5-45)可得

$$R_{bat,0}C_{bat,1}\frac{dV_{RC1}(t)}{dt}=V(t)-V_{RC1}(t)\left(1+\frac{R_{bat,0}}{R_{bat,1}}\right)-V_{OC}[\xi(t)] \qquad (5-47)$$

当 $\dfrac{dV_{RC1}(t)}{dt}=0$ 时，电池达到稳态，电压方程为

$$V(t)=V_{OC}[\xi(t)]+(R_{bat,0}+R_{bat,1})I_{bat} \qquad (5-48)$$

令 $R_{bat}=R_{bat,0}+R_{bat,1}$，则式(5-48)可简写为

$$V(t)=V_{OC}[\xi(t)]+R_{bat}I_{bat} \qquad (5-49)$$

可以发现，式(5-49)与式(5-28)具有相同的形式，说明稳态是动态的一种特殊情况。

习 题 5

动力电池的基本工作原理

1. 在混合动力系统中，动力电池的作用是什么？

2. 可充电电池是指一次电池还是二次电池？

3. 与普通电池相比，动力电池的特点有哪些？

4. 电池正极是什么？请选择(　　)。

    A. 放电过程中得到电子的电极。   B. 放电过程发生还原反应的电极。

    C. 与充电过程的阳极是同一个电极。   D. 与充电过程的阴极是同一个电极。

5. 锂电池的负极材料是什么？锂电池的正极材料是什么？锂电池的电解液用什么材料？

6. 铅酸电池循环寿命短、充电功率较小的原因有哪些？

7. 锂离子电池老化的现象有哪些？

8. 锂离子电池与铅酸电池相比较，前者的电池单体电压高，相同重量的两种电池，前者储存的电能大，请基于你对电池充放电过程原理的理解，给出合理解释。

9. 请基于你对电池充放电过程原理的理解，简述电池荷电状态(SOC，电池可用的容量与电池容量的比值)需要准确获得的必要性是什么？为获得电池荷电状态(SOC)可能遇到的困难有哪些？

10. 闭合回路是电池放电的必要条件。一些充足电的蓄电池，处于静置不工作状态(未构建外部闭合回路)时，其容量自行损耗的现象称为自放电。请分析引起蓄电池自放电的原因。

11. 用于电池充电的直流电源，在充电过程中，是否损耗了电子？请解释原因。

12. 电池内部的隔膜，应该采用导电材料还是绝缘材料？为什么？

动力电池的模型

13. 某钠离子电池的正负极反应式如下，请计算该电池的理论比能量/(W·h/kg)。

    负极反应：$Na_xCoO_2-ye^-\leftrightarrow Na_{x-y}CoO_2+yNa^+$

    正极反应：$nC+yNa^++ye^-\leftrightarrow Na_yC_n$

电池总反应式：$Na_xCoO_2+nC\leftrightarrow Na_{x-y}CoO_2+Na_yC_n$

取值：$n=6$，$x=1$，$y=1$，单体电压 3.3 V

14. 钠硫电池的正负极反应式如下，请计算该电池的理论比能量/(W·h/kg)。

负极：$2Na-2e^-\leftrightarrow 2N_a{}^+$

正极：$xS+2e^-\leftrightarrow S_x^{2-}$

电池总反应式：$2Na+xS\leftrightarrow Na_2S_x$

取值：$x=6$，单体电压 2 V。

15. 请按照五参数经验模型建立锂电池单体开路电压模型，并分析开路电压对 5 个参数的敏感性。五参数取值：$K_0=3.645\ 3$、$K_1=-0.391\ 2$、$K_2=-0.001\ 5$、$K_3=0.280\ 2$、$K_4=-0.056\ 2$。

16. 某锂电池单体，以 13.2 A 恒流充电，标称端电压为 3.15 V，请建模并绘制该电池单体瞬时效率(或全局效率)随其内阻变化的规律。

17. 某锂电池单体，以 13.2 A 恒流充电、放电，内阻为 5 mΩ，请分别简述充电、放电过程中端电压随荷电状态变化的规律。

6   传动系统建模与仿真

传动系统将主机力矩传递至螺旋桨。传动系统的主要组成部分有减速器、离合器、液力变矩器、传动轴和轴承等。对于单机单桨的船舶动力系统,其传动系统拓扑比较简单,如图 6-1 所示。对于负载重、功率需求大或运行工况多变的动力系统,其动力系统可采用多机多桨的方式,其传动系统拓扑灵活,由多组减速器、传动轴通过离合器、液力变矩器等传动控制部件根据需要改变力矩传递路径。

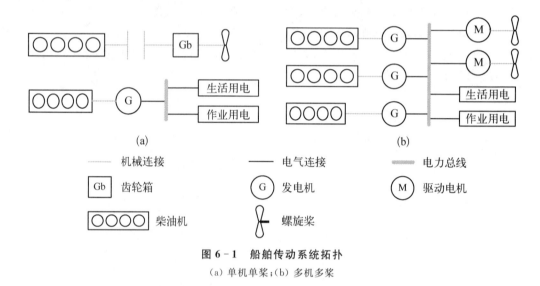

图 6-1   船舶传动系统拓扑

(a) 单机单桨;(b) 多机多桨

本章分别介绍减速器和离合器的工作原理,并给出运动学模型、准稳态效率模型和动力学模型。

6.1   减速器的工作原理

减速器是一种由封闭在刚性壳体内的齿轮传动、蜗杆传动或齿轮-蜗杆传动等组成的独立部件,用作原动件与工作机之间的减速传动装置。在原动机和工作机之间起到匹配转速和传递力矩的作用。

在船舶动力系统中,原动机为主机,例如柴油机、电机,工作机为螺旋桨,减速器匹配主机和螺旋桨之间的力矩和转速。螺旋桨输出力矩用于推动船舶航行,因此螺旋桨转矩、转速大小都必须满足船舶航行的需要。而对于原动机,无论是柴油机还是电机,其力矩、转速大小都受到自身工作区间、效率特性等特性限制。于是,存在以下几种主机与螺旋桨不匹配的情况:

(1) 转速不匹配。螺旋桨转速范围超出(一般是低于)柴油机转速范围,导致柴油机不能正常工作,故而螺旋桨也不能工作。

（2）力矩不匹配。一般来说，螺旋桨的力矩需求大，而柴油机或电机能够提供的转矩小，无法使螺旋桨产生足够的推进力以满足航行需求。

（3）效率区域不匹配。螺旋桨、主机工作点不恰当，工作在低效区。

为了使主机与螺旋桨相匹配，在主机和螺旋桨之间增加减速器。以某中速柴油机作为主机的动力系统为例，一般而言，船舶航行对应的螺旋桨的转速较低（0～200 r/min），而中速柴油机工作区间为（600～1 500 r/min）。如果不采用减速器，则柴油机无法在 0～200 r/min 范围内稳定运转，无法向螺旋桨提供驱动力矩使之旋转，因此螺旋桨无法产生船舶推进力。如果采用减速比为 5 的减速器，对应螺旋桨转速范围，柴油机的工作转速范围为 0～1 000 r/min，那么到达了柴油机稳定工作区域。柴油机可以稳定输出力矩，提供给螺旋桨产生船舶推进力。

在以驱动电机为主机的动力系统中，虽然电机在低速时能稳定运行，但是电机在低速、大力矩区域的效率一般不高，因此，仍然需要减速器将电机工作区域调整至高效区域。以某额定转速 530 r/min、最高转速 1 800 r/min 的永磁同步电机作为主机的动力系统为例，如果不采用减速器，驱动电机将工作在 0～200 r/min 的低速区域。然而，驱动电机在低转速、大力矩工作区域的效率往往较低。如果采用减速比为 3 的减速器，则驱动电机的转速范围为 0～600 r/min，同时，力矩范围缩小 3 倍，这样就可以在额定转速附近区域工作，而且力矩较小，损耗也相应较小。因此，匹配合适的减速器，可提高驱动电机的工作效率。

可见，减速器通过匹配主机和螺旋桨的转速和力矩范围，使主机满足船舶航行需求，并提高主机的工作效率。

6.2　减速器建模与仿真

减速器模型一般有运动学模型、准稳态效率模型和动力学模型。其中，运动学模型用于描述减速器连接的原动机和工作机之间转速的关系，准稳态效率模型用于描述减速器的传动效率，动力学模型用于描述减速器所受的外力与转速的关系。下面分别介绍 3 种模型的数学表达式。

6.2.1　运动学模型

以齿轮传动的减速器为例，如图 6－2 所示，令输入轴转速为 $\omega_{gbr1}(t)$，输出轴转速为 $\omega_{gbr2}(t)$，则速比 $i_{gbr}(t)$ 的数学表达式为

$$i_{gbr}(t) = \frac{\omega_{gbr1}(t)}{\omega_{gbr2}(t)} \qquad (6-1)$$

令减速器输入力矩为 $T_{gbr1}(t)$，则减速器输入功率 $P_{gbr1}(t)$ 可写为

$$P_{gbr1}(t) = \omega_{gbr1}(t)T_{gbr1}(t) \qquad (6-2)$$

令减速器输出力矩为 $T_{gbr2}(t)$，减速器输入功率 $P_{gbr2}(t)$ 可写为

$$P_{gbr2}(t) = \omega_{gbr2}(t)T_{gbr2}(t) \qquad (6-3)$$

忽略齿轮啮合的摩擦损耗、空气阻力损耗和轴承摩

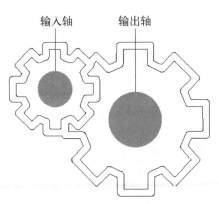

输入轴　　　输出轴

图 6－2　减速器模型

擦损耗,可以认为减速器输出功率等于输入功率,即

$$P_{\mathrm{gbx}1}(t) = P_{\mathrm{gbx}2}(t) \tag{6-4}$$

将式(6-2)、式(6-3)代入式(6-4)可得

$$\frac{T_{\mathrm{gbx}2}(t)}{T_{\mathrm{gbx}1}(t)} = \frac{\omega_{\mathrm{gbx}1}(t)}{\omega_{\mathrm{gbx}2}(t)} \tag{6-5}$$

根据式(6-1)可得

$$\frac{T_{\mathrm{gbx}2}(t)}{T_{\mathrm{gbx}1}(t)} = i_{\mathrm{gbx}}(t) \tag{6-6}$$

可见,如果忽略功率损失,则减速器输出力矩与输入力矩之比等于减速器速比 $i_{\mathrm{gbx}}(t)$。 当 $i_{\mathrm{gbx}}(t) > 1$ 时,$\omega_{\mathrm{gbx}2}(t) < \omega_{\mathrm{gbx}1}(t)$,且 $T_{\mathrm{gbx}2}(t) > T_{\mathrm{gbx}1}(t)$,即减速器具有减速、增扭的作用。

6.2.2　准稳态效率模型

当减速器实际运行时,由于齿轮啮合的摩擦、空气阻力和轴承摩擦等损耗,不可避免地会产生功率损失。令功率损耗为 $P_0(t)$,即

$$P_{\mathrm{gbx}2}(t) = P_{\mathrm{gbx}1}(t) - P_0(t) \tag{6-7}$$

则减速器的效率 $\eta_{\mathrm{gbx}}(t)$ 为

$$\eta_{\mathrm{gbx}}(t) = \frac{P_{\mathrm{gbx}2}(t)}{P_{\mathrm{gbx}1}(t)} = \frac{P_{\mathrm{gbx}1}(t) - P_0(t)}{P_{\mathrm{gbx}1}(t)} \tag{6-8}$$

一般而言,固定速比减速器的效率 $\eta_{\mathrm{gbx}} \approx 0.95 \sim 0.98$。

需要注意的是,减速器效率变化不影响其运动学模型,即式(6-1),但是会改变输出力矩与输入力矩的关系式(6-6)。由于功率损耗,减速器实际的输出力矩小于按式(6-6)计算的输出力矩。

6.2.3　动力学模型

减速器在输入力矩(原动机输出力矩)、负载力矩的共同作用下产生运动,其动力学模型可简化为图6-3。图中,T_m 为减速器的驱动力矩(来自外部原动机的输出力矩),T_L 为减速器

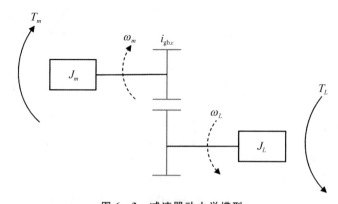

图 6-3　减速器动力学模型

的负载力矩,J_m 为减速器输入轴等效转动惯量,等于原动机与减速器输入轴的转动惯量之和,J_L 为减速器输出轴等效转动惯量,等于负载与减速器输出轴的转动惯量之和,ω_m 为减速器输入轴转速,该模型中原动机输出轴与减速器输入轴同轴,转速相同,ω_L 为减速器输出轴转速,该模型中工作机与减速器输出轴同轴旋转,转速相同。

隔离 J_m,其受力情况如图 6-4 所示。

根据牛顿运动定律,写出 J_m 的受力与运动的方程式

$$T_m - T_{\mathrm{gbx}1} = J_m \dot{\omega}_m(t) \tag{6-9}$$

类似地,隔离 J_L,其受力情况如图 6-5 所示。

根据牛顿运动定律,写出 J_L 的受力与运动的方程式

$$T_{\mathrm{gbx}2} - T_L = J_L \dot{\omega}_L(t) \tag{6-10}$$

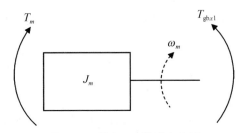

图 6-4 隔离 J_m 的受力分析

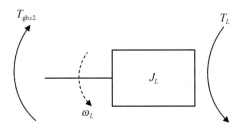

图 6-5 隔离 J_L 的受力分析

注意到,根据减速器运动学模型式(6-1),ω_m、ω_L 相互并非独立,因此,式(6-9)和式(6-10)可以合并成一个独立的方程。根据式(6-1),可得

$$\omega_m = i_{\mathrm{gbx}} \omega_L \tag{6-11}$$

忽略减速器损耗,根据式(6-6),可得

$$T_{\mathrm{gbx}2}(t) = i_{\mathrm{gbx}} T_{\mathrm{gbx}1}(t) \tag{6-12}$$

将式(6-12)代入式(6-9)和式(6-10)可得

$$i_{\mathrm{gbx}} T_m - T_L = (i_{\mathrm{gbx}}^2 J_m + J_L) \dot{\omega}_L(t) \tag{6-13}$$

式(6-13)对应的动力学模型可以用图 6-6 描述。比较图 6-5 与图 6-6 可知,减速器的作用相当于将原动机输出力矩 T_m 放大 i_{gbx} 倍作用在输出轴上,当然,减速器输入轴转动惯量等效至输出轴上时,放大了 i_{gbx}^2 倍。可以推断:

(1)减速器速比 i_{gbx} 越大,原动机输出力矩 T_m 的放大倍数越多,更易于驱动负载运动。

(2)输入轴转动惯量 J_m 越小,原动机输出力矩 T_m 用于驱动负载的效率越高。

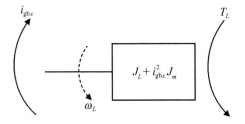

图 6-6 减速器传动系统等效动力学模型(等效至输出轴)

当然,减速器传动系统等效动力学模型也可以相对于减速器输入轴建立。类似于式(6-11)～式(6-13)的推导,可以得到

$$T_m - \frac{T_L}{i} = \left(J_m + \frac{J_L}{i_{\text{gb.}x}^2} \right) \dot{\omega}_m(t) \tag{6-14}$$

其相应的动力学模型可以用图 6-7 描述。比较图 6-5 与图 6-7 可知,从输入轴的角度来看减速器的作用,减速器相当于将负载力矩 T_L 缩小 $i_{\text{gb.}x}$ 倍作用在输入轴上,当然,减速器输出轴转动惯量等效至输入轴上时,缩小了 $i_{\text{gb.}x}^2$ 倍。

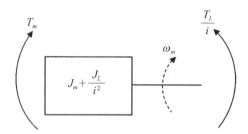

图 6-7　减速器传动系统等效动力学模型(等效至输入轴)

6.3　离合器的工作原理

离合器是传动系统中连接原动机与工作机的设备,用于使原动机和工作机暂时分离或逐渐接合,用以切换或传递原动机输出的动力。总体上,离合器能完成以下功能:

(1) 使原动机与工作机逐渐接合,实现平稳起步。

(2) 暂时切换原动机与工作机的联系,便于切换动力系统能量流。

(3) 在传动系统过载时断开,保护原动机、工作机、减速器、传动轴等其他设备。

以内燃机驱动的动力系统为例,为了满足船舶航行需要,螺旋桨的转速范围为 0~200 r/min,考虑采用减速比为 5 的减速器,柴油机的工作范围必须为 0~1 000 r/min,采用中速柴油机,其稳定工作的转速范围为 600~1 500 r/min,可以覆盖 600~1 000 r/min 的范围。但是,如何实现转速范围 0~600 r/min 呢? 采用容许输入轴与输出轴之间有转速差的离合传动装置,离合器的主动端连接柴油机,从动端连接减速器与螺旋桨。对于摩擦式离合器,其主、从端之间设计有摩擦副,允许两端存在转速差。于是柴油机可以稳定运行在 600~1 500 r/min,同时螺旋桨运行在 0~200 r/min。

因此,船舶动力系统需要离合器这样的特殊设备,既能传递力矩,又能容许转速差,让原动机和工作机同时正常工作。

按照离合器的工作原理,离合器主要有电磁式离合器、磁粉式离合器、摩擦式离合器和液力偶合器 4 种。

电磁式离合器靠线圈的通、断电来控制离合器的接合与分离。电磁离合器有干式单片、干式多片、湿式多片等多种形式。电磁离合器的工作方式可分为通电接合和断电接合。在干式单片电磁离合器中,线圈通电产生磁力吸合"衔铁"片,离合器处于接合状态,线圈断电时"衔铁"弹回,离合器处于分离状态。干式多片、湿式多片电磁离合器的工作原理类似,不同之处在于多增加了几个摩擦副,同等体积下转矩比干式单片电磁离合器大。此外,湿式多片电磁离合器工作时必须由油液或其他冷却液冷却。

磁粉式离合器的主动部分与从动部分之间放置磁粉,不通电时磁粉处于松散状态,通电时磁粉接合,从动部分与主动部分同时转动。转差式磁粉离合器工作时,主、从部分必须存在某一转速差时才有转矩传递,转矩大小取决于磁场强度和转速差。励磁电流保持不变,转矩随转速增加而剧烈下降。转差式电磁离合器由于主、从动部件间无任何机械连接,无磨损消耗,无磁粉泄露,无冲击,调整励磁电流可以改变转速,做无级调速使用,这是它的优点。这种离合器的缺点主要是转子中的涡流会产生热量,该热量与转速差成正比,低速运转时的效率很低。

摩擦式离合器结构简单、成本较低,在动力系统中应用最为广泛。主机输出的力矩,通过飞轮以及压盘与从动盘接触界面的摩擦作用,传递给从动盘,从而驱动负载。当操纵压盘与从动盘分开时,则断开离合器,没有力矩传递给从动盘。动力传动系统对摩擦式离合器的要求如下:① 能传递主机输出的最大力矩,并且还有一定的传递力矩余量;② 分离彻底,接合柔和,并具有良好的散热能力;③ 压盘与摩擦片之间的摩擦系数变化小,工作稳定;④ 操纵以及维修保养方便。

液力偶合器靠工作液(油液)传递力矩,外壳、泵轮与主机连接,为主动件;涡轮与泵轮相对,是从动件,涡轮通过减速器、螺旋桨连接负载。当泵轮转速较低时,涡轮不能被带动,主动件与从动件之间处于分离状态;随着泵轮转速提高,涡轮被带动,主动件与从动件之间处于接合状态。

6.4　离合器建模与仿真

本节以动力系统中应用最为广泛的摩擦式离合器为对象,建立运动学模型、准稳态模型和动力学模型。其中,运动学模型用于描述离合器不同工作状态下主动部件和从动部件转速的关系,准稳态模型用于描述离合器在不同工作状态下的损耗、主动部件和从动部件传递力矩的关系,动力学模型用于描述离合器所受的外力与转速的关系。下面分别介绍 3 种模型的数学表达式。

6.4.1　运动学模型

按照功能要求,离合器有 3 种工作状态,即分离、锁止、接合(见图 6-8)。其中,分离状态指离合器主动部件和从动部件完全不接触,主动部件和从动部件的转速互相不影响;锁止状态指离合器主动部件和从动部件相互压紧,主动部件与从动部件的转速相同;接合状态指离合器从分离状态向锁止状态过渡过程的状态,主动部件与从动部件的摩擦界面相接触但是没有压紧,摩擦界面上产生滑动摩擦力,主动部件与从动部件有转速差。离合器的 3 种状态可用图简化表达,ω_{clth1}、ω_{clth2} 分别为离合器主动部件、从动部件的转速。

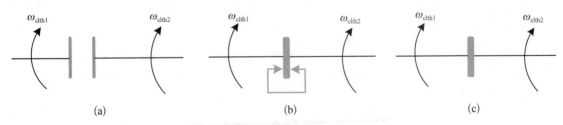

图 6-8　离合器不同工作状态下的运动学模型

(a) 分离状态;(b) 锁止状态;(c) 接合状态

在分离状态时,离合器主动部分转速 ω_{clth1} 与从动部分转速 ω_{clth2} 相互独立,互不影响。离合器锁止状态下转速关系的数学描述为

$$\omega_{\text{clth1}} = \omega_{\text{clth2}} \tag{6-15}$$

离合器接合状态下转速关系的数学描述为

$$\omega_{\text{clth1}} \neq \omega_{\text{clth2}} \tag{6-16}$$

6.4.2　准稳态模型

考虑离合器的传递力矩,不同工作状态下离合器的准稳态模型如图 6-9 所示。T_{clth1} 为离合器的输入力矩,T_{clth2} 为离合器的输出力矩,T_{clth} 为摩擦界面上传递的摩擦力矩。

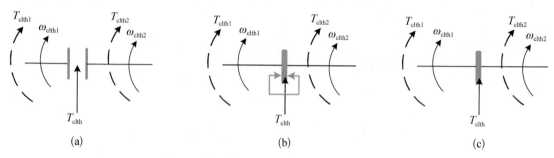

图 6-9　离合器不同工作状态下的准稳态模型
(a)分离状态;(b)锁止状态;(c)接合状态

在分离状态下的数学表述为

$$\begin{aligned} T_{\text{clth}} &= 0 \\ \omega_{\text{clth1}} &\neq \omega_{\text{clth2}} \end{aligned} \tag{6-17}$$

假设忽略损耗,离合器在锁止状态下的数学表述为

$$\begin{aligned} T_{\text{clth2}} &= T_{\text{clth1}} \\ T_{\text{clth}} &= T_{\text{clth1}} \\ \omega_{\text{clth1}} &= \omega_{\text{clth2}} \end{aligned} \tag{6-18}$$

令离合器力矩传递的损耗为 T_{loss},则考虑损耗,离合器在锁止状态下的数学表述为

$$\begin{aligned} T_{\text{clth2}} &= T_{\text{clth1}} - T_{\text{loss}} \\ T_{\text{clth}} &= T_{\text{clth1}} - T_{\text{loss}} \\ \omega_{\text{clth1}} &= \omega_{\text{clth2}} \end{aligned} \tag{6-19}$$

在接合状态下,离合器的输出力矩 T_{clth2} 取决于摩擦界面上传递的摩擦力矩 T_{clth},而不直接受离合器输入力矩 T_{clth1} 的影响,因此接合状态下的离合器可隔离输入力矩的波动。该过程中的数学表述为

$$\begin{aligned} T_{\text{clth2}} &= T_{\text{clth}} \\ \omega_{\text{clth1}} &\neq \omega_{\text{clth2}} \end{aligned} \tag{6-20}$$

摩擦界面传递的摩擦力矩 T_{clth} 的数学描述比较复杂。事实上,在接合状态下,该摩擦力矩由滑动摩擦产生,力矩方向与相对运动方向相反;在锁止状态下,该摩擦力矩由静摩擦产生,力矩大小受静摩擦容量限制,力矩方向与相对运动趋势的方向相反。按照库伦摩擦模型,该力矩的数学表述为

$$T_{clth}(t) = \begin{cases} 0 & \text{断开} \\ \overline{T_c}(t)\,\text{sgn}[\omega_{clth1}(t) - \omega_{clth2}(t)] & \text{接合过程(滑摩)} \\ [-\overline{T_{cs}} \quad \overline{T_{cs}}] & \text{接合状态(锁止)} \end{cases} \quad (6-21)$$

式中,$\overline{T_c}$ 为滑摩力矩的大小;$\overline{T_{cs}}$ 为最大静摩擦力矩。

对于单片摩擦式离合器,摩擦界面数 $n=2$,$\overline{T_c}$ 为

$$\overline{T_c}(t) = nF_N\mu_k R \quad (6-22)$$

式中,F_N 为离合器正压力;μ_k 为摩擦系数;R 为摩擦力的等效作用半径。离合器正压力 F_N 通常由外部执行机构控制给出;摩擦系数 μ_k 随着相对转速、压力、温度等因素发生复杂变化,给离合器传递力矩的控制带来复杂度。

式(6-21)是分段非线性模型,易引起仿真和计算不收敛。一些学者提出光顺模型,既能反映摩擦力矩从滑摩到锁止状态的变化规律,又能快速计算。

式(6-23)为一种光顺模型的表达式,摩擦系数与相对转速之间的关系如图 6-10(a)所示,该模型可清晰区分动摩擦和静摩擦。

$$\mu(v_{rel}) = \left[1.0 + \left(\frac{\mu_s}{\mu_k} - 1.0\right)e^{-a[\text{abs}(v_{rel})]}\right]\tanh(\beta v_{rel}) \quad (6-23)$$

式中,v_{rel} 为摩擦界面的相对速度;μ_s 为静摩擦系数;μ_k 为动摩擦系数。

式(6-24)为另一种光顺模型的表达式,摩擦系数与相对转速之间的关系如图 6-10(b)所示,该模型不但可以清晰区分动摩擦和静摩擦,而且可以反映出静摩擦限制略大于动摩擦的现象。

$$\mu(v_{rel}) = \mu_k\left[1 + \frac{1}{1 + a \cdot (v_{rel})^2}\right]\tanh(bv_{rel}) \quad (6-24)$$

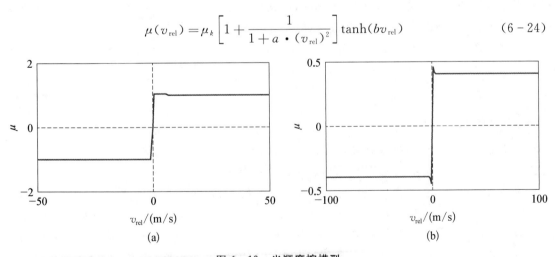

图 6-10　光顺摩擦模型

(a) 光顺模型式(6-23);(b) 光顺模型式(6-24)

式中,a,b 为可调系数。

6.4.3 动力学模型

离合器在输入力矩(原动机输出力矩)、负载力矩的共同作用下产生运动,基于集中质量假设,离合传动系统的动力学模型如图 6-11 所示。图中,T_m 为离合器的输入力矩,T_L 为离合器的负载力矩。根据牛顿运动定律,分别列出离合器主动部分、从动部分的动力学方程为

$$T_m - T_{clth} = J_m \dot{\omega}_{clth1}(t)$$
$$T_{clth} - T_L = J_L \dot{\omega}_{clth2}(t)$$

$$(6-25)$$

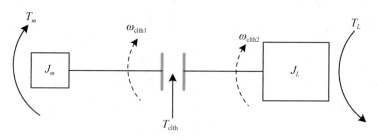

图 6-11 离合传动的动力学模型

习 题 6

减速器的基本工作原理

1. 请简述减速器的组成和功能。

2. 船舶动力系统中,原动机一般有哪些? 工作机一般指什么? 请举例说明原动机与工作机之间的转速不匹配、转矩不匹配、效率区不匹配现象。

3. 某船用柴油机额定功率转速 1 000 rpm,螺旋桨转速低于 300 rpm;该动力系统是否需要减速器? 如果需要,请设计合适的减速器速比。

4. 某船用驱动电机额定转速 530 rpm,最高转速 1 800 rpm,螺旋桨转速低于 300 rpm,该动力系统是否需要减速器? 如果需要,请设计合适的减速器速比。

减速器的模型

5. 减速器速比为 2.5,当输入轴转速为 1 000 rpm 时,请问输出轴转速是多少? 当输入轴转矩为 8 000 Nm 且忽略减速器损耗时,输出轴转矩是多少?

6. 减速器速比为 2.5,当输入轴转速为 1 000 rpm、输入轴转矩为 8 000 Nm 时,减速器效率为 96%,请问输出轴转速为多少? 输出轴转矩为多少?

7. 减速器速比为 2.5,其输入轴连接部件的等效转动惯量为 5 kg·m²,输出轴连接部件的等效转动惯量为 12 kg·m²,输入轴驱动转矩为 1 000 Nm,输出轴负载转矩为 2 400 Nm,请问减速器输出轴转速从 50 rpm 匀加速至 200 rpm 需要多长时间?

离合器的基本工作原理

8. 请简述离合器的功能。

9. 请简述摩擦式离合器的基本工作原理。

10. 某船用柴油机额定功率转速为 1 000 rpm,螺旋桨转速低于 300 rpm,该动力系统是否需要离合器或液力变矩器等速差容许装置? 为什么?

11. 某船用驱动电机额定转速为 530 rpm,最高转速为 1 800 rpm,螺旋桨转速低于 300 rpm,该动力系统是否需要离合器或液力变矩器等速差容许装置? 为什么?

离合器的模型

12. 摩擦式离合器输入轴转速为 800 rpm,输入转矩为 2 000 Nm。(1)当离合器处于接合状态时,离合器输出轴转速、输出转矩分别是多少?(2)当离合器处于分离状态时,离合器输出轴转速、输出转矩分别是多少?(3)当离合器处于接合过程中时,离合器输出轴转速、输出转矩分别是多少?

13. 某摩擦式离合器输入转矩为 600 Nm,离合器传递转矩为 550 Nm,离合器输出轴负载转矩为 400 Nm,离合器输入轴连接部件的等效转动惯量为 5 kg·m²,输出轴连接部件等效转动惯量为 105 kg·m²,离合器输入轴初始转速为 800 rpm,离合器输出轴初始转速为零,请建立动态仿真模型,并给出离合器的接合同步时间。

7 螺旋桨建模与仿真

船舶航行时需要推力克服其所受的阻力,实现航行任务。作用在船上的推力是依靠能源产生的,比如人力、风力以及各种形式的主机。但是,仅有能源还不能直接产生推力,故在船上还需要设有专门的装置或机构,把能源设备发出的功率转换为"推船前进"的功率,这种专门的装置或机构统称为推进器,如桨、篙、橹、帆以及明轮、螺旋桨等。

与其他类型的推进器相比,螺旋桨的构造简单,效率较高,是目前应用最为广泛的一种推进器。本章首先介绍螺旋桨的工作原理,然后建立螺旋桨力矩与推力模型以及螺旋桨效率模型。

7.1 螺旋桨的工作原理

本节首先了解螺旋桨的几何特征,然后理解理想推进器理论。

7.1.1 螺旋桨的几何特征

螺旋桨俗称为车叶,其外观如图7-1所示。螺旋桨通常安装于船的尾部,在船尾部中线处只安装1只螺旋桨的船称为单螺旋桨船,左右各安装1只的船称为双螺旋桨船,此外还有3桨、4桨和5桨等,有些特殊船只在首、尾部都装有螺旋桨。

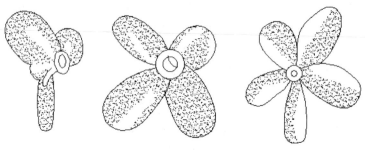

图7-1 螺旋桨外观

螺旋桨通常由桨叶和桨毂构成,如图7-2所示。桨毂是一个截头的锥形体,用于固定桨叶,并将螺旋桨和尾轴连接起来。为了减小水阻力,可在桨毂后端加一整流罩,与桨毂形成一光顺流线形体,称为毂帽。

从船尾向船首方向看,所见到的螺旋桨桨叶的一面称为叶面,另一面称为叶背。桨叶与桨毂连接处称为叶根,桨叶的最外端称为叶梢。螺旋桨正车旋转时桨叶边缘在前面者称为导边,另一边称为随边。

螺旋桨旋转时(假设无前后运动)叶梢的圆形轨迹称为梢圆。梢圆的直径称为螺旋桨直径,以D表示。梢圆的面积称为螺旋桨的盘面积,以A_0表示为

$$A_0 = \frac{\pi D^2}{4} \tag{7-1}$$

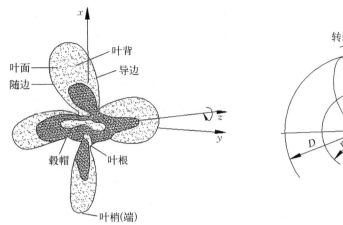

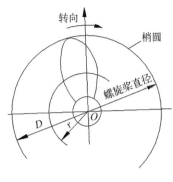

图 7 - 2　螺旋桨各部分名称

桨叶的叶面通常是螺旋面的一部分,为了理解螺旋桨的工作原理,有必要讨论螺旋面的形成及其特点。

设线段 ab 与轴线 OO_1 成固定角度,并使 ab 以等角速度绕轴 OO_1 旋转的同时以等线速度沿 OO_1 向上移动,则 ab 线在空间所描绘的曲面即为等螺距螺旋面,如图 7 - 3 所示。线段 ab 称为母线,母线绕行一周在轴向前进的距离称为螺距,以 P 表示。

根据母线的形状及轴线间夹角的变化可以得到不同形式的螺旋面。若母线为一直线且垂直于轴线,则所形成的螺旋面为正螺旋面,如图 7 - 4(a)所示。若母线为一直线但不垂直于轴线,则形成斜螺旋面,如图 7 - 4(b)所示。当母线为曲线时,则形成扭曲的螺旋面,如图 7 - 4(c)和(d)所示。

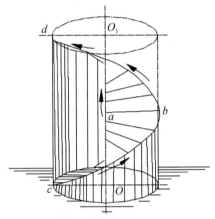

图 7 - 3　螺旋面的形成

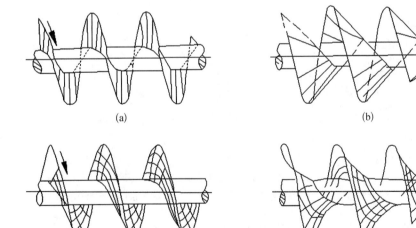

(a)

(b)

(c)

(d)

图 7 - 4　螺旋面的几种形式

（a）母线为直线且垂直于轴线；（b）母线为直线但不垂直于轴线；（c）母线为某型曲线；（d）母线为某型曲线

133

母线上任意一固定点在运动过程中所形成的轨迹为一螺旋线。任意一共轴之圆柱面与螺旋面相交的交线也为螺旋线。图 7-5(a)表示半径为 R 的圆柱面与螺旋面相交所得的螺旋线 BB_1B_2。将此圆柱面展成平面,则此圆柱面即成一底长为 $2\pi R$、高为 P 的矩形,而螺旋线变为斜线(矩形的对角线),此斜线称为节线。三角形 $B'B''B''_2$ 称为螺距三角形,节线与底线 $B'B''$ 的夹角 θ 称为螺距角,如图 7-5(b)所示。由如图 7-5 可知,螺距角可由式(7-2)计算

$$\tan\theta = \frac{P}{2\pi R} \tag{7-2}$$

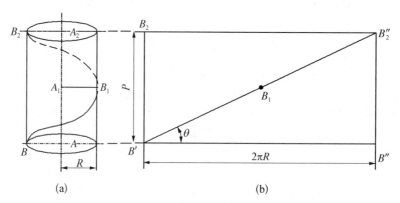

(a)　　　　　　　　　　　　(b)

图 7-5　螺旋线及螺距三角形

(a) 螺旋线;(b) 螺距角

螺旋桨桨叶的叶面是螺旋面的一部分,故任何与螺旋桨共轴的圆柱面与叶面的交线为螺旋线的一段,如图 7-6(b)中的 B_0C_0 段。若将螺旋线段 B_0C_0 引长且环绕轴线一周,则其两端之轴向距离等于此螺旋线的螺距 P。若螺旋桨的叶面为等螺距螺旋面的一部分,则 P 即称为螺旋桨的面螺距,面螺距 P 与直径 D 之比 P/D 称为螺距比。将圆柱面展开成平面后即得面螺距三角形,如图 7-6(c)所示。

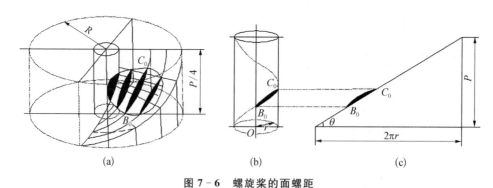

(a)　　　　　　　(b)　　　　　　　(c)

图 7-6　螺旋桨的面螺距

(a) 桨叶叶面;(b) 共轴圆柱面与叶面交线;(c) 面螺距三角形

设上述圆柱面的半径为 r,则展开后螺距三角形的底边长为 $2\pi r$,节线与底线之间的夹角 θ 为半径 r 处的螺距角,并按式(7-3)计算

$$\tan\theta = \frac{P}{2\pi r} \tag{7-3}$$

螺旋桨某半径 r 处螺距角 θ 的大小表示桨叶叶面在该处的倾斜程度。不同半径处的螺距角是不等的，r 越小，则螺距角 θ 越大。图 7-7(a) 表示 3 个不同半径的共轴圆柱面与等螺距螺旋桨桨叶相交的情形，其展开后的螺距三角形如图 7-7(b) 所示。显然，$r_1 < r_2 < r_3$，而 $\theta_1 > \theta_2 > \theta_3$。

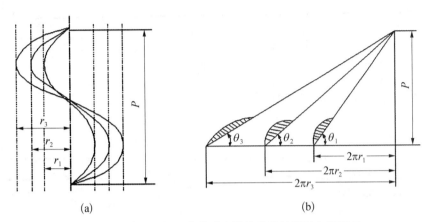

(a)   (b)

图 7-7 等螺距螺旋桨桨叶不同半径处的螺距与螺距角

(a) 不同半径共轴圆柱面与桨叶相交；(b) 不同螺距角

若螺旋桨叶面各半径处的面螺距不等，则称为变螺距螺旋桨，其不同半径处螺旋线的展开如图 7-8 所示。对此类螺旋桨常取半径为 $0.7R$ 或 $0.75R$（R 为螺旋桨梢半径）处的面螺距代表螺旋桨的螺距，并记为 $P_{0.7R}$、$P_{0.75R}$。

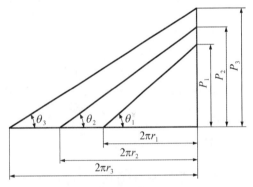

图 7-8 变螺距螺旋桨桨叶不同半径处的螺距及螺距角

与螺旋桨共轴的圆柱面和桨叶相截所得的截面称为桨叶的切面，简称为叶切面或叶剖面，如图 7-6(b) 所示。将圆柱面展开为平面后得到如图 7-6(c) 所示的叶切面形状，其形状与机翼切面相仿。

桨叶切面的形状通常为圆背式切面（弓形切面）或机翼形切面，特殊的也有梭形切面和月牙形切面，如图 7-9 所示。一般来说，机翼形切面的水动力效率较高，但空泡性能较差，弓形切面则相反。普通弓形切面展开后叶面为一直线，叶背为一曲线，中间最厚两端较尖。机翼形切面在展开后无固定形状，叶面可以是直线或曲线，叶背为曲线，导边钝而随边较尖，叶切面最大厚度位置一般位于距离导边 25%~50% 弦长处。

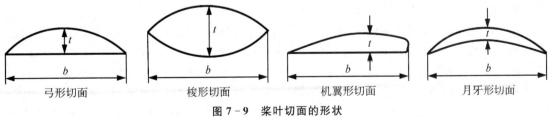

弓形切面   梭形切面   机翼形切面   月牙形切面

图 7-9 桨叶切面的形状

叶切面的弦长一般有内弦和外弦之分。连接叶切面导缘与随缘的直线 AB 称为内弦,如图 7 - 10,亦称为鼻尾线,而图中所示线段 BC 称为外弦。系列图谱螺旋桨通常以外弦为弦线,而理论设计的螺旋桨则常以内弦为弦线,叶切面几何形状及位置也根据所取弦线来定义。图 7 - 10 中所示的弦长 b 为系列螺旋桨的表示方法。

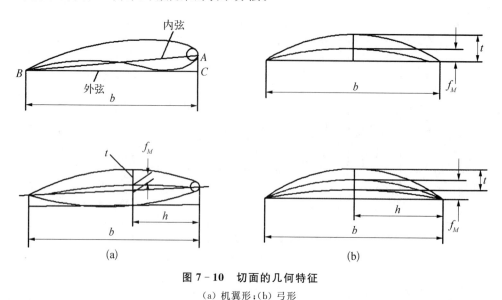

图 7 - 10 切面的几何特征

(a) 机翼形;(b) 弓形

叶切面厚度以垂直于所取弦线的直线与叶切面上、下轮廓线交点间的距离来表示,其最大厚度 t 称为叶厚,t 与叶切面弦长 b 之比称为叶切面的相对厚度,或叶厚比 $\delta = t/b$。叶切面的中线或平均线称为拱线或中线,拱线到所取弦线的最大垂直距离称为叶切面的拱度,以 f_M 表示。f_M 与弦长 b 之比称为叶切面的拱度比 $f = f_M/b$。

7.1.2 理想推进器理论

自 19 世纪后期,各国科学家和工程师提出了多种关于推进器的理论,早期的推进器理论大致可分为两派。其中一派认为,螺旋桨的推力因其工作时使水产生动量变化所致,所以可通过水的动量变化率来计算推力,此类理论称为动量理论。另一派则注重螺旋桨每一叶元体所受的力,据以计算整个螺旋桨的推力和转矩,此类理论可称为叶元体理论。它们彼此不相关联,又各能自圆其说,对于解释螺旋桨性能各有其便利之处,但也各有其缺点。

其后,流体力学中的机翼理论应用于螺旋桨,解释叶元体的受力与水的速度变化关系,将上述两派理论联系起来而发展成为螺旋桨环流理论。环流理论模型建立至今已有近 100 年的历史,在不断发展的基础上已日趋完善。尤其自 20 世纪 60 年代以来,由于电子计算机的发展和应用,使繁复的理论计算得以实现,并促使其不断完善。

虽然动量理论中忽略的因素过多,所得到的结果与实际情况有一定距离,但是这个理论能简略地说明推进器产生推力的原因,因此本节基于动量理论理解螺旋桨推进器的工作机理。

推进器一般都是依靠向后拨水来产生推力,而水流受到推进器的作用获得与推力方向相反的附加速度(通常称为诱导速度)。为了简化问题,做以下假定:

(1) 推进器为一轴向尺寸趋于零、水可以自由通过的盘,此盘可以拨水向后,称为鼓动盘

（具有吸收外来功率并推水向后的功能）。

（2）水流速度和压力在盘面上均匀分布。

（3）水为不可压缩的理想流体。

根据这些假定而得到的推进器理论，称为理想推进器理论。它可以用于螺旋桨、明轮、喷水推进器等，差别仅在于推进器区域内的水流断面的取法不同。例如，对于螺旋桨，其水流断面为盘面；对于明轮，其水流断面为桨板的浸水板面。

设推进器在无限大的静止流体域中以速度 V_A 前进，应用运动转换原理，即认为推进器是固定的，而水流自无穷远前方以速度 V_A 流向推进器（鼓动盘）。图 7-11(a)表示包围着推进器的流管。由于推进器的作用，在流管中水质点的速度与流管外不同，在流管以外的水流速度和压力处处相等，均为 V_A 和 p_0，故流管的边界 ABC 和 $A_1B_1C_1$ 是分界面。下面讨论流管内水流轴向速度和压力的分布情况。如图 7-11(a)所示，在推进器的原前方（AA_1 剖面）压力为 p_0、流速为 V_A。离盘面愈近，由于推进器的抽吸作用，水流的速度越大而压力下降，到盘面（BB_1 剖面）的近前方时，水流的速度为 V_A+u_{a1}，而压力降为 p_1。当水流经过盘面时，压力陡增为 p_1'（这个压力突变是由于推进器的作用而产生的），而水流速度仍保持连续变化。水流离开盘面以后，速度将继续增大而压力下降。到推进器的远后方（CC_1 剖面）处，速度将达到最大值 V_A+u_a 而压力回复至 p_0，图 7-11(b)和 7-11(c)分别表示流管中水流速度和压力的分布情况。流管内水流轴向速度的增加使流管截面形成收缩，而流管内外的压力差由其边界面的曲度来支持。由于假定推进器在无限深广的流体中运动，故流管以外两端无限远处的压力和水流速度可视为不变。

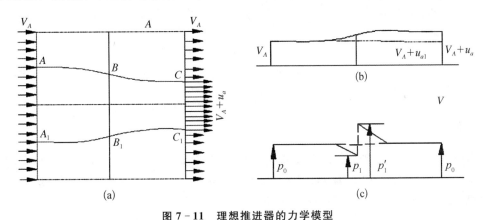

图 7-11　理想推进器的力学模型

（a）流管内外流速；（b）管内流速变化；（c）管内压力变化

根据以上分析，进一步确定推进器所产生的推力和水流速度之间的关系。

应用动量定理可以求出推进器的推力。单位时间内流过推进器盘面（面积为 A_0）的流体质量为 $m=\rho A_0(V_A+u_{a1})$，其中，ρ 为流体密度。自流管远前方 AA_1 断面流入的动量为 $\rho A_0(V_A+u_{a1})V_A$，而在远后方 CC_1 断面处流出的动量为 $\rho A_0(V_A+u_{a1})(V_A+u_a)$，故在单位时间内水流获得的动量增值为

$$\rho A_0(V_A+u_{a1})(V_A+u_a)-\rho A_0(V_A+u_{a1})V_A=\rho A_0(V_A+u_{a1})u_a \tag{7-4}$$

根据动量定理，作用在流体上的力等于单位时间内流体动量的增量。而流体的反作用力即为推力，故推进器所产生的推力为

$$T_i = mu_a = \rho A_0 (V_A + u_{a1}) u_a \tag{7-5}$$

为了寻求盘面处速度增量 u_{a1} 与无限远后方速度增量 u_a 的关系,在推进器盘面前和盘面后分别应用伯努利方程。在盘面远前方和紧靠盘面处有以下关系式:

$$p_0 + \frac{1}{2} \rho V_A^2 = p_1 + \frac{1}{2} \rho (V_A + u_{a1})^2 \tag{7-6}$$

故

$$p_1 = p_0 + \frac{1}{2} \rho V_A^2 - \frac{1}{2} \rho (V_A + u_{a1})^2 \tag{7-7}$$

而在盘面远后方和紧靠盘面处有

$$p_0 + \frac{1}{2} \rho (V_A + u_a)^2 = p'_1 + \frac{1}{2} \rho (V_A + u_{a1})^2 \tag{7-8}$$

故

$$p'_1 = p_0 + \frac{1}{2} \rho (V_A + u_a)^2 - \frac{1}{2} \rho (V_A + u_{a1})^2 \tag{7-9}$$

盘面前后的压强差 $p'_1 - p_1$ 就形成了推进器的推力,由式(7-7)和式(7-9)可得

$$p'_1 - p_1 = \rho \left(V_A + \frac{1}{2} u_a \right) u_a \tag{7-10}$$

因推进器的盘面积为 A_0,故推进器所产生的推力 T_i 的另一种表达形式为

$$T_i = (p'_1 - p_1) A_0 = \rho A_0 \left(V_A + \frac{1}{2} u_a \right) u_a \tag{7-11}$$

比较式(7-5)与式(7-11),可得

$$u_{a1} = \frac{1}{2} u_a \tag{7-12}$$

由式(7-12)可知,在理想推进器盘面处的速度增量为全部增量的一半。水流速度的增量 u_{a1} 及 u_a 称为轴向诱导速度。由式(7-5)或式(7-11)可见,轴向诱导速度越大,推进器产生的推力也越大。

7.1.3 理想螺旋桨理论

在理想推进器理论中,规定推进器具有吸收外来功率并产生轴向诱导速度的功能。然而,对于推进器是怎样吸收外来功率,又如何实现推水向后等问题未能予以说明。对于螺旋桨来说,它是利用旋转运动来吸收主机功率的。因为,实际螺旋桨在工作时,除了会产生轴向诱导速度外还会产生周向诱导速度,后者的方向与螺旋桨旋转方向相同,两者合成作用表现为水流经过螺旋桨盘面后有扭转现象,如图7-12所示。

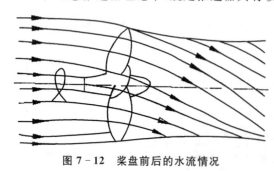

图 7-12 桨盘前后的水流情况

为了便于简要分析周向诱导速度的存在对螺旋桨性能的影响,现讨论具有无限多桨叶的螺旋桨在理想流体中的运动情况,即同一半径处周向诱导速度为常量。

根据动量矩定理,必须有对旋转轴线的外力矩才能变更流体对此轴的动量矩,因为我们假定水是理想流体,故在流体中的任何面上仅作用有法向力。在桨盘以前,水柱的任何两切面间所受的压力或通过轴线,或平行于轴线,对轴线皆无力矩,故动量矩保持不变,因而水质点不会产生周向的附加速度,即在盘面以前水流的周向诱导速度总等于零。水流经过盘面时,因螺旋桨的转动作用使水流获得轴向诱导速度。水流过螺旋桨后直到远后方,作用在流体上的外力矩又等于零,所以流体的动量矩也不变。若桨盘后尾流的收缩量很小,则可近似认为从螺旋桨近后方到远后方的轴向诱导速度为一常数。

1. 旋转力与周向诱导速度的关系

设螺旋桨在无限、静止流畅中以速度 V_A 前进,以角速度 $\omega = 2\pi n$ 旋转。假设螺旋桨仍以 ω 旋转但不前进,而水流在远前方以轴向速度 V_A 流向推进器。

现分别以 u_{t1} 和 u_t 表示桨盘处和远后方的周向诱导速度(其方向与螺旋桨旋转方向相同),并对盘面上半径 r 至 $(r+\mathrm{d}r)$ 段圆环中所流过的水流应用动量矩定理。在图 7-13 中,设 $\mathrm{d}m$ 为单位时间内流过此圆环的流体质量,其值为

$$\mathrm{d}m = \rho\left(V_A + \frac{1}{2}u_a\right)\mathrm{d}A_0 \qquad (7-13)$$

式中,$\mathrm{d}A_0$ 为桨盘上半径 r 至 $(r+\mathrm{d}r)$ 段的环形面积。

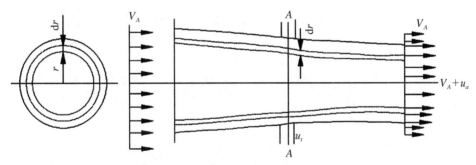

图 7-13　理想螺旋桨力学模型简图

若 L' 和 L'' 分别表示质量为 $\mathrm{d}m$ 的流体在桨盘近前方和近后方的动量矩,则

$$L' = 0 \qquad (7-14)$$

$$L'' = ru_t'\mathrm{d}m \qquad (7-15)$$

式中,u_t' 为螺旋桨近后方的周向诱导速度。

在单位时间内动量矩的增量为

$$L'' - L' = ru_t'\mathrm{d}m \qquad (7-16)$$

根据动量矩定理可知,流休在单位时间内流经流管两截面的动量矩增量等丁作用在流管上的力矩。在我们讨论的情形下,是指对螺旋桨轴线所取的力矩,即

$$L'' - L' = \mathrm{d}Q \qquad (7-17)$$

设螺旋桨在旋转时 dr 圆环范围内作用于流体的旋转力为 dF_i，则其旋转力矩为 rdF_i，故作用在流体上的力矩应为

$$dQ = rdF_i \qquad (7-18)$$

将式(7-16)和式(7-17)代入式(7-18)，可得

$$dF_i = u_t'dm \qquad (7-19)$$

质量为 dm 的流体经过桨盘之后，不再受到外力矩的作用，故其动量矩保持不变。若桨盘后尾流的收缩很小，则可以近似地认为桨盘后的周向诱导速度为常数，即桨盘近后方及远后方处的周向诱导速度相等，故

$$u_t' = u_t \qquad (7-20)$$

根据动能定理可知，质量为 dm 的流体在旋转运动时动能的改变应等于旋转力 dF_i 在单位时间内所做的功，即

$$u_{t1}dF_i = \frac{u_t^2}{2}dm \qquad (7-21)$$

将式(7-19)和式(7-20)代入式(7-21)，并经简化后可得

$$u_{t1} = \frac{1}{2}u_t \qquad (7-22)$$

可见，螺旋桨盘面处的周向诱导速度等于盘面后任意一截面处(包括远后方)的周向诱导速度的一半。

2. 诱导速度的正交性（u_a 与 u_t 的关系）

dr 段圆环面积 dA_0 吸收的功率为 ωrdF_i，它消耗于 3 部分：① 完成有效功 V_AdT_i；② 水流轴向运动所损耗的动能 $\frac{1}{2}u_a^2dm$；③ 水流周向运动所损耗的动能 $\frac{1}{2}u_t^2dm$。因此有

$$\omega rdF_i = V_AdT_i + \frac{1}{2}u_a^2dm + \frac{1}{2}u_t^2dm \qquad (7-23)$$

将 $dF_i = \frac{1}{2}u_tdm$ 代入式(7-23)左边并消去两端 dm，整理后可得

$$\frac{u_a}{u_t} = \frac{\omega r - \frac{1}{2}u_t}{V_A + \frac{1}{2}u_a} \qquad (7-24)$$

对于半径 r 处的圆环，将盘面处、远前方及远后方的水流速度做成图 7-14 所示的速度多边形，则根据式(7-24)可知，由 $(V_A + u_{a1})$、

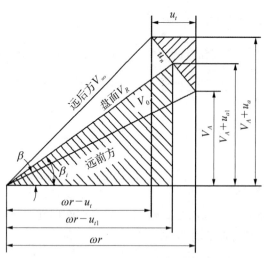

图 7-14　盘面半径 r 处的速度多角形

$(\omega r - u_{t1})$和盘面合速度V_R组成的直角三角形与u_a、u_t和u_n组成的直角三角形相似,从而得到结论:诱导速度u_n垂直于合速度V_R。图中,V_0和V_∞分别表示远前方和远后方的合速度。

7.2 螺旋桨力矩与推力模型

7.2.1 作用在桨叶上的力和力矩

1. 速度多边形

根据7.1节的分析可知,螺旋桨工作时周围的水流情况可简要地描述如下:轴向诱导速度自桨盘远前方的零值起逐渐增加,至桨盘远后方处达最大值,而在桨盘处的轴向诱导速度等于远后方的一半。

严格说来,上述结论只适用于在理想流体中工作的具有无限叶数的螺旋桨。但对于有限叶数的螺旋桨,在螺旋桨桨叶上的诱导速度与远后方相应位置处诱导速度间的关系也是这样,且在一定条件下式(7-24)的关系也是成立的。

综上所述,当我们在讨论螺旋桨周围的流动情况时,除了要考虑螺旋桨本身的前进速度及旋转速度外,还需要考虑轴向诱导速度和周向诱导速度。在绝对运动系统中,轴向诱导速度的方向与螺旋桨的前进方向相反,而周向诱导速度的方向与螺旋桨的前进方向相同。在图7-15中,以半径为r的共轴圆柱面与桨叶相交并展开成平面,则叶元体的倾斜角θ即为螺距角,且可由式(7-25)决定

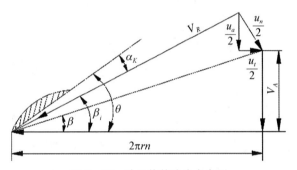

图 7-15 叶元体的速度多角形

$$\theta = \arctan \frac{P}{2\pi r} \qquad (7-25)$$

设螺旋桨的进速为V_A,转速为n,则叶元体将以进速V_A、周向速度$U=2\pi rn$运动。经过运动转换以后,叶元体即变为固定不动,而水流以轴向速度V_A和周向速度U流向桨叶切面。轴向诱导速度$u_a/2$的方向与轴向来流速度V_A相同,而周向诱导速度$u_t/2$的方向则与周向速度U相反,从而得到如图7-15所示的速度多边形。图中,β为进角,β_i为水动力螺距角;V_R为相对来流的合成速度。由图7-15所示的速度多边形可知,桨叶切面的复杂运动最后可归结为水流以速度V_R、攻角α_K流向桨叶切面。因此,在讨论桨叶任意半径处叶元体上的作用力时,可以把它作为机翼剖面来进行研究。

2. 作用在机翼上的升力和阻力

对机翼升力和阻力的理解,有助于桨叶上受力情况的讨论。对于二因次机翼,我们用环量为Γ的一根无限长的涡线来代替机翼,这根涡线称为附着涡。在理想流体中,作用在单位长度机翼上的只有垂直于来流方向的升力L,其值为

$$L = \rho V \Gamma \qquad (7-26)$$

式中，ρ 为流体密度；V 为来流速度。式(7-26)称为茹科夫斯基公式。

实际上流体是有黏性的，所有无限翼展机翼除了产生与运动方向相垂直的升力 L 外，还产生与运动方向相反的阻力 D。机翼在实际流体中所受的升力、阻力和力矩可以由风洞实验来测定。图 7-16(a)是某一机翼的升力系数 C_L、阻力系数 C_D 与攻角 α_K 的关系。

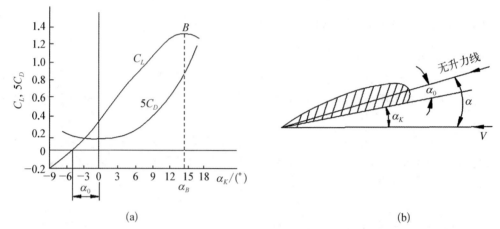

(a)　　　　　　　　　　　　(b)

图 7-16　机翼的 C_L、C_D 和攻角 α_K 的关系曲线(a)以及无升力线(b)

升力系数与阻力系数分别按式(7-27)和式(7-28)计算

$$C_L = \frac{L}{\dfrac{\rho}{2}V^2 S} \tag{7-27}$$

$$C_D = \frac{D}{\dfrac{\rho}{2}V^2 S} \tag{7-28}$$

式中，V 为来流的速度(机翼前进的速度)；S 为机翼平面的面积；L 为机翼的升力；D 为机翼的阻力。

实验证明，在实用(小攻角)范围内，升力系数 C_L 与几何攻角 α_K 略呈线性关系。当几何攻角为零时，由于机翼剖面不对称，因此 C_L 不等于零。升力为零时的攻角(绝对值)称为无升力角，以 α_0 表示。升力为零的来流方向称为无升力线，来流与此线的夹角 α 称为流体动力攻角或绝对攻角，如图 7-16(b)所示。显然，$\alpha = \alpha_0 + \alpha_K$。

3. 螺旋桨的作用力

由上述分析可知，在给定螺旋桨的进速 V_A 和转速 n 时，如果能求得诱导速度 u_a 以及 u_t，则可根据机翼理论求出任意半径处叶元体上的作用力，进而求出螺旋桨的作用力。

取半径 r 处 dr 段的叶元体进行讨论，其速度多边形如图 7-17 所示。当水流以合速度 V_R、攻角 α_K 流向此叶元体时，便产生了升力 dL 和阻力 dD。将升力 dL 分解为沿螺旋桨轴向的分力 dL_a 和旋转方向的分力 dL_t，阻力 dD 相应地分解为 dD_a 和 dD_t，则该叶元体所受到的推力 dT 以及受到的旋转阻力 dF 可分别表达为

$$\begin{cases} dT = dL_a - dD_a = dL \cos\beta_i - dD \sin\beta_i \\ dF = dL_t - dD_t = dL \sin\beta_i + dD \cos\beta_i \end{cases} \tag{7-29}$$

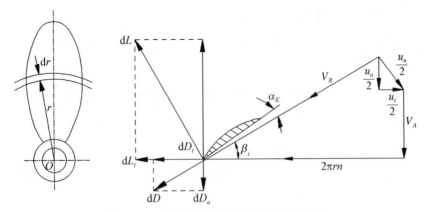

图 7 - 17 叶元体的速度多边形及产生的力

根据茹科夫斯基升力公式,叶元体上 dr 段产生的升力为

$$\mathrm{d}L = \rho V_R \Gamma(r)\mathrm{d}r \tag{7 - 30}$$

将式(7 - 30)代入式(7 - 29),并令 $\mathrm{d}D = \varepsilon\mathrm{d}L$($\varepsilon$ 称为叶元体的阻升比),叶元体转矩 $\mathrm{d}Q = r\mathrm{d}F$,可得

$$\begin{cases} \mathrm{d}T = \rho\Gamma(r)V_R\cos\beta_i(1 - \varepsilon\tan\beta_i)\mathrm{d}r \\ \mathrm{d}Q = \rho\Gamma(r)V_R\sin\beta_i(1 + \varepsilon\cot\beta_i)r\mathrm{d}r \end{cases} \tag{7 - 31}$$

从图 7 - 17 中可得到以下关系式

$$\begin{aligned} V_R\cos\beta_i &= \omega r - \frac{1}{2}u_t \\ V_R\sin\beta_i &= V_A + \frac{1}{2}u_a \end{aligned} \tag{7 - 32}$$

将式(7 - 32)代入式(7 - 31),可得

$$\begin{cases} \mathrm{d}T = \rho\Gamma(r)\left(\omega r - \frac{1}{2}u_t\right)(1 - \varepsilon\tan\beta_i)\mathrm{d}r \\ \mathrm{d}Q = \rho\Gamma(r)\left(V_A + \frac{1}{2}u_a\right)(1 + \varepsilon\cot\beta_i)r\mathrm{d}r \end{cases} \tag{7 - 33}$$

将式(7 - 33)沿着半径方向从桨毂至叶梢进行积分并乘以叶数 Z,便可得到整个螺旋桨的推力和转矩,即

$$\begin{cases} T = Z\rho\displaystyle\int_{r_h}^{R}\Gamma(r)\left(\omega r - \frac{1}{2}u_t\right)(1 - \varepsilon\tan\beta_i)\mathrm{d}r \\ Q = Z\rho\displaystyle\int_{r_h}^{R}\Gamma(r)\left(V_A + \frac{1}{2}u_a\right)(1 + \varepsilon\cot\beta_i)r\mathrm{d}r \end{cases} \tag{7 - 34}$$

式中,r_h 为桨毂半径;R 为螺旋桨半径。

式(7 - 34)将螺旋桨的推力、转矩与流场及螺旋桨的几何特征联系起来,因此其比动量理论的结果要精密完整。

7.2.2 螺旋桨的水动力性能

螺旋桨的水动力性能是指一定形状的螺旋桨在水中运动时所产生的推力、消耗的转矩与其运动（进速 V_A 和转速 n）间的关系。

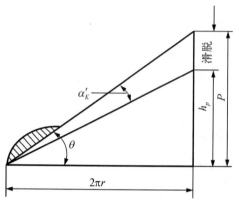

图 7 - 18 螺旋桨旋转一周叶元体的运动

当螺旋桨进速为 V_A、转速为 n 时，旋转一周在轴向前进的距离 $h_p = V_A/n$ 称为进程。图 7 - 18 表示螺旋桨旋转一周时半径为 r 处叶元体的运动情况。螺距 P 和进程 h_p 之差 $(P - h_p)$ 称为滑脱，滑脱与螺距的比值称为滑脱比，用 s 表示，即

$$s = \frac{P - h_p}{P} = 1 - \frac{h_p}{P} = 1 - \frac{V_A}{Pn} \quad (7 - 35)$$

进程 h_p 与螺旋桨直径 D 的比值称为进速系数，用 J 表示，即

$$J = \frac{h_p}{D} = \frac{V_A}{nD} \quad (7 - 36)$$

由式(7 - 35)和式(7 - 36)可得进速系数 J 与滑脱比 s 的关系为

$$J = \frac{P}{D}(1 - s) \quad (7 - 37)$$

在螺距 P 一定的情况下，若不考虑诱导速度，则滑脱比 s 的大小标志着攻角 α_K 的大小，滑脱比 s 大（进速系数 J 小）表示攻角 α_K 大，若转速一定，则螺旋桨的推力和转矩亦大。因此，滑脱比 s（或进速系数 J）是影响螺旋桨性能的重要参数，其重要性与机翼理论中的攻角 α_K 相似。

当进速系数 $J = 0$ 时，由式(7 - 37)可知，这时进速为 0，即螺旋桨只旋转而不前进，如船舶系柱情况，升力与推力相重合，各叶元体具有最大的攻角 α_K，所以推力和转矩都达到最大值。

当转速保持不变，随着 V_A（J 值）的增加，攻角 α_K 随之减小，从而推力和转矩也相应减小。当 J 增加到某一数值时，螺旋桨发出的推力为 0，其实质是水流以某一负几何攻角与叶元体相遇，而此时作用于叶元体上的升力 dL 及阻力 dD 在轴向的分力大小相等、方向相反，故叶元体的推力为 0。但是在这种情况下，叶元体仍然受到旋转阻力。螺旋桨在不发生推力时旋转一周所前进的距离称为无推力进程或实效螺距，以 P_1 表示。

若 V_A（J 值）再增至某一数值时，螺旋桨不受旋转阻力，其实质是升力 dL 及阻力 dD 在周向的分力大小相等方向相反，故旋转阻力为 0，但在此种情况下螺旋桨产生负推力。螺旋桨不受旋转阻力时旋转一周所前进的距离称为无转矩进程或无转矩螺距，以 P_2 表示。

对于一定的螺旋桨而言，显然 $P_2 > P_1 > P$。船舶在航行时，螺旋桨必须产生向前的推力以克服船舶阻力，才能使船以一定的速度前进，故螺旋桨在实际工作时，其每转一周前进的距离 h_p 小于实效螺距 P_1。实效螺距 P_1 与进程之差 $(P_1 - h_p)$ 称为实效滑脱，与实效螺距 P_1 的比值称为实效滑脱比，以 s_1 来表示，即

$$s_1 = \frac{P_1 - h_p}{P_1} = 1 - \frac{h_p}{P_1} = 1 - \frac{V_A}{P_1 n} \tag{7-38}$$

根据上述分析,可以画出转速 n 为常数时螺旋桨推力和转矩随进程 h_p 的变化曲线,如图 7-19 所示。

根据因次分析,螺旋桨的推力及转矩可用下列无量纲系数来表示,即

推力系数　　$K_T = \dfrac{T}{\rho n^2 D^4}$ 　　　(7-39)

转矩系数　　$K_Q = \dfrac{Q}{\rho n^2 D^5}$ 　　　(7-40)

式中,T 为推力;Q 为转矩;ρ 为水的密度;n 为螺旋桨转速;D 为螺旋桨直径。

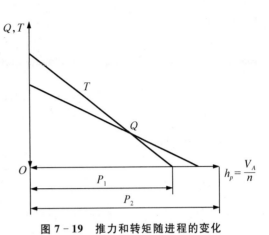

图 7-19　推力和转矩随进程的变化

7.2.3　螺旋桨的相似定律

本节用量纲分析法(因次分析法)研究螺旋桨水动力的定性规律,然后讨论所得公式中各项的物理意义。由前述分析可知,一定几何形状的螺旋桨在敞水中运转时产生的水动力(推力或转矩)与直径 D(代表螺旋桨的大小)、转速 n、进速 V_A、水的密度 ρ、水的运动黏性系数 ν 以及重力加速度 g 有关。换言之,我们可用下列函数来表示推力 T 和上述各参数之间的关系,即

$$T = f_1(D, n, V_A, \rho, \nu, g) \tag{7-41}$$

为了便于量纲分析法,确定此函数的性质,将式(7-41)写为

$$T = k D^a n^b V_A^c \rho^d \nu^e g^f \tag{7-42}$$

式中,k 为比例常数;a、b、c、d、e、f 为未知指数。

将式(7-42)中的变量均以基本量(质量 M、长度 L、时间 T)来表示,则得

$$\left[\frac{ML}{T^2}\right] = k L^a \left(\frac{1}{T}\right)^b \left(\frac{L}{T}\right)^c \rho \left(\frac{M}{L^3}\right)^d \left(\frac{L^2}{T}\right)^e \left(\frac{L}{T^2}\right)^f \tag{7-43}$$

比较上述等式两边基本量的量纲,可得未知指数间的关系为

$$\begin{cases} M: 1 = d \\ L: 1 = a + c - 3d + 2e + f \\ T: -2 = -b - c - e - 2f \end{cases} \tag{7-44}$$

求解可得

$$\begin{cases} d = 1 \\ a = 4 - c - 2e - f \\ b = 2 - c - e - 2f \end{cases} \tag{7-45}$$

将式(7-45)代入式(7-42),可得

$$T = kD^{4-c-2e-f}n^{2-c-e-2f}V_A^c\rho^1\nu^e g^f = k\rho n^2 D^4 \left(\frac{V_A}{nD}\right)^c \left(\frac{\nu}{nD^2}\right)^e \left(\frac{gD}{n^2 D^2}\right)^f \qquad (7-46)$$

式中,$\left(\dfrac{V_A}{nD}\right)^c$、$\left(\dfrac{\nu}{nD^2}\right)^e$、$\left(\dfrac{gD}{n^2 D^2}\right)^f$ 均为无量纲数,从而可以推想到更普遍一些的写法,即

$$T = k\rho n^2 D^4 f_1\left(\frac{V_A}{nD}, \frac{nD^2}{\nu}, \frac{n^2 D^2}{gD}\right) \qquad (7-47)$$

推力系数 K_T 可表达为

$$K_T = \frac{T}{\rho n^2 D^4} = f_1\left(\frac{V_A}{nD}, \frac{nD^2}{\nu}, \frac{n^2 D^2}{gD}\right) \qquad (7-48)$$

类似地,可以求得螺旋桨的转矩系数 K_Q 的表达式

$$K_Q = \frac{Q}{\rho n^2 D^5} = f_2\left(\frac{V_A}{nD}, \frac{nD^2}{\nu}, \frac{n^2 D^2}{gD}\right) \qquad (7-49)$$

根据相似理论,对于几何相似的螺旋桨及其模型,必然具有相同的函数 f_1、f_2,若函数内各无量纲数相同,则几何相似的螺旋桨及其模型满足运动相似及动力相似要求,其推力系数 K_T 和转矩系数 K_Q 相等。

以下分别讨论函数 f 内各项的物理意义。

(1) $\dfrac{V_A}{nD}$ 为进速系数 J,两几何相似螺旋桨的 $\dfrac{V_A}{nD}$ 相同,即 $\dfrac{V_A}{\pi nD}$ 数相等,则螺旋桨及其模型在各对应点处流体质点的速度具有相同的方向,且其比值为一常数,即对应点处流体质点的运动轨迹相似。因此,这是运动相似的基本条件。

(2) $\dfrac{nD^2}{\nu}$ 为雷诺数 Re,模型和实桨黏性力相似必须满足雷诺数相同的条件。当螺旋桨及其模型的雷诺数相同时,两者之间的黏性力系数相等,即由黏性而产生的力也与 $\rho n^2 D^2$ 成比例。

(3) $\dfrac{n^2 D^2}{gD}$ 相当于弗劳德数 $Fr = \dfrac{\pi nD}{\sqrt{gD}}$(也可表示为 $\dfrac{V_A}{\sqrt{gD}}$),表示模型和实物的重力相似条件,与螺旋桨运转时水面的兴波情况有关,也可以说与螺旋桨在水面下的沉没深度有关。根据国际航模试验池会议(International Towing Tank Conference, ITTC)的建议,当桨轴的沉没深度 $h_s \geqslant 1.5D$,兴波的影响可以忽略不计。因此,在水面足够深度处进行模型试验时,弗劳德数可不予考虑。

综上所述,当螺旋桨在敞水中运转时,如桨轴沉没较深,则其水动力性能只与进速系数 J 和雷诺数 Re 有关,即

$$K_T = f_1(J, Re) \qquad (7-50)$$

$$K_Q = f_2(J, Re) \qquad (7-51)$$

以下进一步讨论满足相似定理的两几何相似螺旋桨(简称桨模和实桨)转速和进速之间的

关系。令 V_{As}、n_s、D_s、ν_s 及 V_{Am}、n_m、D_m、ν_m 分别表示实桨及桨模的进速、转速、直径和水的运动黏度系数,λ 为实桨与桨模的尺度比数,即

$$\lambda = D_s / D_m \tag{7-52}$$

由进速系数相等的条件可得

$$\frac{V_{Am}}{n_m D_m} = \frac{V_{As}}{n_s D_s} \tag{7-53}$$

或

$$\frac{V_{Am}}{V_{As}} = \frac{n_m}{n_s} \cdot \frac{1}{\lambda} \tag{7-54}$$

由雷诺数相等的条件可得

$$\frac{n_m D_m^2}{\nu_m} = \frac{n_s D_s^2}{\nu_s} \tag{7-55}$$

因 ν_s 与 ν_m 相差很小,可假设 $\nu_s = \nu_m$,则满足雷诺数相等的条件为

$$n_m D_m^2 = n_s D_s^2 \tag{7-56}$$

或

$$\frac{n_m}{n_s} = \frac{D_s^2}{D_m^2} = \lambda^2 \tag{7-57}$$

由此可见,要保持桨模和实桨的进速系数和雷诺数同时相等,则必须满足

$$\begin{cases} \dfrac{n_m}{n_s} = \lambda^2 \\ \dfrac{V_{Am}}{V_{As}} = \dfrac{n_m}{n_s} \dfrac{1}{\lambda} = \lambda \end{cases} \tag{7-58}$$

此时,桨模发出的推力 T_m 等于实桨发出的推力 T_s,因为

$$T_m = K_T \rho n_m^2 D_m^4 = K_T \rho n_s^2 \lambda^4 \frac{D_s^4}{\lambda^4} = T_s \tag{7-59}$$

7.3 螺旋桨效率模型

7.3.1 功率传递及推进效率

本节从效率的角度,分析船体、螺旋桨与主机之间的相互关系。设船舶以速度 V 前进时,主机的转速为 n,发出的功率为 P_s,主机带动螺旋桨旋转,螺旋桨发出的推力为 T,克服船在航速 V 时受到的阻力 R。在这一平衡系统中,功率的传递及各种效率成分可做以下分析。

1. 功率传递及推进效率成分

主机发出的功率 P_s 经过轴系传动至螺旋桨,由于轴系的摩擦损耗等因素,致使螺旋桨在

船后实际收到的功率为 P_{DB}，即

$$P_{DB} = \eta_S P_S \qquad (7-60)$$

式中，η_S 为轴系传送效率。

若主机直接带动螺旋桨，螺旋桨的转速亦为 n，则对于中机型船，一般取值 $\eta_S = 0.97$，对于尾机型船，一般取值 $\eta_S = 0.98$。

在有减速器的情况下，螺旋桨的转速 $n_1 = jn$，j 为齿轮箱的减速比。此时应考虑减速器的效率 η_G，一般取值 $\eta_G = 0.96$，故螺旋桨实际收到的效率为

$$P_{DB} = \eta_S \eta_G P_S \qquad (7-61)$$

式中，η_S、η_G 纯粹是机械传动效率，与船体及螺旋桨的水动力性能无关。

2. 推进系数及推进效率

主机发出的功率 P_S 真正有用的部分是克服阻力 R 使船以航速 V 前进，即有用的功率为船的有效功率 P_E。两者之比值称为推进系数 P.C[①]，即

$$\text{P.C} = P_E / P_S \qquad (7-62)$$

推进系数 P.C 中包括了机械传动损失和船舶水动力损失。

为了表达推进系统中总的水动力性能，在船舶推进中，采用船的有效功率 P_E 与螺旋桨收到功率 P_{DB} 的比值，称为推进效率 η_D，即

$$\eta_D = P_E / P_{DB} \qquad (7-63)$$

螺旋桨收到功率 P_{DB} 系指在船后的螺旋桨所收到的功率，它用于克服船后螺旋桨转速为 n 时的转矩，即

$$P_{DB} = 2\pi n Q_B \qquad (7-64)$$

3. 推进效率成分

船后螺旋桨在收到功率 P_{DB} 后发出的推力 T，其进速为 V_A，故螺旋桨单位时间所做的功定义为推进功率

$$P_T = T V_A \qquad (7-65)$$

螺旋桨推进功率 P_T 与收到功率 P_{DB} 之比值称为船后螺旋桨效率

$$\eta_B = \frac{P_T}{P_{DB}} = \frac{T V_A}{2\pi n Q_B} = \frac{T V_A}{2\pi n Q_0} \frac{Q_0}{Q_B} = \eta_0 \eta_R \qquad (7-66)$$

式中，$\eta_R = \dfrac{Q_0}{Q_B}$ 为相对旋转效率；$\eta_0 = \dfrac{T V_A}{2\pi n Q_0}$ 为螺旋桨的相对敞水效率。η_R 也可以写作螺旋桨敞水收到功率 P_{D0} 与船后收到功率 P_{DB} 之比，即

$$\eta_R = \frac{P_{D0}}{P_{DB}} \qquad (7-67)$$

---

① P.C，指 propulsive coeffecient.

船的有效功率 P_E 与螺旋桨推进功率 P_T 之比称之为船身效率 η_H，即

$$\eta_H = \frac{P_E}{P_T} = \frac{RV}{TV_A} = \frac{1-t}{1-\omega} \qquad (7-68)$$

式中，t 为推力减额分数；ω 为伴流分数，即伴流速度对船速 V 的比值为

$$\omega = \frac{u}{V} = \frac{V-V_A}{V} = 1 - \frac{V_A}{V} \qquad (7-69)$$

因此，船身效率 η_H 表示伴流与推力减额的合并作用。

通过上述分析，可以把推进系数 P.C 表示为

$$\text{P.C} = \frac{P_E}{P_S} = \frac{P_E}{P_T}\frac{P_T}{P_{D0}}\frac{P_{D0}}{P_{DB}}\frac{P_{DB}}{P_S} = \eta_D\eta_S = \eta_H\eta_0\eta_R\eta_S \qquad (7-70)$$

按照上述效率成分分析的思路，可以把孤立的船体与敞水螺旋桨联系起来，并使船体、螺旋桨和主机三者相配合。其程序大体是，设已知船速 V 时受到的阻力为 R，则先估计伴流分数 ω 及推力减额分数 t，设计或选择一个螺旋桨，要求它的进速 $V_A=V(1-\omega)$ 时发出推力 $T=R/(1-t)$。假定该螺旋桨的敞水效率为 η_0，转速为 n，转矩为 Q，则估计相对旋转效率 η_R，求出该螺旋桨在船后时的转矩 Q_B 及收到的功率 P_{DB}，考虑到轴系传送效率 η_S 后即可得出所需的主机功率 P_S。

7.3.2 理想推进器的效率

推进器的效率等于有效功率和消耗功率的比值，下面以绝对运动的观点来讨论理想推进器的效率。推进器在静水中以速度 V_A 前进时产生推力 T_i，则其有效功率为 T_iV_A。但推进器在工作时，每单位时间内有 $\rho A_0\left(V_A+\frac{1}{2}u_a\right)$ 质量的水通过盘面得到加速而进入尾流，尾流中的能量随水消逝乃属损失，故单位时间内损失的能量（单位时间内尾流所取得的能量）为

$$\frac{1}{2}\rho A_0\left(V_A+\frac{1}{2}u_{a1}\right)u_a^2 = \frac{1}{2}T_iu_a \qquad (7-71)$$

从而推进器消耗的功率为

$$T_iV_A + \frac{1}{2}T_iu_a = T_i\left(V_A+\frac{1}{2}u_a\right) \qquad (7-72)$$

因此，理想推进器的效率为

$$\eta_{iA} = \frac{T_iV_A}{T_i\left(V_A+\frac{1}{2}u_a\right)} = \frac{V_A}{V_A+\frac{1}{2}u_a} \qquad (7-73)$$

由于推进器必须给水流以向后的诱导速度（$u_a>0$）才能获得推力，故从式（7-73）可知，理想推进器的效率总是小于1。

理想推进器的效率还可用另外的形式来表达，根据式（7-11）解 u_a 的二次方程得

$$u_a = -V_A + \sqrt{V_A^2 + \frac{2T_i}{\rho A_0}} \qquad (7-74)$$

或写为

$$\frac{u_a}{V_A} = \sqrt{1 + \frac{T_i}{\frac{1}{2}\rho A_0 V_A^2}} - 1 = \sqrt{1 + \sigma_T} - 1 \qquad (7-75)$$

式中，$\sigma_T = \dfrac{T_i}{\frac{1}{2}\rho A_0 V_A^2}$ 称为推进器的载荷系数。将式($7-75$)代入式($7-73$)可得

$$\eta_{iA} = \frac{2}{1 + \sqrt{1 + \sigma_T}} \qquad (7-76)$$

由式($7-75$)和式($7-76$)可见，若已知推进器的载荷系数 σ_T，便可以确定诱导速度 u_a 或 u_{a1} 以及效率 η_{iA}。图 $7-20$ 表示 η_{iA}、$\dfrac{\frac{1}{2}u_a}{V_A}$ 与载荷系数 σ_T 之间的关系曲线。σ_T 越小，则效率越高。在速度 V_A 和推力 T_i 一定的条件下，要减小载荷系数必须增大盘面积 A_0，对螺旋桨来说需增大直径 D，从而提高效率。

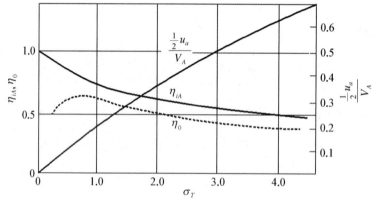

图 $7-20$　理想推进器的效率曲线

7.3.3　理想螺旋桨的效率

设 $\mathrm{d}T_i$ 为流体在环形面积 $\mathrm{d}A_0$ 上的推力，则单位时间内所做的有用功为 $V_A\mathrm{d}T_i$，而吸收的功率为 $\omega r\mathrm{d}F_i$，故半径 r 至 $(r+\mathrm{d}r)$ 段圆环的理想效率为

$$\eta_i = \frac{V_A\mathrm{d}T_i}{\omega r\mathrm{d}F_i} = \frac{\mathrm{d}m u_a V_A}{\mathrm{d}m u_t \omega r} = \frac{u_a V_A}{u_t \omega r} \qquad (7-77)$$

将式($7-24$)代入式($7-77$)得到

$$\eta_i = \frac{V_A}{V_A + \dfrac{u_a}{2}} \cdot \frac{\omega r - \dfrac{u_t}{2}}{\omega r} = \eta_{iA}\eta_{iT} \qquad (7-78)$$

式中，η_{iA} 为理想推进器效率，即理想螺旋桨的轴向诱导效率。

而

$$\eta_{iT} = \frac{\omega r - \dfrac{u_t}{2}}{\omega r} \tag{7-79}$$

称为理想螺旋桨的周向诱导效率。

从式(7-78)可见，由于实际螺旋桨后的尾流旋转，故理想螺旋桨效率 η_i 总是小于理想推进器效率 η_{iA}。

7.3.4 实际螺旋桨的效率

根据螺旋桨的机翼理论，按照式(7-29)和式(7-31)，可以求得叶元体的效率为

$$\eta_{0r} = \frac{V_A \mathrm{d}T}{\omega r \mathrm{d}F} = \frac{V_A \mathrm{d}L(\cos\beta_i - \varepsilon\sin\beta_i)}{\omega r \mathrm{d}L(\sin\beta_i + \varepsilon\cos\beta_i)} = \frac{V_A\cos\beta_i(1 - \varepsilon\tan\beta_i)}{\omega r\sin\beta_i(1 + \varepsilon\cot\beta_i)}$$

$$= \frac{V_A}{V_A + \dfrac{u_a}{2}} \frac{\omega r - \dfrac{u_t}{2}}{\omega r} \frac{1 - \varepsilon\tan\beta_i}{1 + \dfrac{\varepsilon}{\tan\beta_i}} = \eta_{iA}\eta_{iT}\eta_{\varepsilon} \tag{7-80}$$

式中，η_{iA}、η_{iT} 分别为轴向诱导效率和周向诱导效率；η_{ε} 为叶元体的结构效率，其定义为

$$\eta_{\varepsilon} = \frac{1 - \varepsilon\tan\beta_i}{1 + \dfrac{\varepsilon}{\tan\beta_i}} \tag{7-81}$$

叶元体的结构效率 η_{ε} 是因螺旋桨运转于具有黏性的实际流体中所引起的。在实际流体中，因 $\varepsilon \neq 0$，故 $\eta_{\varepsilon} < 1$，说明螺旋桨在实际流体中工作的效率比理想流体中要低。

图 7-15 中定义 β 为进角，β_i 为水动力螺距角，利用关系式

$$\tan\beta = \frac{V_A}{\omega r} \tag{7-82}$$

$$\tan\beta_i = \frac{V_A + \dfrac{u_a}{2}}{\omega r - \dfrac{u_t}{2}} \tag{7-83}$$

就可以将叶元体效率 η_{0r} 表达为另一种简单而有用的形式

$$\eta_{0r} = \frac{\tan\beta}{\tan\beta_i}\eta_{\varepsilon} \tag{7-84}$$

也就是说，叶元体的理想效率为

$$\eta_i = \frac{\tan\beta}{\tan\beta_i} \tag{7-85}$$

当螺旋桨以进速 V_A 和转速 n 进行工作时,必须吸收主机所供给的转矩 Q 才能发出推力 T,其所做的有用功率为 TV_A,而吸收的功率为 $2\pi nQ$,故螺旋桨的效率为

$$\eta_0 = \frac{TV_A}{2\pi nQ} \tag{7-86}$$

由式(7-34)可知,欲求某一螺旋桨在给定的进速和转速时所产生的推力、转矩和效率,则必须知道环量 $\Gamma(r)$ 和诱导速度沿半径方向的分布情况,这些需应用螺旋桨环流理论解决。

图 7-20 已给出 η_0、$\dfrac{\frac{1}{2}u_a}{V_A}$ 与载荷系数 σ_T 之间的关系曲线。

螺旋桨的效率 η_0 也可以用无量纲系数 K_T、K_Q 及 J 来表示

$$\eta_0 = \frac{TV_A}{2\pi nQ} = \frac{K_T \rho n^2 D^4 V_A}{K_Q 2\pi n \rho n^2 D^5} = \frac{K_T}{K_Q} \frac{V_A}{2\pi nD} = \frac{K_T}{K_Q} \frac{J}{2\pi} \tag{7-87}$$

根据式(7-48)和式(7-49),螺旋桨的效率 η_0 可以写成以下无量纲量的函数

$$\eta_0 = \frac{K_T}{K_Q} \frac{J}{2\pi} = f_3 \left(\frac{V_A}{nD}, \frac{nD^2}{\nu}, \frac{n^2 D^2}{gD} \right) \tag{7-88}$$

8 船舶阻力建模与仿真

船舶在航行过程中会受到流体(水和空气)阻止它前进的力,这种与船体运动方向相反的作用力称为船舶阻力。

研究船舶阻力的方法有船舶试验、理论分析和数值模拟。船舶试验是按照相似理论(或因次分析)制作小尺度的船模和桨模,在试验池中进行试验,定性和定量地解决问题。船舶试验一直是获得研究阻力最主要的方法,在某种意义上说,它曾经是唯一的方法。但船舶试验有其局限性,诸如因尺度效应不能完全模拟实船的情况。

理论分析是应用流体力学的理论建立物理或数学模型,根据有关试验观察与测量,进行理论的推演和计算,对于相对比较简单的问题,可以直接获得定量的结果,对于像船舶这样的复杂结构,在复杂环境中运行,往往获得的只是基本的、定性的规律。

数值模拟借助于高速计算机的迅猛发展与普及,根据数学模型,采用数值方法预报船舶航行阻力。将数值模拟与船舶试验相结合,在船舶试验之前,预先用数值模拟方法进行大量的比较计算,选择若干优秀方案,而后进行船模试验,以减少试验费用。同时,在数值计算中以经验公式的方式,或采用一些试验结果,更能提高计算预报的精度并扩展数值计算的使用范围。因此,与船舶试验相结合建立的数值计算模型,已发挥出越来越重要的作用。

本章首先介绍船舶阻力的成因及分类,然后基于理论分析给出船舶阻力的相似定律,之后分别介绍船体摩擦阻力、黏性阻力、兴波阻力的计算方法,最后给出船舶阻力的近似估算模型。

8.1 船舶阻力的成因及分类

为了研究方便起见,船体总阻力按流体种类分成空气阻力和水阻力。

空气阻力是指空气对船体水上部分的反作用力。水阻力是水对船体水下部分的反作用力。进一步把水阻力分成船体在静水中航行时的静水阻力和波浪中的阻力增加值(汹涛阻力)两部分。

静水阻力通常分成裸船体阻力和附体阻力两部分。所谓附体阻力是指突出于裸船体之外的附属体如舵、舭龙骨、轴支架等所增加的阻力值。

根据这些处理方法,船舶在水中航行时受到的阻力通常分为两大部分。一部分是裸船体在静水中所受到的裸船体阻力,另一部分是附加阻力,包括空气阻力、汹涛阻力和附体阻力。

以上考虑的环境条件为航道边界不受限制的情况,即深水航道。如果船舶在水深受到限制的浅水航道和深度与宽度都受到限制的狭窄航道航行时,其阻力与深水情况有所不同。

船舶航行中的总阻力实际上大部分来自裸船体阻力,为了便于叙述,将裸船体阻力简称为船体阻力。

8.1.1 船体阻力的组成

船体运动所受到的总阻力 R_t 就是所有流体作用力沿运动方向的合力在 x 方向的分量,即

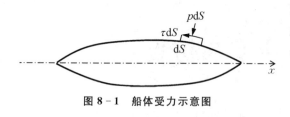

图 8-1 船体受力示意图

船体表面上所有微面积 dS 上切向力 τ 和压力 p 在 x 方向的分量沿表面进行积分,如图 8-1 所示。

$$R_t = -\iint_S \tau\cos(\tau, x)\mathrm{d}S - \iint_S p\cos(p, x)\mathrm{d}S$$

$$(8-1)$$

式中,S 为整个船体湿表面面积,负号表示该作用力与船体运动方向相反,即阻力;(τ, x) 表示切向力 τ 与 x 轴的夹角;(p, x) 表示压力 p 与 x 轴的夹角。

式(8-1)中,第 1 项积分表示由作用在船体表面上切向力所造成的阻力,称为摩擦阻力 R_f;第 2 项积分表示由作用在船体表面上的压力所造成的阻力,称为压阻力 R_p。 由此可知,船体阻力包含摩擦阻力和压阻力两种阻力成分,即

$$R_t = R_f + R_p$$

$$(8-2)$$

8.1.2 船体阻力的成因

由前述分析可知,船体在静水中运动所受到的阻力来自流体的作用,即船体与流体接触面的切向力和法向力。

如果流体是理想流体,则不存在剪切应力,即切向力 τ 以黏性存在为前提,也就是说摩擦阻力 R_f 是由流体具有黏性而引起的。当船体运动时,由于水的黏性,在船体周围形成“边界层”,从而使船体运动过程中受到黏性切应力作用,即船体表面产生了摩擦力,它在运动方向的合力便是船体摩擦阻力。

而对于压阻力 R_p,它主要是由于船体运动改变了表面的压力分布造成的,而产生压力分布改变的原因有以下两个方面。

首先,根据著名的达朗贝尔疑题,物体在无限理想流体中匀速运动时其阻力为零,但若流体为黏性,在物面附近将形成边界层,越是在流体尾后部分,其排挤厚度越大,使物面上压力分布与在理想流体中的不同,船体前后部分存在压力差,其后端压力降低形成阻力;另外,在船体曲度骤变处,特别是较丰满船的尾部常会产生漩涡。产生漩涡的根本原因也是水具有黏性。漩涡处的水压力下降,从而改变了沿船体表面的压力分布情况。这种由黏性引起船体前后压力不平衡而产生的阻力称为黏压阻力,用 R_{pv} 表示。从能量观点来看,克服黏压阻力所做的功耗称为漩涡的能量,黏压阻力有时也称为漩涡阻力。

其次,由于船体航行在水和空气两种流体的交界面,由于自由表面的存在,船体在运动过程中会兴起波浪,波浪的产生改变了船体表面的压力分布情况,如图 8-2 所示。船首的波峰

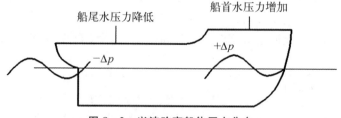

图 8-2 兴波改变船体压力分布

使首部压力增加,而船尾的波谷使尾部压力降低,于是产生首尾流体动压力差。这种由兴波引起的压力分布的改变所产生的阻力称为兴波阻力,一般用 R_w 表示。从能量观点看,船体掀起的波浪具有一定的能量,这能量必然由船体供给。由于船体运动过程中不断产生波浪,也就不断耗散能量,从而产生兴波阻力。

船体阻力中的压阻力含有黏压阻力和兴波阻力两种不同性质的力。黏压阻力只有在黏性流体中存在,但是兴波阻力即使在理想流体中仍然存在。由于黏压阻力和摩擦阻力两者都由于水的黏性而产生,因此习惯上将两者合并称为黏性阻力 R_v。因此船体总阻力又可按流体性质分类,由兴波阻力和黏性阻力两部分组成

$$R_t = R_w + R_v \tag{8-3}$$

式中

$$R_v = R_f + R_{pv} \tag{8-4}$$

综上各分类方法,船体总阻力与各阻力成分间的关系可以表示为图 8-3。

$$\text{船体总阻力 } R_t \begin{cases} \text{摩擦阻力 } R_f \\ \text{压阻力 } R_p \begin{cases} \text{黏压阻力 } R_{pv} \\ \text{兴波阻力 } R_w \end{cases} \text{黏性阻力 } R_v \end{cases} \text{船体总阻力 } R_t$$

图 8-3　各阻力成分间的关系

船体阻力按船舶航行过程中船体周围的流动现象和产生阻力的原因来分类,则船体总阻力 R_t 由兴波阻力 R_w、摩擦阻力 R_f 和黏压阻力 R_{pv} 三者组成,表示为

$$R_t = R_w + R_f + R_{pv} \tag{8-5}$$

船舶阻力中的各成分如摩擦阻力、黏压阻力、兴波阻力等均随航速而变化,但变化率各不相同。大体上来说,摩擦阻力约比例于航速的 1.83 次方,黏压阻力约比例于航速的平方,兴波阻力比例于航速的 4~6 次方,即

$$R_f \sim v^{1.83}, \ R_{pv} \sim v^2, \ R_w \sim v^{4 \sim 6} \tag{8-6}$$

对于不同航速的船舶,上述各阻力成分在船体总阻力中所占的比重是不同的。对于低速船,兴波阻力成分较小,摩擦阻力为 70%~80%,黏压阻力占 10% 以上。对于高速船,兴波阻力将增加至 40%~50%,摩擦阻力为 50% 左右,黏压阻力仅为 5% 左右。

8.2　阻力相似定律

如前所述,船舶试验是研究船舶阻力的主要方法之一。船模试验是以与实船几何相似而缩小了尺度的船模在水池中进行。如果建立船舶阻力的无量纲函数表达式,则可将船模试验结果换算到实船的结果。

经观察、分析和研究发现,航行于水面的船舶,其阻力和船体几何尺度、航速、水的运动黏度系数、水的质量密度和重力加速度等有关,因此需要探讨船体阻力与这些物理量之间的函数表示形式,找出船模与实船满足动力相似的条件。

8.2.1 阻力及相关因素的量纲分析

对于某物理量 R，其影响因素的物理量为 A、B、C 时，R 可以看成它们的函数

$$R = \varphi(A, B, C) \tag{8-7}$$

用幂级数展开式(8-7)，可以写成

$$R = \sum K A^\alpha B^\beta C^\gamma \tag{8-8}$$

因此，式(8-8)两边必须量纲相等，我们可以通过对长度、质量、时间等基本物理量的量纲分析，将 α、β、γ 等因次确定下来。

在进行阻力相似规律分析之前，先对与阻力相关的各种物理量的单位和量纲进行分析，如表 8-1 所示。

表 8-1 与阻力相关物理量的单位与量纲

物 理 量	单 位	量 纲
质量 M	kg	$[M]$
长度 L	m	$[L]$
时间 t	s	$[T]$
力 F	N	$[M][L][T]^{-2}$
密度 ρ	kg/m³	$[M][L]^{-3}$
压力 p	N/m²	$[M][L]^{-1}[T]^{-2}$
速度 v	m/s	$[L][T]^{-1}$
加速度、重力加速度 a、g	m/s²	$[L][T]^{-2}$
黏性系数 μ	N/m² s	$[M][L]^{-1}[T]^{-1}$
动黏性系数 $v = \mu/\rho$	m²/s	$[L]^2[T]^{-1}$
功率 N	W,kW	$[M][L]^2[T]^{-3}$

在本书中大都采用国际标准单位表示，但工程上往往采用工程单位，它们的关系为

$$1\text{ N} = 1\text{ kg} \cdot \text{m/s}^2 \tag{8-9}$$

$$1\text{ W} = 1\text{ N} \cdot \text{m/s} \tag{8-10}$$

$$1\text{ kW} = 1\,000\text{ W} \tag{8-11}$$

$$1\text{ kgf} = 9.806\,65\text{ N} \tag{8-12}$$

$$1\text{ hp} = 75\text{ kgf} \cdot \text{m/s} = 0.735\,5\text{ N} \tag{8-13}$$

航速在实用中常以"kn"为单位

$$1\text{ kn} = 1\text{ n mile/h} = 1\,852\text{ n mile/h} = 0.514\,4\text{ m/s} \tag{8-14}$$

8.2.2　黏性阻力相似定律——雷诺定律

当物体在黏性流体中运动且不计流体重力影响时,如潜艇在深潜航行时,其所受阻力为黏性阻力。根据分析,对于几何相似的船体,其黏性阻力 R_v 与水的质量密度 ρ、物体长度 L、速度 v、水的运动黏性系数 v 有关,可以写成

$$R_v = \varphi(\rho, L, v, v) \tag{8-15}$$

式(8-15)中有 5 个有量纲的物理量,取 ρ、L、v 这 3 个量作为基本量,则存在 2 个无量纲数,按式(8-16)求解第 1 个无量纲数 π_1。

$$R_v = [\rho]^\alpha [v]^\beta [L]^\gamma \tag{8-16}$$

根据表 8-1 中各物理量纲,比较式(8-16)中的 α、β、γ,须满足如下量纲等式,即

$$
\begin{aligned}
&[M]: 1 = \alpha \\
&[T]: -2 = -\gamma \\
&[L]: 1 = -3\alpha + \beta
\end{aligned} \tag{8-17}
$$

求解得 $\alpha = 1$,$\beta = 2$,$\gamma = 2$,则第一个无量纲数 π_1 的表达式为

$$\pi_1 = \frac{R_v}{\rho v^2 L^2} \tag{8-18}$$

类似地,按式(8-19)求解第 2 个无量纲数 π_2:

$$v = [\rho]^\alpha [v]^\beta [L]^\gamma \tag{8-19}$$

求解量纲等式,得 $\alpha = 0$,$\beta = 1$,$\gamma = 1$,则第 2 个无量纲数 π_2 得表达式为

$$\pi_2 = \frac{v}{Lv} = \frac{1}{Lv/v} = \frac{1}{Re} \tag{8-20}$$

式中,$Re = Lv/v$,称为雷诺数。考虑到湿面积 S 与 L^2 的量纲相同;此外,用动压力 $\frac{1}{2}\rho v^2$ 代替 ρv^2,因此 $\dfrac{R_v}{\rho v^2 L^2}$ 可改写成 $\dfrac{R_v}{\frac{1}{2}\rho v^2 S}$,称为黏性阻力系数 C_v,表示单位面积的黏性阻力与动压力之比。

根据量纲分析法的 π 定理,列出式(8-15)的无量纲函数表示式为

$$\pi_1 = \Phi(\pi_2) \tag{8-21}$$

即可得

$$C_v = \frac{R_v}{\frac{1}{2}\rho v^2 S} = \Phi\left(\frac{1}{Re}\right) \tag{8-22}$$

或者

$$C_v = f(Re) \tag{8-23}$$

式(8-23)表明,对于一定形状的物体,黏性阻力系数仅与雷诺数有关,当雷诺数相同时,两形似物体的黏性阻力系数必相等。

作为特例,在深水中顺着本身平面运动的极薄的平板所受阻力仅为摩擦阻力 R_f,据分析, R_f 可以表示为式(8-15)相同的函数关系,因此其无量纲表示式为

$$C_f = \frac{R_f}{\dfrac{1}{2}\rho v^2 S} = f_1(Re) \tag{8-24}$$

由式(8-24)知,平板摩擦阻力系数 C_f 仅仅是雷诺数的函数,当雷诺数相同时,不同平板的摩擦阻力系数必相等。

式(8-23)和式(8-24)的函数关系称为雷诺定律,其物理意义表示当流场中有黏性存在且不计流体重力影响时,保证力学相似条件是雷诺数相等,即惯性力和黏性力之比必须相等。惯性力与黏性力之比按式(8-25)推导:

$$\frac{惯性力}{黏性力} \propto \frac{质量 \times 加速度}{\mu \dfrac{速度}{长度} 湿表面积} = \frac{\rho L^3 \dfrac{U^2}{L}}{\mu \dfrac{U}{L} L^2} = \frac{LU}{v} = Re \tag{8-25}$$

雷诺数反映了流体黏性作用,雷诺数相等表示流动黏性相似,雷诺数大表示惯性力大于黏性力,黏性作用小,而雷诺数小表示黏性作用大。

8.2.3 兴波阻力相似定律——弗劳德定律

研究兴波阻力可选取假定在理想流体中航行的某给定水面船舶(船型一定)为研究对象。由于是理想流体,不存在黏性影响,所以既无摩擦阻力又无黏压阻力,仅有波浪引起的兴波阻力。根据研究分析认为,影响兴波阻力的物理量是 ρ、L、v 和重力加速度 g,因而可写成

$$R_w = \varphi(\rho, L, v, g) \tag{8-26}$$

式(8-26)中有5个有量纲的物理量,取 ρ、L、v 3个量为基本量,按照量纲分析法的 π 定理知,式(8-26)无量纲参数表示时,无量纲参数的数目减为2个,即 π_1 和 π_2。

现列出除3个基本量之外的物理量的量纲表达式为

$$\begin{aligned} [R_w] &= [\rho][L^2][v^2] \\ [T] &= [L][v^{-1}] \\ [g] &= [v][T^{-1}] = [v^2][L^{-1}] \end{aligned} \tag{8-27}$$

式中,$[T]$ 为时间的量纲式。根据量纲表达式,组成无量纲数 π_1 和 π_2。

$$\begin{aligned} \pi_1 &= \frac{R_w}{\rho v^2 L^2} \\ \pi_2 &= \frac{g}{v^2/L} = \frac{gL}{v^2} = \frac{1}{Fr^2} \end{aligned} \tag{8-28}$$

式中，$Fr = \dfrac{v}{\sqrt{gL}}$ 称为弗劳德数。同样，考虑到湿面积 S 与 L^2 量纲相同；用动压力 $\dfrac{1}{2}\rho v^2$ 代替 ρv^2，因此 $\dfrac{R_w}{\rho v^2 L^2}$ 改写成 $\dfrac{R_w}{\dfrac{1}{2}\rho v^2 S}$ 称为兴波阻力系数 C_w，表示单位面积的兴波阻力与动压力之比。

根据 π 定理，列出式(8-26)的无量纲函数表示式为

$$\pi_1 = \Phi(\pi_2) \tag{8-29}$$

即可得

$$C_w = \frac{R_w}{\dfrac{1}{2}\rho v^2 S} = \Phi\left(\frac{1}{Fr^2}\right) \tag{8-30}$$

因此，对于给定船型必有

$$C_w = f(Fr) \tag{8-31}$$

由式(8-31)知，对于给定船型的兴波阻力系数仅是弗劳德数 Fr 的函数，当两形似船的 Fr 相等时，兴波阻力系数 C_w 必相等，这称为弗劳德定律。

弗劳德定律的物理意义表示当不考虑流场中的黏性影响，只考虑流体的重力影响时，保证力学相似条件是惯性力与重力之比必须相等。

$$\frac{惯性力}{重力} \propto \frac{质量 \times 加速度}{\rho L^3 g} = \frac{\rho L^3 \dfrac{U^2}{L}}{\rho L^3 g} = \frac{U^2}{Lg} = Fr^2 \tag{8-32}$$

弗劳德数是惯性力与重力的比值，反映了重力对流体的作用，弗劳德数相等表示重力作用相似。

下面讨论形似船在相应速度时的弗劳德定律问题。形似船是指仅大小不同、形状完全相似（几何相似）的船舶之间的统称，如实船和它的船模即为形似船。相应速度是指形似船之间，为了保持弗劳德数 Fr 相同，则它们的速度必须满足一定的对应关系。对于船模和实船，要求 $\dfrac{v_m}{\sqrt{gL_m}} = \dfrac{v_s}{\sqrt{gL_s}}$，则相应的速度关系为

$$v_m = \frac{v_s}{\sqrt{L_s/L_m}} = \frac{v_s}{\sqrt{\alpha}} \tag{8-33}$$

式中，下标 m、s 分别为船模和实船的参数；α 是实船与船模间的缩尺比。

由于实船和船模的弗劳德数相等，故它们的兴波阻力系数必相等，可表示为

$$\frac{R_{ws}}{\dfrac{1}{2}\rho_s v_s^2 S_s} = \frac{R_{wm}}{\dfrac{1}{2}\rho_m v_m^2 S_m} \tag{8-34}$$

或

$$R_{ws} = R_{wm} \frac{\rho_s v_s^2 S_s}{\rho_m v_m^2 S_m} \tag{8-35}$$

考虑到形似船,且在相应速度,则必有 $S_s/S_m = \alpha^2$ 和 $v_s^2/v_m^2 = \alpha$,代入式(8-35)得

$$R_{ws} = R_{wm} \frac{\rho_s}{\rho_m} \alpha^3 = R_{wm} \frac{\rho_s}{\rho_m} \frac{\nabla_s}{\nabla_m} \tag{8-36}$$

式中,∇_s、∇_m 分别为实船和船模的排水体积,如改用相应的排水量,最后得

$$R_{ws} = R_{wm} \frac{\Delta_s}{\Delta_m} \tag{8-37}$$

或

$$\frac{R_{ws}}{\Delta_s} = \frac{R_{wm}}{\Delta_m} \tag{8-38}$$

由式(8-38)知,形似船在相应速度时(或相同弗劳德数 Fr),单位排水量兴波阻力必相等,这称为弗劳德比较定律。

8.2.4 船体总阻力相似定律——全相似定律

研究对象为实际水面上航行的某给定船舶(船型一定),由于既存在水面兴波,又要考虑水的黏性,所以船体总阻力 R_t 应是 ρ、L、v、v 和 g 的函数,可写作

$$R_t = \varphi(\rho, L, v, v, g) \tag{8-39}$$

式(8-39)中有 6 个有量纲的物理量,取 ρ、L、v 3 个量为基本量,按照量纲分析法的 π 定理,式(8-39)用无量纲参数表示时,无量纲参数的数目减为 3 个,分别表示为 π_1、π_2、π_3。

现列出各物理量的量纲式为

$$\begin{aligned}
[R_t] &= [\rho][L^2][v^2] \\
[T] &= [L][v^{-1}] \\
[v] &= [L][v] \\
[g] &= [v][T^{-1}] = [v^2][L^{-1}]
\end{aligned} \tag{8-40}$$

根据量纲式,组成无量纲数 π_1、π_2、π_3 为

$$\begin{aligned}
\pi_1 &= \frac{R_t}{\rho v^2 L^2} \\
\pi_2 &= \frac{v}{Lv} = \frac{1}{Re} \\
\pi_3 &= \frac{g}{v^2/L} = \frac{gL}{v^2} = \frac{1}{Fr^2}
\end{aligned} \tag{8-41}$$

式中,Re 和 Fr 分别为雷诺数和弗劳德数。同样地,$\frac{R_t}{\rho v^2 L^2}$ 可以改写成 $\frac{R_t}{\frac{1}{2}\rho v^2 S}$,称为总阻力系数 C_t,表示单位面积的总阻力和动压力之比。

根据 π 定理,列出式(8-39)的无量纲函数表示式为

$$\pi_1 = \Phi(\pi_2, \pi_3) \tag{8-42}$$

即

$$C_t = \frac{R_t}{\frac{1}{2}\rho v^2 S} = \Phi\left(\frac{1}{Re}, \frac{1}{Fr^2}\right) \tag{8-43}$$

因此

$$C_t = f(Re, Fr) \tag{8-44}$$

由式(8-44)知,水面船舶的总阻力系数是雷诺数和弗劳德数的函数。若能使实船和船模的雷诺数和弗劳德数同时相等,则称为全相似。在满足全相似条件下,实船和船模的总阻力系数相等,故称为全相似定律。

8.3 船体摩擦阻力的计算

由于船体形状比较复杂,目前用理论精确计算船体的摩擦阻力尚不能付诸工程实用,但是从前述分析可知,船体摩擦阻力的大部分可以用相当平板的摩擦阻力来代替,因此船舶工程中至今仍沿用弗劳德的相当平板来处理船体摩擦阻力。本节首先介绍光滑平板摩擦阻力系数 C_f 的计算公式,然后介绍船体表面粗糙度补贴系数 ΔC_f 的取值,最后给出船体摩擦阻力的计算步骤。

8.3.1 平板摩擦阻力系数的计算公式

1. 光滑平板层流摩擦阻力系数公式

当平板边界层内全为层流状态时,布拉休斯(Blasius)早在1908年根据层流边界层微分方程式给出了理论上的精确解为

$$C_f = \frac{R_f}{\frac{1}{2}\rho v^2 S} = 1.328\, Re^{-\frac{1}{2}} \tag{8-45}$$

式(8-45)称为布拉休斯公式,与实验结果完全相符。但是,该公式适用的雷诺数范围为 $3.5 \times 10^5 \sim 5.0 \times 10^5$,而一般船舶对应的雷诺数范围为 $4.0 \times 10^6 \sim 3 \times 10^9$,因此该公式不适用。

2. 光滑平板湍流摩擦阻力系数公式

当边界层内全为湍流时,即使对于平板,尚无理论上的精确解,而一般的近似计算方法的基础是卡门边界层动量积分方程式。

如图8-4,设 δ 为距平板前端 x 处的边

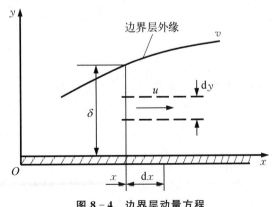

图 8-4 边界层动量方程

界层厚度,根据牛顿第二运动定律,作用在平板上的摩擦阻力等于单位时间内的动量损失。而动量损失率等于单位时间内在 x 处流出的质量 $\rho u \mathrm{d}y$ 与速度损失 $(v-u)$ 的乘积。所以,由平板前端至 x 处一段内单位宽度平板的摩擦阻力为

$$R_{\mathrm{f}} = \int_0^\delta \rho u \, \mathrm{d}y (v-u) \tag{8-46}$$

式中,v 为边界层外的速度;u 为边界层内的速度,又因为

$$R_{\mathrm{f}} = \int_0^x \tau \, \mathrm{d}x \tag{8-47}$$

将式(8-46)代入式(8-47),可得

$$\tau = \rho v^2 \, \frac{\mathrm{d}}{\mathrm{d}x} \int_0^\delta \frac{u}{v} \left(1 - \frac{u}{v}\right) \mathrm{d}y \tag{8-48}$$

令 $\theta = \int_0^\delta \dfrac{u}{v} \left(1 - \dfrac{u}{v}\right) \mathrm{d}y$,则

$$\tau = \rho v^2 \, \frac{\mathrm{d}\theta}{\mathrm{d}x} \tag{8-49}$$

式(8-49)为光滑平板的动量积分方程,对层流和湍流均适用。将式(8-49)代入式(8-47),沿着整个平板长度 L 积分,并注意到,当 $x=0$ 时,$\theta=0$;当 $x=L$ 时,$\theta=\theta_L$,即为平板末端的动量损失厚度,这样可得到仅考虑一侧表面单位宽度的平板摩擦阻力

$$R_{\mathrm{f}} = \int_0^L \rho v^2 \, \frac{\mathrm{d}\theta}{\mathrm{d}x} \mathrm{d}x = \rho v^2 \int_0^{\theta_L} \mathrm{d}\theta = \rho v^2 \theta_L \tag{8-50}$$

$$C_{\mathrm{f}} = \frac{R_{\mathrm{f}}}{\dfrac{1}{2} \rho v^2 L \times 1} = \frac{2\theta_L}{L} \tag{8-51}$$

由此可见,如能确定边界层内的速度分布,则平板湍流摩擦阻力公式即可导出。根据不同的速度分布形式,可推导光滑平板湍流阻力系数的计算公式。

当平板湍流边界层的速度分布形式为

$$\frac{u}{v} = \left(\frac{y}{\delta}\right)^n \tag{8-52}$$

时,对于不同的雷诺数,n 取值不同,当 $Re < 2 \times 10^7$ 时,$n=7$,代入平板边界层的动量积分方程(8-49),可以得到

$$C_{\mathrm{f}} = \frac{0.072}{Re^{\frac{1}{5}}} \tag{8-53}$$

当平板紊流边界层内的速度为对数分布时,结合平板拖曳试验结果,可以导出不同的摩擦阻力公式。

1) 桑海（Schoenherr）公式

$$\frac{0.242}{\sqrt{C_f}} = \lg(ReC_f) \tag{8-54}$$

桑海公式在美国应用最为普遍。1947 年美国船模试验池会议（American Towing Tank Conference，ATTC）决定以该公式作为计算摩擦阻力的标准公式，故式（8-54）又称为 1947ATTC 公式。由于该式在实际计算时较为困难，故当 Re 在 $10^6 \sim 10^9$ 范围内时，式（8-54）可化成具有相同结果的简便公式为

$$C_f = \frac{0.463\,1}{(\lg Re)^{2.6}} \tag{8-55}$$

2) 柏兰特-许立汀（Prandtl-Schlichting）公式

$$C_f = \frac{0.455}{(\lg Re)^{2.58}} \tag{8-56}$$

式（8-56）在欧洲应用最为普遍。

3) 休斯（Hughes）公式

桑海公式及柏兰特-许立汀公式都是根据平板试验结果得来的，分析时都未考虑几何相似问题，因按照相似理论中的雷诺定律，即摩擦阻力系数为雷诺数的函数仅适用于几何相似的平板。若平板的几何形状不相似，也就是展弦比（宽度与长度比 B/L）不相等时，其摩擦阻力系数应是雷诺数和 B/L 两者的函数，即

$$C_f = f(Re，B/L) \tag{8-57}$$

由于平板展弦比的不同对摩擦阻力的影响称为边缘作用。

1952 年，休斯分析了以往所发表的许多平板数据，证实平板摩擦阻力系数与展弦比有关，1954 年休斯发表了他的平板试验资料，试验平板的雷诺数为 $2 \times 10^4 \sim 3 \times 10^9$ 时，展弦比为 $0.015\,6 \sim 42$。由此得出展弦比为无穷大的二因次湍流光滑平板公式为

$$C_f = \frac{0.066}{(\lg Re - 2.03)^2} \tag{8-58}$$

式（8-58）称为休斯公式，此式较桑海公式得到的数值低，因为桑海公式是根据有限展弦比（三因次流动）平板数据外插而得。

1953 年，兰伟培（Landweber）认为湍流平板边界层内的速度分布在不同区域内，并不完全相同。根据邻近平板表面处的内部速度规律、距平板表面一定距离处的外部速度规律以及内外部速度交叉的规律，兰伟培研究得到平板摩擦阻力系数与雷诺数 Re 之间的一般关系式为

$$\frac{A}{\sqrt{2}} \ln Re = \frac{1}{\sqrt{C_f}} - \frac{A}{\sqrt{2}} \ln C_f - \frac{A}{\sqrt{2}} \left(\frac{A}{2} - \frac{\gamma}{\beta} \right) \sqrt{C_f} + \cdots + 常数 \tag{8-59}$$

式（8-59）称为平板摩擦阻力的普遍公式，其中 β、γ 为边界层常数；A 为级数展开式的系数。

对式（8-59）做一定的简化可以得到某些常用的平板公式。比如，忽略高于 $\sqrt{C_f}$ 的项，同时，含有 $\sqrt{C_f}$ 的项相对 $\ln Re$ 项来说是小量，并可认为 $\sqrt{C_f}$ 与 $1/\sqrt{C_f}$ 呈线性关系，即有

$$\sqrt{C_f} = 常数 + 常数 / \sqrt{C_f} \tag{8-60}$$

于是,式(8-59)变成桑海公式的形式为

$$\frac{1}{\sqrt{C_f}} = A_1 \lg(ReC_f) + B_1 \tag{8-61}$$

前述各光滑平板摩擦阻力公式的计算结果虽然很接近,但是仍有一定差别,尤其当把船舶试验结果换算到实船时,计算所得的实船阻力均存在不同程度的差别。为此,1957年在西班牙马德里召开的第八届国际船模试验池会议(International Towing Tank Conference,ITTC)上,根据分析几何相似船模阻力试验结果,认为桑海公式等在低雷诺数时所得的数值偏低。最后提出下列新公式,称为"1957年国际船模试验池实船-船模换算公式",简称1957ITTC公式,表示为

$$C_f = \frac{0.075}{(\lg Re - 2)^2} \tag{8-62}$$

图8-5是按照不同公式计算所得的摩擦阻力系数曲线,由图可知,在低雷诺数时,由ITTC公式得到的曲线的坡度较其他各式为陡;而在高雷诺数时,ITTC公式与桑海公式相差甚微。ITTC公式与休斯公式在形式上十分相似,但ITTC公式数值约大12.5%,而柏兰特-许立汀公式与桑海公式不但在形式上极为相似,而且柏兰特-许立汀公式数值大2.0%~2.5%。

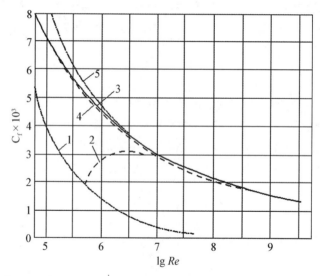

注:1— $C_f = 1.328 Re^{-\frac{1}{2}}$;2— $C_f = 0.455 (\lg Re)^{-2.58} - 1\,700\,Re^{-1}$;3— $C_f = 0.455 (\lg Re)^{-2.58}$;4—$0.242/\sqrt{C_f} = \lg(ReC_f)$;5— $C_f = 0.075/(\lg Re^{-2.0})^2$。

图8-5 不同公式计算所得光滑平板摩擦阻力系数曲线的比较

8.3.2 船体表面粗糙度补贴系数

实践证明,船体表面粗糙度对摩擦阻力的影响是显著的。船体表面粗糙度可分为两类:普遍粗糙度和局部粗糙度。普遍粗糙度,又称为漆面粗糙度,主要是油漆面的粗糙度和壳板表面的凹凸不平。局部粗糙度又称为结构粗糙度,主要为焊缝、铆钉、开孔以及突出物等的粗糙度。

1. 普遍粗糙度

当相对粗糙度一定时,摩擦阻力系数 C_f 随雷诺数 Re 变化可分为 3 个阶段。

(1) 水力光滑阶段。当 Re 较小时,C_{fr} 与光滑平板摩擦阻力系数 C_f 重合,即粗糙度对阻力没有影响,其原因是该阶段为层流或层流底层较厚的湍流边界层,致使油漆突起几乎深埋于层流或层流底层之中,不影响边界层的流态和结构。

(2) 过渡阶段。当 Re 增大到某一值时,C_{fr} 开始大于光滑平板摩擦阻力系数 C_f,且它们之间的差值逐渐增大。这是由于随着雷诺数增大,层流底层变薄,以致平板前端有的突起高度接近或大于该处的层流底层厚度。

(3) 完全粗糙阶段。当 Re 继续增加到某一雷诺数后,$\Delta C_f=(C_{fr}-C_f)$ 基本上不再随 Re 而变化,而近似为一常数,其原因是此时 Re 较大,层流底层很薄,当漆面粗糙因素全部突出在层流底层之外而进入湍流区后,使边界层内的速度分布更加丰满,因而整个漆面平板的摩擦阻力系数增加值 ΔC_f 近似为一常数。

米哈伊洛夫根据漆面平板试验结果,给出了漆面平板的摩擦阻力系数计算公式为

$$C_{fr}=\frac{0.455}{(\lg Re)^{2.58}}\left[1+0.208\left(\lg\frac{vk_\sigma}{v}-1.96\right)^{0.7}\right] \qquad (8-63)$$

式(8-63)适用于 $100<\dfrac{vk_\sigma}{v}<2\,000$ 范围,式中 v 为船舶航速;Re 为船长雷诺数。

2. 结构粗糙度

结构粗糙度对船体表面摩擦阻力的影响,比如横缝、纵缝、铆钉等引起的局部粗糙度,原则上可以逐项计算。总体上,铆接船的局部粗糙度对阻力的影响远较焊接船大,铆接船的局部粗糙度使阻力增加平均约为 16%,而焊接船的局部粗糙度引起的阻力增加平均约为 1.27%。对焊接船而言,其局部粗糙度引起的阻力增加一般为 0.6%~1.7%,且横向焊缝是造成局部粗糙度对阻力影响的主要因素。

3. 船体粗糙表面摩擦阻力计算的处理方法

根据不同的试验结果,目前在计算船体表面粗糙度对摩擦阻力的影响时,均采用粗糙度补贴系数的形式。

如前所述,米哈伊洛夫关于漆面平板试验的资料表明在全粗糙情况下,即在较大 Re 时,由漆面粗糙度(普遍粗糙度)所引起的摩擦阻力系数比较光滑平板摩擦阻力系数的增加值 ΔC_f 近似为常数。

此外,各方面的试验结果一致认为,船体局部粗糙度所增加的摩擦阻力系数与雷诺数无关。

这样,在实际计算中,总的摩擦阻力系数可取为光滑平板摩擦阻力系数 C_f 再加上一个与雷诺数无关的粗糙度补贴系数 ΔC_f。 因此,包括表面粗糙度影响的船体摩擦阻力为

$$R_f=(C_f+\Delta C_f)\frac{1}{2}\rho v^2 S \qquad (8-64)$$

式中,ΔC_f 值系根据各国的习惯或不同的船舶而选取。一般对于船长为 100 m 左右的船舶,我国取 $\Delta C_f=0.4\times10^{-3}$。这种应用粗糙度补贴系数处理船体表面粗糙度的方法目前已被各国普遍采用。

1975 年第 14 届国际船模试验池会议建议摩擦阻力系数 C_f 采用 1957ITTC 公式,相应的粗糙度补贴系数计算为

$$\Delta C_f = \left[105 \left(k_s / L \right)^{\frac{1}{3}} - 0.64 \right] \times 10^{-3} \tag{8-65}$$

式(8-65)适用于船长小于 400 m 的船舶;k_s 为粗糙度表观高度,即 50 mm 范围内抽样测量所得表面平均突起高度,对质量较好的新建船舶可取 $k_s = 150 \times 10^{-6}$ m。

8.3.3 船体摩擦阻力的计算步骤

根据前述船体摩擦阻力的处理方法可知,船体摩擦阻力可以由计算相当平板的摩擦阻力与粗糙度增加的摩擦阻力之和来表示,即式(8-64),具体计算步骤如下:

(1)计算船的湿表面积。较精确的计算方法可按线型图量出每站横剖面型线的半围长 l,并沿船长方向积分可得

$$S = \int_0^{L_{wl}} 2l \, \mathrm{d}L \tag{8-66}$$

若无线型图,则可以利用近似公式计算湿表面积。这类公式较多,针对不同的船型有相应的公式可供应用。

荷兰瓦根宁船池根据 100 多艘船模的统计资料归纳得到一般民用船的湿面积为

$$S = \left(3.4 \nabla^{\frac{1}{3}} + 0.5 L_{bp} \right) \nabla^{\frac{1}{3}} \tag{8-67}$$

式中,L_{bp} 为船的垂线间长(m);∇ 为船的排水体积($\mathrm{m^3}$)。

我国长江船型的湿面积为

$$S = L_{wl} (1.8T + C_b B) \tag{8-68}$$

交通部船舶运输科学研究所的江船系列给出的湿面积为

$$S = \frac{59 L_{wl}}{64 - \dfrac{B}{T}} (1.8T + C_b B) \tag{8-69}$$

式中,L_{wl} 为水线长(m);B、T 分别为船宽和吃水(m);C_b 为方形系数。

(2)计算雷诺数 $Re = \dfrac{v L_{wl}}{v}$,如无特殊注明,对于实船取标准水温 $t = 15\,℃$ 时的值。

(3)根据光滑平板摩擦阻力公式算出或由相应的表中查出摩擦阻力系数 C_f。

(4)决定粗糙度补贴系数 ΔC_f 的数值。

(5)根据式(8-64)计算船的摩擦阻力。

8.4 确定船体黏性阻力的方法

由于黏性的作用,不仅会产生前述的切向剪切应力引起摩擦阻力,还会使船体表面受到的法向力压力发生变化,引起压差阻力。本节首先分析黏压阻力产生的原因,然后介绍计算黏压阻力的弗劳德换算法和三因次换算法。

8.4.1 黏压阻力产生的原因

设在深水中,水以等速流向船形物体,如图 8-6 所示。假定水是理想流体,由流体力学可知,在前后驻点 A、B 处的速度为 0,压力为最大值。当水质点沿船体表面由前驻点 A 流至最大剖面点 C 时,速度由 0 逐渐增加到最大值,由伯努利公式知,压力逐渐减小到最小值,所以这个范围是减压区;相反,当水质点自 C 点流向后驻点 B 时,速度从最大值又降低至 0,而压力从最小值又上升至最大值,这个范围是增压区。沿整个船形物体表面的压力分布如图 8-6 中的曲线 I 所示。但作用在物体前体和后体上的合力相等,因此阻力为 0。从能量转换观点来看:在减压区内,即 AC 段,压能逐渐转换为动能,而在增压区内,即 CB 段,动能又全部转换为压能。换句话说,水质点的动能逐步克服压力差到达 B 点时正好动能丧失殆尽,速度为 0,使压力又回升到最大值,所以总能量无损耗,阻力为 0。这就是理想流体的达朗贝尔疑题。

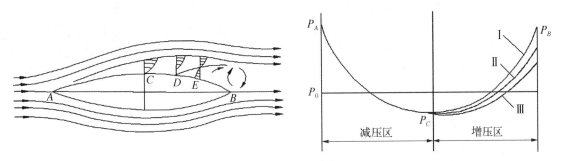

图 8-6 黏压阻力的成因

在实际流体中,由于黏性而形成边界层,且认为边界层外部沿船体纵向曲度而发生变化的压力将不改变其大小传到边界层内部的流体中去,因此出现与理想流体中不同的流动情况:当水质点从前驻点 A 到达最大剖面点 C 处,速度达到最大值,压力位最低。整个范围内的流动特点虽然仍是加速、减压,但是水质点在边界层内的运动受到黏性摩擦力和负压力差的双重作用。尽管后者的作用较前者大,但由于黏性力的阻滞作用,其在 C 处所能达到的最大速度不如理想流体中那样大,它所具有的动能同样比理想流体中要小;当水质点从 C 点向尾部流动时,即进入增压区,在黏性力及增压区的正压力差的作用下,其速度迅速降低,质点所具有的动能已不能使它达到 B 点。当到达 D 点时,水质点的速度已降为 0,动能全部耗尽。过了 D 点后,在增压区的压力差的作用下使流体往回流,迫使边界层向外移,出现边界层分离现象。因此,D 点称为分离点。边界层分离后在船后部形成许多不稳定的漩涡,当水流一起被冲向后方,漩涡的产生使船尾部的压力下降,如图 8-6 中曲线 III 所示,造成了船首尾压差,这样便产生了阻力。这种由黏性消耗水质点的动能形成首尾压力差而产生的阻力称为黏压阻力。显然,边界层分离点向前端移动,边界层分离区必增大,产生的漩涡更严重,尾部的压力下降更明显,则黏压阻力也必然增大。由于黏压阻力明显增大时,通常伴随有严重的边界层分离和漩涡出现,因此黏压阻力曾称为旋涡阻力。

从能量观点来看,在船尾部形成旋涡要消耗能量,而一部分漩涡被冲向船的后方,同时船尾处又持续不断地产生旋涡,这样船体就要不断地供给能量,这部分能量的损耗表现为黏压阻力的形式。

对于流线型物体,甚至某些优良船型可能并不发生边界层分离现象,但黏压阻力仍然存在,仅数值大小不同而已。这是因为边界层的形成使尾部流线被排挤外移,因而流速较理想流体情况时必然增大,压力将下降。这样,尾部的压力值不会达到理想流体中的最大值。其压力分布曲线如图 8-6 中曲线 Ⅱ 所示,首尾仍旧存在压力差,同样会产生黏压阻力,但与由边界分层而引起的黏压阻力相比要小得多。

目前尚无法单独确定黏压阻力,因此用船模试验确定实船阻力时对黏压阻力的处理有两种不同的方法。一种是 19 世纪 70 年代弗劳德提出的换算方法,即二因次法,将黏压阻力并入兴波阻力,并统称为剩余阻力;另一种是 20 世纪 50 年代提出的三因次换算方法或称为 $(1+k)$ 法,将黏压阻力以形状因子的形式与摩擦阻力联系在一起,统称为黏性阻力。下面分别介绍这两种方法。

8.4.2 弗劳德换算法

弗劳德换算法处理黏压阻力的基本思想是认为在低速时黏压阻力系数的结论可以推广应用于实船。在低速范围内,黏压阻力系数是常数,弗劳德提出的换算法意味着假定同型船的黏压阻力系数不随雷诺数而变化。这也意味着,实船和船模的黏压阻力系数相等,即认为 $C_{\mathrm{pvm}} = C_{\mathrm{pvs}}$,这一假定是现行的弗劳德换算法的关键。也就是说,只有在上述假定下,弗劳德换算法才成立。现证明如下,由于

实船总阻力系数 $\qquad C_{\mathrm{ts}} = C_{\mathrm{fs}} + C_{\mathrm{pvs}} + C_{\mathrm{ws}}$

航模总阻力系数 $\qquad C_{\mathrm{tm}} = C_{\mathrm{fm}} + C_{\mathrm{pvm}} + C_{\mathrm{wm}}$

其中,下标 s、m 分别表示实船和船模。

航速相应时,有 $\qquad C_{\mathrm{ws}} = C_{\mathrm{wm}}$

对于同型船,可以认为 $\qquad C_{\mathrm{pvs}} = C_{\mathrm{pvm}}$

故得,剩余阻力系数 $\qquad C_{\mathrm{rs}} = C_{\mathrm{pvs}} + C_{\mathrm{ws}} = C_{\mathrm{pvm}} + C_{\mathrm{wm}} = C_{\mathrm{rm}}$

由此证明,黏压阻力可以与兴波阻力合并计算,并符合比较规律。于是得到实船总阻力系数的弗劳德换算式为

$$C_{\mathrm{ts}} = C_{\mathrm{fs}} + C_{\mathrm{rs}} + \Delta C_{\mathrm{f}} = C_{\mathrm{fs}} + C_{\mathrm{rm}} + \Delta C_{\mathrm{f}}$$

或

$$C_{\mathrm{ts}} = C_{\mathrm{fs}} + (C_{\mathrm{tm}} - C_{\mathrm{fm}}) + \Delta C_{\mathrm{f}} = C_{\mathrm{tm}} - (C_{\mathrm{fm}} - C_{\mathrm{fs}}) + \Delta C_{\mathrm{f}}$$

将黏性阻力与兴波阻力合并处理并认为符合比较规律,所得结果的准确性尚能满足工程实际的要求,对此可以分别解释为

(1) 若船型优良,尾部不出现边界层分离,则黏压阻力在总阻力中所占的百分比很小,将其并入兴波阻力进行换算不致引起太大误差。

(2) 若船型较差,边界层有分离,黏压阻力在总阻力中所占比重较大,但在分离情况下,黏压阻力系数与雷诺数关系不大,即近似为常数,因此将其作为剩余阻力的一部分进行换算也不至于有明显误差。

由于上述原因,应用弗劳德假定进行的船模阻力换算方法一直沿用至今。随着船舶工业

的发展,船舶尺度增大,到 20 世纪 50 年代以后,研究人员逐渐发现大型船舶的试航结果与按弗劳德法估算的结果相比较,一般有较大的出入。另外,将两种不同性质的力,即黏压阻力和兴波阻力合并进行换算,从理论上讲是不妥当的。因此,要想从根本上解决船模与实船的阻力换算问题,只能建立新的换算方法。

8.4.3　三因次换算法

休斯提出的三因次换算方法对几种阻力成分的处理结论如下:

(1) 黏压阻力与摩擦阻力合并为黏性阻力,并与雷诺数有关,兴波阻力与弗劳德数有关,即

$$R_t = (R_f + R_{pv}) + R_w = R_v + R_w \tag{8-70}$$

式中,$R_v = R_f + R_{pv} = f_1(Re)$;$R_w = f_2(Fr)$。

(2) 根据船模试验结果,认为黏压阻力系数 C_{pv} 与光滑平板摩擦阻力系数 C_f 之比为常数 k,则有

$$k = C_{pv}/C_f \text{ 或 } 1 + k = C_v/C_f \tag{8-71}$$

式中,k 为形状系数;$(1+k)$ 为形状因子,仅与船体形状有关。

由于休斯提出的这一算法与船体形状有关,并引入了形状因子 $(1+k)$,因此该法称为三因次换算法,又称为 $(1+k)$ 法。

对于几何相似的船模和实船来说,形状因子相等,这样船模的总阻力系数可以写作

$$C_{tm} = (1+k)C_{fm} + C_{rm} \tag{8-72}$$

在相应速度时,由于兴波阻力符合比较规律,故实船在相应速度时的总阻力系数换算式为

$$C_{ts} = (1+k)C_{fs} + C_{rm} + \Delta C_f \tag{8-73}$$

从式(8-72)中推导出 C_{rm} 并代入式(8-73),可得

$$C_{ts} = C_{tm} - (1+k)(C_{fm} - C_{fs}) + \Delta C_f \tag{8-74}$$

式中,C_{fm}、C_{fs} 分别为船模和实船的摩擦阻力系数,可使用相当平板的理论公式进行计算,而 C_{tm} 和 $(1+k)$ 值则由试验来确定。

第十五届 ITTC 推荐的 $(1+k)$ 法计算式为

无舭龙骨时,

$$C_{ts} = C_{tm} - (1+k)(C_{fm} - C_{fs}) + \Delta C_f + C_{aa} \tag{8-75}$$

装有舭龙骨时,

$$C_{ts} = \frac{S + S_{bk}}{S} [(1+k)C_{fs} + \Delta C_f] + C_{wm} + C_{aa} \tag{8-76}$$

式中,ΔC_f 和 C_{aa} 分别是粗糙度补贴系数和空气阻力系数;S 和 S_{bk} 分别是实船的湿表面积和舭龙骨面积。

按式(8-75)或式(8-76)由船模阻力试验可以换算得到实船的总阻力,计算步骤如下:

(1) C_{fm}、C_{fs} 分别为船模和实船的摩擦阻力系数,可用 1957ITTC 公式计算。

（2）目前主要采用以下两种方法，根据弗劳德数 $Fr = 0.1 \sim 0.2$ 范围内的试验结果来确定 $(1 + k)$ 值。

① 普鲁哈斯卡法，可按式（8 - 77）决定

$$C_{tm}/C_{fm} = (1 + k) + y\frac{Fr^4}{C_{fm}} \tag{8 - 77}$$

式中，C_{tm}、C_{fm} 及 Fr 都根据船模阻力试验数据求得。

② 第十五届 ITTC 推荐方法，可按式（8 - 78）决定

$$C_{tm}/C_{fm} = (1 + k) + y\frac{Fr^n}{C_{fm}} \tag{8 - 78}$$

式中，Fr 的指数 n 视船型而异，其数值在 $2 \sim 6$ 范围内变化。式（8 - 78）中的 $(1 + k)$、y 和 n 这 3 个未知数根据船模试验结果用最小二乘法估计得到。

（3）ΔC_f 和 C_{aa} 按第十五届 ITTC 推荐的公式决定

$$\Delta C_f = \left[105 \left(\frac{k_s}{L_{wl}} \right)^{\frac{1}{3}} - 0.64 \right] \times 10^{-3} \tag{8 - 79}$$

式中，k_s 为船体表面粗糙度，取 $k_s = 150 \times 10^{-6}$（m）；L_{wl} 为水线长度（m）。

$$C_{aa} = 0.001 A_T/S \tag{8 - 80}$$

式中，A_T 为水线以上船体及上层建筑在横中剖面上的投影面积；S 为湿表面积。

由上述讨论可知，弗劳德法将阻力分成摩擦阻力和剩余阻力两个因素考虑，因此称为二因次换算法，由船模阻力试验测量的是总阻力 R_{tm}，在扣除相当平板摩擦阻力 R_{fm} 后得到剩余阻力 R_{rm}，其中 R_{fm} 由平板公式计算所得，模型试验所要解决的只是 R_{rm}。而三因次法将阻力分成摩擦阻力、黏压阻力和兴波阻力来考虑，并引进形状因子得到黏压阻力，但是在三因次换算中，兴波阻力 R_{wm} 及形状因子 $(1 + k)$ 都需要靠船模试验来决定。

8.5　确定兴波阻力的方法

确定兴波阻力的方法主要有船模实验法和理论计算法。理论计算法包括线性兴波阻力理论和非线性兴波阻力理论等。

线性兴波理论的基本假定为水是不可压缩和无黏性的理想流体，流动是无旋的有势运动，波面太高，与波长相比是小量，因而波浪表面水质点的扰动速度是小量，其平方以上的高阶项均可忽略。但是一般船舶按该理论计算的结果与实验值相差甚远，因此在船舶设计中的实际应用并不广泛。1960 年前后，日本乾崇夫教授提出用实验中直接测量的波形来计算兴波阻力，其结果比线性理论计算更加接近实测值，这种观念的改变，使当时已经建立了 70 年之久的线性兴波理论有了用武之地。

自 1970 年以来，人们开始着手非线性兴波理论的研究，其中最有影响的是基于弱非线性理论的道森（Dawson）方法，以叠模扰流为基本流动代替薄船理论中的均匀流动，即首先计算出叠模的绕流作为船体周围的基本流动，然后在这个基本流动上进行摄动，并假设船体兴波相

对于叠模绕流是小量,相应的自由面条件也可以线性化。当船速较低而计算兴波时,道森方法在理论上是合理的,故称为慢船理论。迄今为止,以道森方法为基础的完全非线性兴波计算已经比较成熟,可以预报波形、流线、船体表面压力分布、航行的纵倾和升沉,船型改变对兴波阻力的影响,可以计算双体、多体船的兴波问题,船在浅水、狭航道中定常航行的兴波问题等。

但是,上述兴波理论没有考虑黏性的影响,以致计算结果仍有局限,例如不能正确预报船尾的波系和低速时方尾后的旋涡区域,计算的尾波总是偏高,如果不采用经验修正,难以正确求得兴波阻力以及无法计算波浪即将破碎时的情形等。考虑黏性的研究尚处于起步阶段。

船模试验法是目前获得兴波阻力的主要方法,下面具体介绍船模试验法。船模兴波阻力系数可表示为

$$C_{\text{wm}} = C_{\text{tm}} - C_{\text{vm}} \tag{8-81}$$

式中,船模总阻力系数 C_{tm} 和黏性阻力系数 C_{vm} 可由船模和重叠船模试验求得,从而可以得到船模兴波阻力系数。

早期的模型试验法依据弗劳德法,即二因次法 $C_{\text{r}} = C_{\text{tm}} - C_{\text{fm}}$ 的关系式,通过模型试验确定剩余阻力系数 C_{r} 来确定、分析兴波阻力。采用这种方法的原因是船模试验很难将兴波阻力与黏压阻力分开,而且黏压阻力系数基本上不随航速变化。因此兴波阻力的基本特性,诸如峰、谷点等在剩余阻力曲线中均有反映。同时,从不同航速的船舶来看,将兴波阻力从剩余阻力中分出来的意义不大,因为低速船的兴波阻力很小,不是研究重点;而对于高速船,剩余阻力中的绝大部分是兴波阻力,因此已足以反映兴波阻力的特性。

现行的模型试验方法依据 $(1+k)$ 法,即三因次法 $C_{\text{w}} = C_{\text{tm}} - (1+k)C_{\text{fm}}$ 的关系式,通过模型试验确定兴波阻力系数来研究、分析兴波阻力,可较二因次法更准确地反映兴波阻力的特性。

8.6 船舶阻力的近似估算模型

在船舶设计的初始阶段,当船舶主尺度和船型系数确定以后,必须知道主机功率以保持船舶能达到设计航速。如果主机功率已知,则需要估计阻力,以确定船的航速,便于分析比较各种方案的优劣。此外,对于某些不准备做船模试验的小型船舶,在设计过程中,需要用近似方法来确定其阻力值。因此,寻求近似求解船舶阻力的估算方法,对船舶及其动力系统的设计很有实用价值。

近似估算阻力的方法很多,但所有这些方法几乎都是根据船模系列试验结果或是在总结、分析大量的船模试验或实船试验的基础上得到的。因此,应用阻力近似估算方法所得到的结果的准确程度取决于设计船与母型船或设计船与各图谱所依据的船模系列之间的相似程度。为了尽可能地提高近似估算的准确性,应对估算方法的原始资料有所了解,有针对性地选择估算方法。

所有近似估算方法都是把阻力(或功率)表达为船型系数和速度的函数。至于函数的表达式,早期通常用图谱形式来表达,随着计算机应用的发展,近年来多采用回归曲线的形式,更简单的是直接列出计算公式的简易估算法。若根据估算方法的资料来源进行分类,可分为船模系列试验资料估算法、经验公式估算法和母型船数据估算法等三类近似方法。

8.6.1 根据船模系列试验资料估算阻力

用来研究船型对阻力影响的标准系列有泰勒（Taylor）系列、陶德（Todd）系列、英国的 BSRA 系列和瑞典的 SSPA 系列、日本的肥大船系列、中国的长江客货船系列和浅吃水肥大型船系列等，这些系列都给出了相应的船型系数使用范围，如表 8-2 所示。

表 8-2 估算阻力用船模系列试验资料

系 列 名 称	阻力表达式	适 用 范 围	计 算 结 果
扩展的泰勒系列 $C_p = 0.5 \sim 0.8$	$\dfrac{R_r}{\Delta} - Fr$	适用于双桨高速瘦削船型	裸船体有效功率，计算的阻力一般偏低
陶德 60 系列 $C_b = 0.6 \sim 0.8$	$\copyright - V/\sqrt{L}$	适用于尺度较大，航速较高的单桨商船，首、尾横剖面呈 U 形	裸船体有效功率，计算的阻力值略低
BSRA 运输船系列 $C_b = 0.55 \sim 0.85$	$\copyright - V/\sqrt{L}$	适用于 $V/\sqrt{L} = 0.6 \sim 0.85$ 的中速单桨海船，尾横剖面呈中 U 形	裸船体有效功率，计算的数值略低于实船
SSPA 系列 $C_b = 0.525 \sim 0.75$	$C_r - Fr$	适用于中、高速单桨中小型运输船，首横剖面呈 V 形，低速船呈中 U 形	裸船体有效功率，对船长大于 150 m 的船，其数值略高
肥大型船系列 $C_b = 0.78 \sim 0.84$	$C_r - Fr$	适用于低速肥大型船，横剖面呈 U 形	裸船体有效功率，数值比陶德 60 系列略高
浅吃水肥大型船系列 $C_b = 0.79 \sim 0.85$	$C_r - Fr$	适用于低速单桨浅吃水运输船，有球首和球尾含不同装载情况	裸船体有效功率
长江客货船系列 $C_b = 0.52 \sim 0.64$	$C_r - Fr$	适用于长江双桨、高速、B/T 较大的客货船，首横剖面呈中 U 形、尾呈 V 形	裸船体有效功率

注：C_p 为船舶菱形系数；C_b 为船舶方形系数；C_r 为剩余阻力系数；R_r 为剩余阻力；Δ 为排水量；Fr 为弗劳德数；$\copyright$ 为圆圈系数；V 为航速；L 为船长；$\copyright$ 为总阻力系数。

以泰勒法为例，其估算阻力的步骤与要点可归纳为以下几点：

（1）计算设计船的船型参数值。参数值包括 B/T、C_p、∇/L^3 和 Fr。

（2）求湿表面积系数 C_s。一般可由船体型线图计算湿表面积，进而求得湿表面积系数。如果在估算设计船的有效功率时尚无型线图，则可近似认为其湿表面积与标准船型的湿表面积相等，这样可按给定 B/T 值选用与其最接近的两张 C_s 图谱，并由给定的 C_p 和 ∇/L^3 值查得 C_s 的值，然后对 B/T 进行线性内插，求得给定参数值时标准船型的 C_s 值。

（3）计算摩擦阻力系数 C_f。在泰勒法中，C_f 值是按桑海公式进行计算的，可先计算雷诺数，然后可查表或直接计算得到。计算雷诺数的船长应取水线长度，粗糙度附加值 ΔC_f 一般取 0.4×10^{-3}。

（4）求剩余阻力系数 C_r。根据设计船的参数 B/T、C_p、∇/L^3 和 Fr 值，可选对应的 C_r 图谱，经各参数内插求得 C_r 值。

（5）计算总阻力 R_{rS} 和有效功率 P_e。总阻力系数为

$$C_{rS} = C_r + C_f + \Delta C_f \qquad (8-82)$$

总阻力 $R_{\tau S}(\mathrm{N})$ 为

$$R_{\tau S} = C_{rS}\, \frac{1}{2}\rho v^2 S \qquad (8-83)$$

有效功率 $P_e(\mathrm{kW})$ 为

$$P_e = \frac{R_{\tau S} v}{1\,000} \qquad (8-84)$$

对于不同航速,重复上述计算步骤可以得到有效功率曲线。应该指出,泰勒法标准船型的母型为一巡洋舰,其阻力性能较好,因此对航速较高、船型较瘦的双螺旋桨船用此法计算比较适当,而用于估算一般商船,所得结果往往偏低。

另外,根据不同的系列试验发展相应的回归公式进行阻力计算与分析也是船舶阻力估算常用的方法之一。以陶德60系列的阻力回归公式为例,根据试验图谱,其总阻力系数表示为下列函数形式

$$C_t = f\left(\frac{V_s}{\sqrt{L_{wl}}},\ \frac{L}{B},\ \frac{B}{T},\ C_b,\ x_b \right) \qquad (8-85)$$

对于标准船长为 122 m 的船,其总阻力系数 C_{t122} 的回归多项式可表示为

$$C_{t122} = A_1 + A_2\left(\frac{L}{B}\right) + A_3\left(\frac{B}{T}\right) + A_4 C_b + A_5 x_b + A_6\left(\frac{L}{B}\right)^2 + A_7\left(\frac{B}{T}\right)^2 +$$

$$A_8 (C_b)^2 + A_9 (x_b)^2 + A_{10}\left(\frac{L}{B}\right)\left(\frac{B}{T}\right) + A_{11}\left(\frac{L}{B}\right)C_b + A_{12}\left(\frac{L}{B}\right)x_b + \qquad (8-86)$$

$$A_{13}\left(\frac{B}{T}\right)C_b + A_{14}\left(\frac{B}{T}\right)x_b + A_{15}C_b x_b$$

式(8-85)中,

$$C_t = 0.949\,2\, \frac{R_t L}{\Delta\, V^2} \qquad (8-87)$$

式中, R_t 为总阻力 (N); Δ 为排水量 (t); V 为航速 (kn); L 为垂线间长 (m); L_{wl} 为水线长 (m); C_{t122} 为垂线间长为 122 m 船的总阻力系数; x_b 为浮心纵向位置; $A_i(i=0,1,\cdots,15)$ 为回归系数。

式(8-86)中的回归系数 $A_i(i=1,\cdots,15)$ 可查表得到。船长为 L 的设计船的总阻力系数 C_{tL} 可通过对标准船长的总阻力系数修正得到

$$C_{tL} = C_{t122} + \mathrm{SFC} \qquad (8-88)$$

式中,SFC 是船长为 $L(\mathrm{m})$ 时的摩擦阻力尺度作用的修正值,可计算为

$$\mathrm{SFC} = 99.181 C_s\, \frac{L}{\nabla^{\frac{1}{3}}}(C_{fL} - C_{f122}) \qquad (8-89)$$

式中, C_f 为桑海光滑平板的摩擦阻力系数,亦可按式(8-90)计算

$$C_f = 0.083 \, (\lg Re - 1.65)^{-2} \tag{8-90}$$

式中，C_s 为湿表面系数，其回归公式为

$$C_s = 3.432 + 0.305 \left(\frac{L}{B} \right) + 0.443 \left(\frac{B}{T} \right) - 0.643 C_b \tag{8-91}$$

式中，∇ 为排水体积（m^3）。

不同速长比时的有效功率（kW）为

$$P_e = \frac{C_{tL} \Delta V^3}{1\,476.3L} \tag{8-92}$$

8.6.2　根据经验公式估算

这类方法在分析大量非系列船模试验和实船试航结果的基础上，总结归纳曲线图表或给出阻力回归公式，以供计算阻力或有效功率。常用的估算方法有 Ayre 法、Lap-Keller 法、Holtrop 法等。下面以 Holtrop 法为例详述。

荷兰 MARIN 水池的 Holtrop 法根据 334 个模型的试验数据，总结提出了此估算方法。由于其所依托的船模与实船资料十分丰富，并涵盖至弗劳德数 Fr 为 0.55 以上的高速船，因此目前该回归公式仍被许多造船程序用于航速估算。Holtrop 阻力估算公式为

$$R_t = R_f(1+k) + R_w + \Delta R + R_b + R_{tr} + R_a \tag{8-93}$$

式中，R_f 为依据 1957ITTC 阻力计算公式得到的摩擦阻力；$(1+k)$ 为形状因子，表示黏性阻力与摩擦阻力的比值；R_w 表示兴波阻力和破波阻力；ΔR 表示附体阻力；R_b 为球鼻船首产生的附加阻力；R_{tr} 表示方船尾产生的俯角阻力；R_a 为模型和实船之间的阻力修正项。下面介绍每一项的计算公式。

形状因子 $(1+k)$ 的计算公式为

$$1 + k = C_{13} \left[0.93 + C_{12} \, (B/L_R)^{0.924\,97} \, (0.95 - C_p)^{-0.521\,448} \, (1 - C_p + 0.022\,5x_c)^{0.690\,6} \right]$$
$$\tag{8-94}$$

式中，C_p 为基于水线长度 L 的菱形系数；x_c 为浮心的纵向位置；L_R 为去流段的长度，可按式 (8-95) 计算

$$L_R / L = 1 - C_p + 0.06 C_p x_c / (4C_p - 1) \tag{8-95}$$

式 (8-94) 中的系数 C_{12} 分以下 3 种情况分别计算

$$C_{12} = \begin{cases} (T/L)^{0.222\,844\,6}, & T/L > 0.05 \\ 48.20 \, (T/L - 0.02)^{2.078} + 0.479\,948, & 0.02 < T/L < 0.05 \\ 0.479\,948, & T/L < 0.05 \end{cases} \tag{8-96}$$

式中，T 代表平均型吃水。

式 (8-94) 中的系数 C_{13} 是表示船舶尾部形状特征的一个参数，它与船尾系数 C_{stern} 的关系为

$$C_{13} = 1 + 0.003C_{\text{stern}} \tag{8-97}$$

C_{stern} 的取值可参考如表 8-3 所示的经验数据。

表 8-3 船尾系数 C_{stern} 的取值

船 尾 形 状	C_{stern}
V 形横剖面	-10
正常尾部形状	0
U 形横剖面 Honger 尾部形状	10

船体湿表面积的近似计算公式为

$$S = L(2T + B)\sqrt{C_{\text{m}}}(0.453 + 0.442\,5C_{\text{b}} - 0.286\,2C_{\text{m}} - \tag{8-98}$$
$$0.003\,467B/T + 0.369\,6C_{\text{wp}}) + 2.38A_{\text{fb}}/C_{\text{b}}$$

式中，C_{m} 为船舶的中横剖面系数；C_{b} 为方形系数；C_{wp} 为水线面系数；A_{fb} 为静水面与船首柱相交处球鼻船首的横剖面面积。

对于兴波阻力，采用如下的计算公式：

$$R_{\text{w}} = C_1 C_2 C_5 \ \nabla \rho g \exp[m_1 Fr^{-0.9} + m_2 \cos(\lambda Fr^{-2})] \tag{8-99}$$

式中，

$$C_1 = 2\,223\,105C_7^{3.788\,13}(T/B)^{1.079\,61}(90 - i_E)^{-1.375\,65} \tag{8-100}$$

$$C_7 = \begin{cases} 0.229\,577\,(B/L)^{0.333\,33}, & B/L < 0.11 \\ B/L, & 0.11 < B/L < 0.25 \\ 0.5 - 0.062\,5L/B, & B/L > 0.25 \end{cases} \tag{8-101}$$

$$C_2 = e^{-1.89\sqrt{C_3}} \tag{8-102}$$

$$C_5 = 1 - 0.8A_{\text{t}}/(BTC_{\text{m}}) \tag{8-103}$$

式（8-100）~式（8-103）中，C_2 是用来表示球鼻船首对阻力减小作用的一个参数；C_5 表示方船尾对阻力的影响；A_{t} 表示零航速下方船尾的横剖面浸水面积，其中需要包括放置于方船尾处的楔形块的横剖面面积；i_E 表示半进水角，指水线在船首与中线面的夹角。

式（8-99）中，Fr 表示弗劳德数，其余参数的定义分别为

$$\lambda = \begin{cases} 1.446C_{\text{p}} - 0.03L/B, & L/B < 12 \\ 1.446C_{\text{p}} - 0.36, & L/B > 12 \end{cases} \tag{8-104}$$

$$m_1 = 0.014\,040\,7L/T - 1.752\,54\ \nabla^{\frac{1}{3}}/L - 4.793\,23B/L - C_{16} \tag{8-105}$$

$$C_{16} = \begin{cases} 8.079\,81C_{\text{p}} - 13.867\,3C_{\text{p}}^2 + 6.984\,388C_{\text{p}}^3, & C_{\text{p}} < 0.80 \\ 1.730\,14 - 0.706\,7C_{\text{p}}, & C_{\text{p}} > 0.80 \end{cases} \tag{8-106}$$

$$m_2 = C_{15}C_{\text{p}}^2 e^{-0.1Fr^{-2}} \tag{8-107}$$

$$C_{15} = \begin{cases} -1.693\,85, & L^3 / \nabla < 512 \\ 1.693\,85 + (L / \nabla^{\frac{1}{3}} - 8.0)/2.36, & 512 < L^3 / \nabla < 1\,727 \\ 0, & L^3 / \nabla > 1\,727 \end{cases} \tag{8-108}$$

半进水角 i_E 是水线在船首与中线面的夹角,在 i_E 未知的情况下,可以采用如下的公式计算

$$i_E = 1 + 89\exp[-(L/B)^{0.808\,56}(1-C_{wp})^{0.304\,84}(1-C_p-0.022\,5x_c)^{0.636\,7} \\ (L_R/B)^{0.345\,74}(100\,\nabla/L^3)^{0.163\,02}] \tag{8-109}$$

附体阻力的计算公式为

$$\Delta R = 0.5\rho V^2 S_{APP}(1+k_1)_{eq}C_f \tag{8-110}$$

式中,ρ 为水的密度;V 为船行速度;S_{APP} 为附体的湿表面面积;$1+k_1$ 为附体阻力系数;C_f 为根据 1957ITTC 公式计算的摩擦阻力系数。

表 8-4 列出了流线型附体的 $1+k_1$ 的近似值,这些数据通过对无附体和有附体的船模试验得到。

表 8-4 $1+k_1$ 的近似值

龙骨后方的舵	1.5 ~ 2.0	船体包架	2.0
船尾后方的舵	1.3 ~ 1.5	船尾轴	2.0 ~ 4.0
双螺旋桨平衡舵	2.8	减摇鳍	2.8
船尾轴架	3.0	导流罩	2.7
龙骨	1.5 ~ 2.0	舭龙骨	1.4
支柱包架	3.0		

对于一组附体的叠加,等价的 $1+k_1$ 可以由式(8-111)确定

$$(1+k_1)_{eq} = \frac{\sum(1+k_1)S_{APP}}{\sum S_{APP}} \tag{8-111}$$

球鼻船首对阻力的影响通过如下参数确定

$$C_3 = 0.56A_{fb}^{1.5}/[BT(0.31\sqrt{A_{fb}}+T_f-h_b)] \tag{8-112}$$

式中,h_b 是横剖面 A_{fb} 的中心位于龙骨线上方的高度;T_f 为船首吃水。

由于球鼻船首产生的附加阻力计算公式为

$$R_b = 0.11e^{-3P_B^{-2}}Fri^3 A_{BT}^{1.5}\rho g(1+Fri^2) \tag{8-113}$$

式中,P_B 是球鼻船首出水高度的一个参数;Fri 是基于浸水量的弗劳德数,两者的计算公式为

$$P_B = 0.56\sqrt{A_{fb}}/(T_f-1.5h_b) \tag{8-114}$$

$$Fri = V/\sqrt{g(T_f-h_b-0.25\sqrt{A_{fb}})+0.15V^2} \tag{8-115}$$

采用类似的处理方式,浸水方船尾产生的附加阻力可以表示为

$$R_{tr} = 0.5\rho V^2 A_T C_6 \qquad (8-116)$$

系数 C_6 的取值与浸水方船尾的弗劳德数有关:

$$C_6 = \begin{cases} 0.2(1 - 0.2Fr_T), & Fr_T < 5 \\ 0, & Fr_T \geqslant 5 \end{cases} \qquad (8-117)$$

浸水方船尾的弗劳德数定义为

$$Fr_T = V / \sqrt{2gA_T/(B + BC_{wp})} \qquad (8-118)$$

模型与实船间的阻力修正项 R_a 可以表示为

$$R_a = 1/2\rho V^2 S C_a \qquad (8-119)$$

R_a 表示船体粗糙度和空气对阻力的影响。通过对不同速度下的船模试验结果进行分析,得到修正项中系数 C_a 的计算公式

$$C_a = 0.006 (L + 100)^{-0.16} - 0.002\,05 + 0.003\sqrt{L/7.5}\,C_b^4 C_2 (0.04 - C_4) \qquad (8-120)$$

式中,

$$C_4 = \begin{cases} T_f/L, & T_f/L \leqslant 0.04 \\ 0.04, & T_f/L > 0.04 \end{cases} \qquad (8-121)$$

另外,当船体的粗糙度超过了标准值 $k_s = 150\ \mu m$ 时,可以采用 1978ITTC 公式来计算 C_a 增加的值

$$C_a = (0.105k_s^{\frac{1}{3}} - 0.005\,579)/L^{\frac{1}{3}} \qquad (8-122)$$

式中,L 和 k_s 的单位均为 m。

8.6.3 根据母型船数据估算

若设计船与母型船相似,且母型船的数据可靠,可通过母型船与设计船的某些线型的主要特征计算出修正系数,以此来确定设计的阻力或有效功率。应用这类方法所得结果的准确性与母型船和设计船之间的相似程度有关,虽然所得结果的精确性不一定很高,但由于这一类方法简单易行,因而常应用于多种设计方案的阻力性能估算。

海军系数法是母型船数据估算法中最为简便常用的一种方法,计算量较小。此方法要求母型船与设计船的主尺度比、船型系数、型线的形状以及相应速度应比较接近。这个方法的基础是假定设计船与母型船在弗劳德数相等时,两者的海军系数相等,其出发点如下:

(1)对于形状近似的船,湿表面积大致与排水量 Δ 的 2/3 次方成比例,即 $S \propto \Delta^{\frac{2}{3}}$。

(2)对两形状相近且大小、速度相差不多的船,可认为两者的雷诺数 Re 相近,故可认为两者 $C_f(Re)$ 近似相等,即等于常数。

这样,两船的摩擦阻力

$$R_f \propto \Delta^{\frac{2}{3}} V^2 \qquad (8-123)$$

（3）同样对于剩余阻力，若在低速或弗劳德数相近时，则近似有 $C_r(Fr)$ 等于常数，两船的剩余阻力为

$$R_r \propto \Delta^{\frac{2}{3}} V^2 \tag{8-124}$$

由式（8-123）和式（8-124），得总阻力和有效功率分别为

$$R_t = R_f + R_r \propto \Delta^{\frac{2}{3}} V^2 \tag{8-125}$$

$$P_e \propto \Delta^{\frac{2}{3}} V^3 \ \text{或}\ C_e = \frac{\Delta^{\frac{2}{3}} V^3}{P_e} \tag{8-126}$$

式中，Δ 为排水量（t）；V 为航速（kn）；C_e 为海军系数。尺度和航速相近的船，它们的海军系数大致相同。

根据式（8-126），对于大小和航速与母型船相近的设计船，其有效功率的计算式为

$$P_e = \frac{\Delta^{\frac{2}{3}} V^3}{C_e} \tag{8-127}$$

海军系数一般由母型船的试航资料得到，或者借助一些经验公式、经验数据来确定海军系数。在适用海军系数法估计舰船有效功率时，不仅应当注意船型接近、弗劳德数相同，还要考虑主尺度及雷诺数相近。

9 系统联合建模与仿真实例

本章以船舶插电式串联混合动力系统为例,首先介绍仿真对象,然后介绍系统联合建模的方法,之后对船舶插电式串联混合动力系统模型进行数学描述并给出其 MATLAB/SIMULINK 实现,最后给出仿真结果。

9.1 仿 真 对 象

为了便于引入船舶插电式串联混合动力系统的架构,下面首先介绍传统的柴油机驱动的船舶动力系统架构,如图 9-1 所示。

图 9-1 柴油机驱动的船舶动力系统架构

在以柴油机驱动的船舶动力系统架构中,一套柴油机用于提供船舶航行动力,如图 9-1 中的柴油机 1,其输出通过传动系统传输至螺旋桨,从而给船舶提供推进力;另一套柴油机用于驱动发电机,为船舶设备、作业以及日用生活等提供电力,如图 9-1 中的柴油机 2。这两套柴油机互不相连,独立工作。一般情况下,用于提供航行动力的柴油机 1 的额定功率较大,用于发电的柴油机 2 的额定功率较小。

以传统柴油机驱动的船舶动力系统为基础,设计插电式串联混合动力系统的架构,如图 9-2 所示。在该插电式串联混合动力系统中,仍然采用一大一小两套柴油机,但是柴油机与螺旋桨之间无机械连接,也就是说,柴油机不直接驱动船舶运动,而是通过发电机向船用电网供电,增加驱动电机从船用电网取电,由驱动电机通过传动系统驱动螺旋桨旋转,从而产生船舶推进力。此外,该混合动力系统提供岸电插电接口,增加一定容量的动力电池储存岸电,为船用电网提供电能。

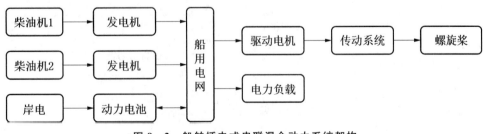

图 9-2 船舶插电式串联混合动力系统架构

在插电式串联混合动力系统中,船用电网可以根据船舶用电需求,采用一定的能量管理规

179

则决策柴油机是否运行以及每个柴油机的输出功率、动力电池输出功率。于是,混合动力系统可以根据用电需求充分利用局域零排放的岸电,并灵活调整柴油机工作区间,使柴油机尽可能地工作在高效区,从而达到船舶动力系统节能减排的目标。

9.2　系统联合建模方法

混合动力系统包括多个部件,部件之间的关系可由信号流与能量流表达。按照信号流与能量流的传递方向,混合动力系统的仿真可以分为前向式仿真和后向式仿真。如果传递方向是从动力主机到螺旋桨、船体,也就是说,从能量产生的部件逐渐传递至能量消耗的部件,则称为前向式仿真。如果传递方向是从船体、螺旋桨到动力主机,也就是说,从能量需求部件逐渐传递至能量产生部件,则称为后向式仿真。

对于前向式仿真,以主机的输出(转矩、转速或功率等)作为系统联合建模的源头输入,适用的问题:已知主机的输出或者已知主机的控制指令(比如油门开度),求该输入下动力系统的响应。

对于后向式仿真,以船体运动(航速、航程等)作为系统联合建模的源头输入,适用的问题:已知预期船舶运动,求满足该运动需求的主机及其他部件工作状态。

本章以插电式串联混合动力系统为建模对象,根据用电需求充分利用局域零排放的岸电,灵活调整柴油机工作区间,使柴油机尽可能地工作在高效区,从而达到节能减排的效果,这个问题适合于采用后向式仿真建模方法。

插电式串联混合动力系统的后向式仿真信号流如图 9 - 3 所示,从左往右,首先将预期航速曲线 $v(t)$ 输出至船舶纵向动力学模型,计算船舶航行所需推力 T。通过螺旋桨和减速器,计算驱动电机需要输出的转矩 T_m 和转速 ω_m,同时也得到驱动电机所需的输入功率 P_m。结合其他船舶用电设备所需的功率 P_s,得到船舶电网所需提供的功率 $(P_m + P_s)$,然后通过能量管理策略,进行功率分配,让柴油发电机组和电池工作,分别提供 P_{G1}、P_{G2} 和 P_{bat},最后根据柴油机 1、柴油机 2 和动力电池的工作状态、能耗等信息,评价动力系统的性能。

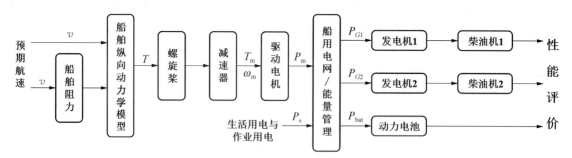

图 9 - 3　插电式串联混合动力系统的后向式仿真信号流

9.3　模　型　描　述

插电式串联混合动力系统的 SIMULINK 模型如图 9 - 4 所示,本节依次描述船舶纵向动力学、船舶阻力、螺旋桨、减速器、发电机 1 和 2、柴油机 1 和 2、驱动电机、动力电池组的数学模

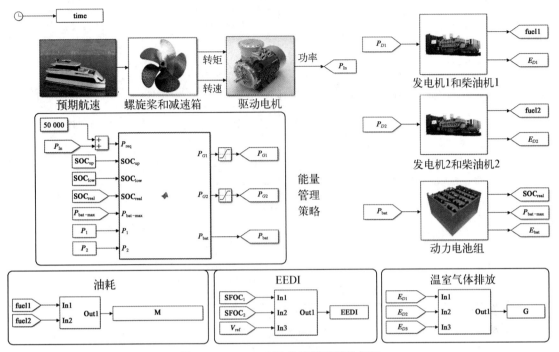

图 9 - 4　SIMULINK 仿真模型整体框图

型以及混合动力能量管理策略,并建立 MATLAB/SIMULINK 仿真模型。

9.3.1　船舶纵向动力学模型

根据牛顿第二定律,写出船舶航行过程的动力学方程

$$T - T_R = m\dot{v} \tag{9-1}$$

式中,T 为螺旋桨推进力;T_R 为船舶阻力;m 为船舶质量;v 为船舶航速。

式(9-1)的 SIMULINK 实现如图 9-5 所示。

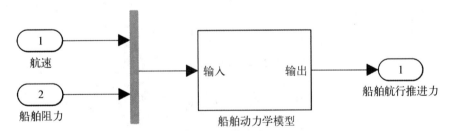

图 9 - 5　船舶纵向动力学模型的 SIMULINK 实现

9.3.2　船舶阻力模型

在本仿真中,船舶阻力 T_R 与船舶航速 v 的关系在表 9-1 中列出,于是可以采用查表的方式建立船舶阻力模型 $T_R(v)$。

表 9 - 1　航速与阻力的关系

航速 v /(m/s)	阻力 T_R /N	航速 v /(m/s)	阻力 T_R /N
0	0	5.5	53 598.95
0.5	336.57	6.0	63 191.22
1.0	1 851.14	6.5	73 288.36
1.5	3 113.28	7.0	83 385.49
2.0	4 880.28	7.5	93 482.62
2.5	7 797.23	8.0	103 832.18
3.0	13 070.18	8.5	114 406.13
3.5	20 530.84	9.0	124 250.83
4.0	28 215.88	9.5	134 123.58
4.5	36 433.82	10.0	143 603.67
5.0	44 763.96	10.5	152 298.42

阻力模型 $F_R(v)$ 的 SIMULINK 实现如图 9 - 6 所示。

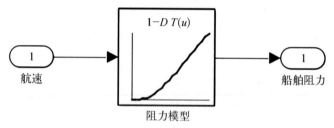

图 9 - 6　船舶阻力模型的 SIMULINK 实现

9.3.3　螺旋桨模型

螺旋桨的数学模型为

$$T = K_T n^2 D^4 \rho \tag{9-2}$$

$$Q = n^2 D^5 \rho K_Q \tag{9-3}$$

$$K_T = K_{T1} \left(\frac{v}{nD} \right)^2 + K_{T2} \left(\frac{v}{nD} \right) + K_{T3} \tag{9-4}$$

$$K_Q = K_{Q1} \left(\frac{v}{nD} \right)^2 + K_{Q2} \left(\frac{v}{nD} \right) + K_{Q3} \tag{9-5}$$

式中，Q 为螺旋桨转矩；n 为螺旋桨转速；ρ 为水密度；D 为螺旋桨直径；K_T 为螺旋桨推力系数；K_Q 为螺旋桨转矩系数；K_{T1}、K_{T2}、K_{T3} 为螺旋桨推力参数；K_{Q1}、K_{Q2}、K_{Q3} 为螺旋桨转矩参数。参数取值为 $D = 2.03$ m，$K_{T1} = -0.106$，$K_{T2} = -0.324\,6$，$K_{T3} = 0.459\,46$，$K_{Q1} = -0.018\,6$，$K_{Q2} = -0.039\,9$，$K_{Q3} = 0.068$。

螺旋桨模型的 SIMULINK 实现如图 9-7 所示。

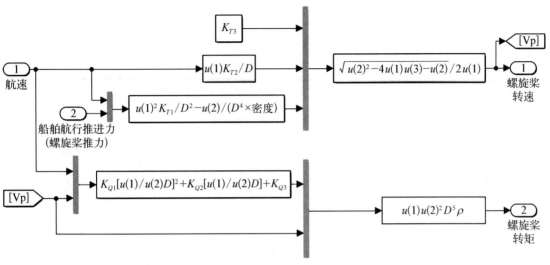

图 9-7　螺旋桨模型的 SIMULINK 实现

9.3.4　减速器模型

减速器的数学模型为

$$\omega_m = n i_{gbx} \tag{9-6}$$

$$T_m = \frac{Q}{\eta_t i_{gbx}} \tag{9-7}$$

式中，ω_m 为电机输出轴转速；T_m 为电机输出转矩；i_{gbx} 为减速比；η_t 为减速器效率。减速器模型的 SIMULINK 实现如图 9-8 所示。

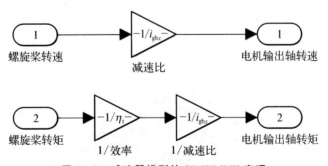

图 9-8　减速器模型的 SIMULINK 实现

9.3.5　发电机模型

发电机 1 的数学模型为

$$P_{D1} = \frac{P_{G1}}{\eta_1 \eta_2 \eta_3} \tag{9-8}$$

式中，P_{G1} 为发电机 1 的输出功率；P_{D1} 为发电机 1 的输入功率；η_1 为发电效率，η_2 为配电效率，η_3 为逆变器效率，取值分别为 $\eta_1 = 0.97$，$\eta_2 = 0.99$，$\eta_3 = 0.98$。

同理，发电机 2 的数学模型为

$$P_{D2} = \frac{P_{G2}}{\eta_1 \eta_2 \eta_3} \tag{9-9}$$

式中，P_{G2} 为发电机 2 的输出功率；P_{D2} 为发电机 2 的输入功率，其效率取值与发电机 1 相同。

发电机模型的 SIMULINK 实现如图 9 - 9 所示。

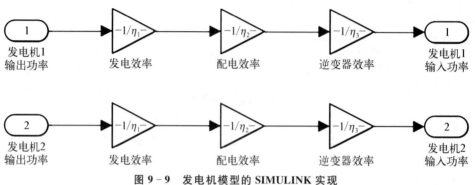

图 9 - 9　发电机模型的 SIMULINK 实现

9.3.6　柴油机模型

柴油机 1 的数学模型为

$$P_{D1} = T_{D1} \omega_{D1} \tag{9-10}$$

式中，P_{D1} 为发电机 1 的输入功率，即柴油机 1 的输出功率；T_{D1} 为柴油机 1 的输出转矩；ω_{D1} 为柴油机 1 的转速。

柴油机 1 的燃油消耗率脉谱图如图 9 - 10 所示，x 轴坐标为转矩（N·m）；y 轴坐标为转速（r/min）；z 轴坐标为燃油消耗率[g/(kW·h)]。

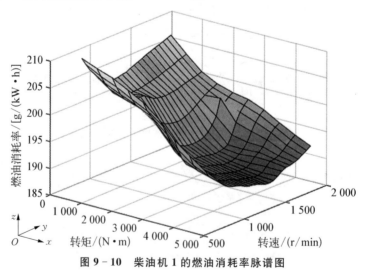

图 9 - 10　柴油机 1 的燃油消耗率脉谱图

同理,柴油机 2 的数学模型为

$$P_{D2} = T_{D2}\omega_{D2} \tag{9-11}$$

式中,P_{D2} 为发电机 2 的输入功率,即柴油机 2 的输出功率;T_{D2} 为柴油机 2 的输出转矩;ω_{D2} 为柴油机 2 的转速。

柴油机 2 的燃油消耗率脉谱图如图 9 - 11 所示。柴油机模型的 SIMULINK 实现如图 9 - 12。本设计采用柴油机定转速的工作模式,如图 9 - 12 所示。通过读取图 9 - 10 和图 9 - 11 的脉谱图,选择燃油消耗率较低的转速,作为柴油机的工作转速,首先选择 1 350 r/min,

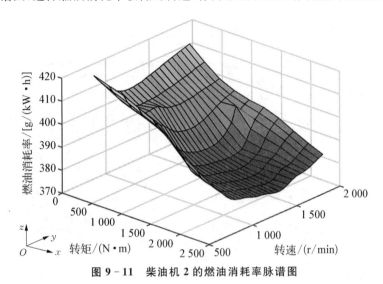

图 9 - 11 柴油机 2 的燃油消耗率脉谱图

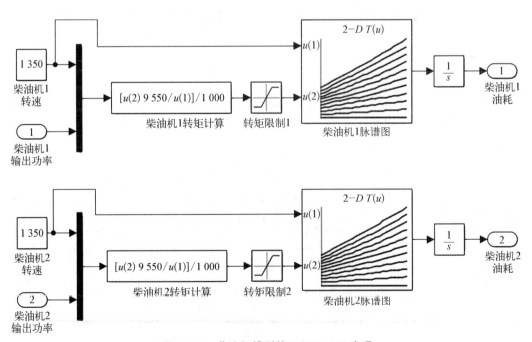

图 9 - 12 柴油机模型的 SIMULINK 实现

然后根据柴油机不同的功率需求,通过匹配转矩,实现不同的输出功率。

9.3.7　驱动电机模型

驱动电机的数学模型为

$$P_{in} = \frac{T_m \omega_m}{\eta_m} \qquad (9-12)$$

式中,P_{in} 为电机输入功率;T_m 为电机输出转矩;ω_m 为电机转速;η_m 为电机效率。

根据电机输出转矩和转速,读取电机效率脉谱图,得到电机效率。电机效率脉谱图如图 9-13 所示,横坐标为转速(r/min),纵坐标为转矩(N·m),函数值为电机效率(%)。

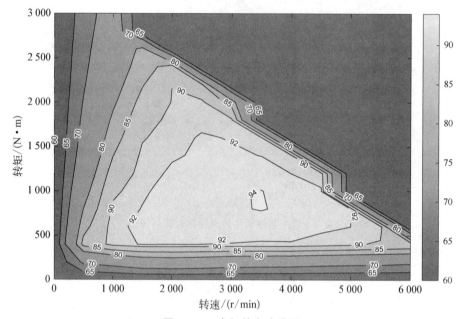

图 9-13　电机效率脉谱图

驱动电机模型的 SIMULINK 实现如图 9-14。电机输出功率由电机输出转矩与电机转速相乘得到,电机效率通过电机效率脉谱图插值得到。根据式(9-12),电机输出功率除以电机效率得到电机输入功率。

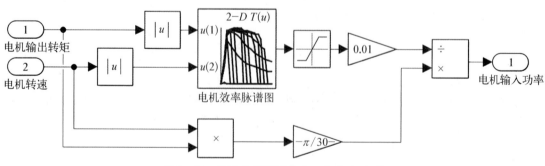

图 9-14　驱动电机模型的 SIMULINK 实现

9.3.8   动力电池组模型

采用容量为 40 A·h 的电池模块进行串并联,构成电池包。并联电池模块数量为 40,串联的电池包数量为 40。

电流 I_{bat} 的数学模型为

$$V_{oc}I_{bat} - I_{bat}^2 R_{bat} = P_{bat} \qquad (9-13)$$

$$I_{bat} = \frac{V_{oc}}{2R_{bat}} - \sqrt{\left(\frac{V_{oc}}{2R_{bat}}\right)^2 - \frac{P_{bat}}{R_{bat}}} \qquad (9-14)$$

电池荷电状态的数学模型为

$$SOC = SOC_0 - \int \frac{I_{bat}dt}{Q_{bat}} \qquad (9-15)$$

电池所能提供的最大功率的数学模型为

$$P_{bat\_max} = (V_{oc} - I_{max}R_{bat})I_{max} \qquad (9-16)$$

式中,V_{oc} 为电池电压;I_{bat} 为电池电流;R_{bat} 为电池内阻;Q_{bat} 为电池容量;P_{bat} 为电池功率,正值代表放电,负值代表充电;I_{max} 为电池最大放电电流,这里假设电池电量充满后 4 h 完全放电,所以取 I_{max} 为 400 A。

V_{oc} 和 R_{bat} 的值可以通过查表得到,如表 9-2 所示。将 SOC 值与 V_{OC}、R_{bat} 的关系作图,如图 9-15 所示。

表 9-2   SOC 值与 V_{OC}、R_{bat} 的关系

SOC/%	V_{OC} /V	R_{bat} /mΩ
0	3	8.975 4
10	3.368 3	1.396 2
20	3.449 2	1.745 2
30	3.514 9	1.745 2
40	3.567 1	1.396 2
50	3.616 8	1.246 6
60	3.678 7	1.296 4
70	3.757 6	1.495 9
80	3.835 9	1.296 4
90	3.905 8	1.047 1
100	3.995 5	0.897 5

动力电池组模型的 SIMULINK 实现如图 9-16。

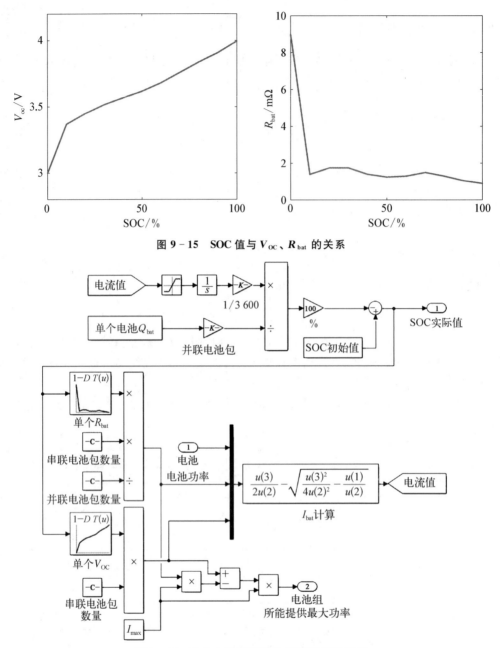

图 9 - 15   SOC 值与 V_{OC}、R_{bat} 的关系

图 9 - 16   动力电池组模型的 SIMULINK 实现

9.3.9   混合动力能量管理策略

在本设计中,插电式串联混合动力船舶的工作模式有以下 4 种:

(1)岸电供电模式。船舶停航靠泊期间,由岸电供电,动力电池组处于充电状态,柴电机组停止工作。

(2)动力电池独立供电模式。动力电池组处于供电状态,这种模式可在以经济航速航行或抛锚时使用,无噪声,无排放。

（3）柴油发电机独立供电模式。柴油机驱动发电机，为船舶推进电机供电，同时给电池组充电。

（4）混合供电模式。当推进负载较大，柴电机组或动力电池组独立供电都不能满足需求时，使用柴电机组与动力电池组一起供电。

采用基于规则的能量管理策略，考虑需求功率和电池 SOC，设计能量流管理逻辑。规定优先采用电池供电，即只要电池处于可以供电的状态，系统就采用动力电池独立供电模式或混合供电模式。柴电机组工作应尽量符合经济运行条件，即柴电机组起动后，尽量维持在最佳效率工作点。能量管理控制策略如图 9 - 17 所示，其中的符号说明：P_{req} 为混合动力系统总需求功率，为驱动电机输入功率 P_{in} 与生活/作业功率之和；D1 为柴油机 1；D2 为柴油机 2；P_1 为

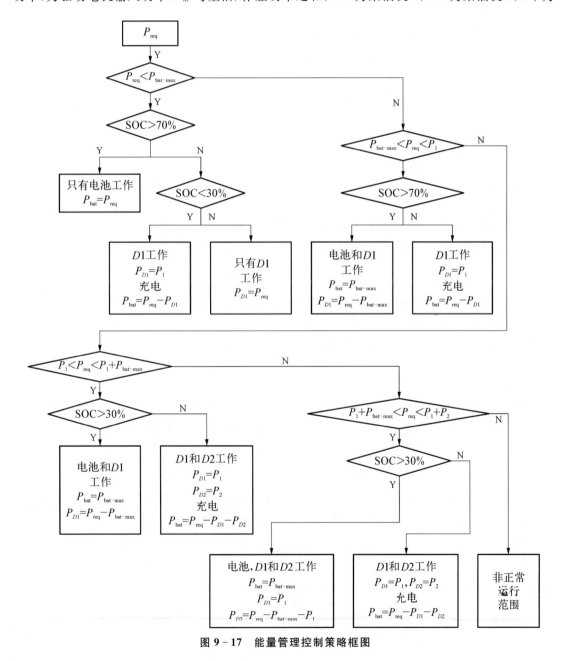

图 9 - 17　能量管理控制策略框图

柴油机 1 的高效功率点；P_2 为柴油机 2 的高效功率点；P_{D1} 为柴油机 1 实际输出功率；P_{D2} 为柴油机 2 实际输出功率；P_{bat} 为电池输出功率；P_{bat_max} 为电池所能提供的最大功率。

9.4 仿 真 结 果

本节首先介绍性能评价指标，然后给出 MATLAB/SIMULINK 仿真模型的参数值，最后对不同工况下的仿真结果进行分析。

9.4.1 性能评价指标

本仿真选择油耗、温室气体排放量以及船舶能效设计指数（energy efficiency design index，EEDI）作为混合动力系统的评价指标。

1. 油耗

油耗是指柴油发电机组所消耗的燃油量，计算公式为

$$M = \int (g_{t1} + g_{t2}) \mathrm{d}t \qquad (9-17)$$

式中，M 为运行过程的总油耗量（g）；g_{t1} 为柴油机 1 的瞬时燃油消耗率（g/s）；g_{t2} 为柴油机 2 的瞬时燃油消耗率（g/s）。

2. 温室气体排放量

温室气体排放来自燃油消耗产生的二氧化碳和岸电发电产生的二氧化碳。这里考虑岸电来自煤电，电池组消耗的能量转化成岸电发电所需消耗能量，计算等效碳排放，计算公式为

$$G = (E_{D1} + E_{D2}) G_{fuel} + E_{bat} G_{ele} \qquad (9-18)$$

式中，G 为温室气体排放总量（kg）；E_{D1} 为柴油发电机 1 消耗的能量（kW·h）；E_{D2} 为柴油发电机 2 消耗的能量（kW·h）；E_{bat} 为电池实际消耗的能量（kW·h）；G_{fuel} 为柴油发电机消耗每千瓦时能量燃油的二氧化碳排放量 [kg/(kW·h)]；G_{ele} 为岸电消耗每千瓦时能量的二氧化碳排放量 [kg/(kW·h)]。这里，$G_{fuel} = 0.32 \ kg/(kW·h)$，$G_{ele} = 0.86 \ kg/(kW·h)$。

3. EEDI

EEDI 是船舶消耗的能量换算成二氧化碳排放量和船舶有效能量换算成二氧化碳排放量的比例指数，其值越小表明该船舶越绿色环保，反之说明该船能耗越高，其表达式为

$$\text{EEDI} = \frac{CO_2 \ 排放}{运输成本} \qquad (9-19)$$

根据海洋环境保护委员会（Marine Environmental Protection Committee，MEPC）第 61 次会议通过的《船舶能效草案法则》，确定 EEDI 的计算公式为

$$\text{EEDI} = \frac{A_{ME} + A_{AE}}{f_i C V_{ref} f_w} \qquad (9-20)$$

式中，

$$A_{ME} = \left(\prod_{j=1}^{M} f_j \right) \left(\sum_{i=1}^{n_{ME}} P_{ME(i)} C_{FME(i)} \text{SFC}_{ME(i)} \right) \qquad (9-21)$$

$$A_{AE} = P_{AE} C_{FAE} \mathrm{SFC}_{AE} \qquad (9-22)$$

式(9-21)和(9-22)中，C 为船舶载重吨；V_{ref} 为在无风无浪海况下(静止的深水中)的船舶航速；P 为主辅机功率(kW)；下标 ME 和 AE 分别表示主机和辅机；i 指主机台数；C_F 为碳转换系数，对于使用柴油为燃料的船舶，取值为 3.206；SFC 系指柴油机比燃油消耗率$[\mathrm{g/(kW \cdot h)}]$；$f_j$ 为冰区加强船舶功率修正系数，对于无特殊设计的船舶，取值为 1.0。

由以上分析可知，EEDI 指标是船舶在固定工况下的取值，在后续仿真的固定工况中将计算 EEDI 取值。

9.4.2 仿真参数

混合动力系统的仿真参数如表 9-3 所示。

表 9-3 仿 真 参 数 表

变　　量	取　　值
减速器速比	16
减速器传动效率/%	98
发电机效率/%	97
船舶载重吨/t	358 000
柴油机 1 设计工作功率/kW	283
柴油机 2 设计工作功率/kW	141
初始 SOC/%	80
电池上限 SOC_{up}/%	70
电池下限 SOC_{low}/%	30
单个电池包容量/(A·h)	40
电池组最大电流 I_{max}/A	400
并联电池包数量	40
串联电池组数量	40
螺旋桨直径/m	2.03
水密度/(g/cm³)	1.025
螺旋桨系数	$K_{T1} = -0.106$, $K_{T2} = -0.324\,6$, $K_{T3} = 0.459\,46$, $K_{Q1} = -0.018\,6$, $K_{Q2} = -0.039\,9$, $K_{Q3} = 0.068$
发电机效率参数	$\eta_1 = 0.97$, $\eta_2 = 0.99$, $\eta_3 = 0.98$
船舶质量/kg	1 300 000

9.4.3 仿真结果

本节给出了 4 种工况下的仿真结果，并将混合动力系统与传统的动力系统进行了比较。

1. 匀速工况

航速如图 9-18(a)所示,图 9-18(b)为油耗的比较。从图中可见,混合动力系统产生的油耗低于传统柴油机驱动的动力系统产生的油耗。从图 9-18(c)温室气体排放的比较可见,混合动力系统产生的温室气体排放也低于传统柴油机驱动的动力系统产生的温室气体排放。

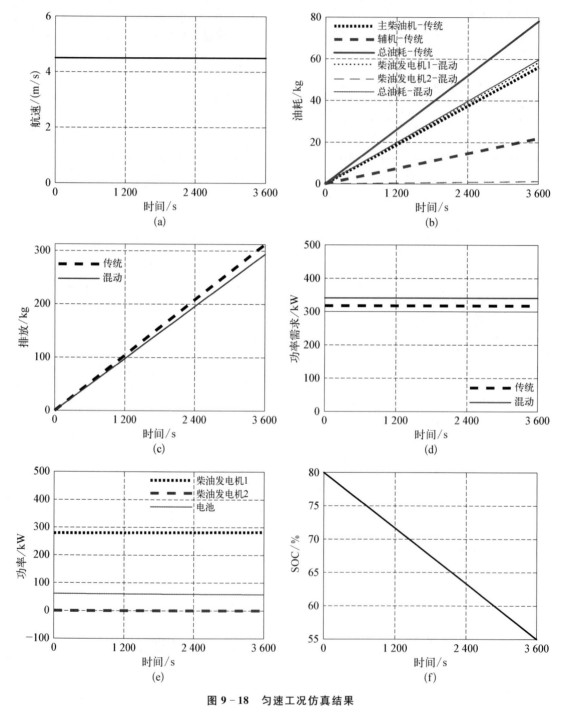

图 9-18 匀速工况仿真结果

(a) 航速;(b) 油耗;(c) 温室气体排放;(d) 总功率需求;(e) 混合动力功率分配;(f) 电池 SOC

此外,混合动力系统的 EEDI 值为 61.41,传统柴油机驱动的动力系统 EEDI 为 79.99,说明混合动力系统的能耗较低,且绿色环保。

2. 航速波动工况

航速波动的情况如图 9-19(a)所示,航速波动范围在 2～5 m/s 之间。从图 9-19(b)可

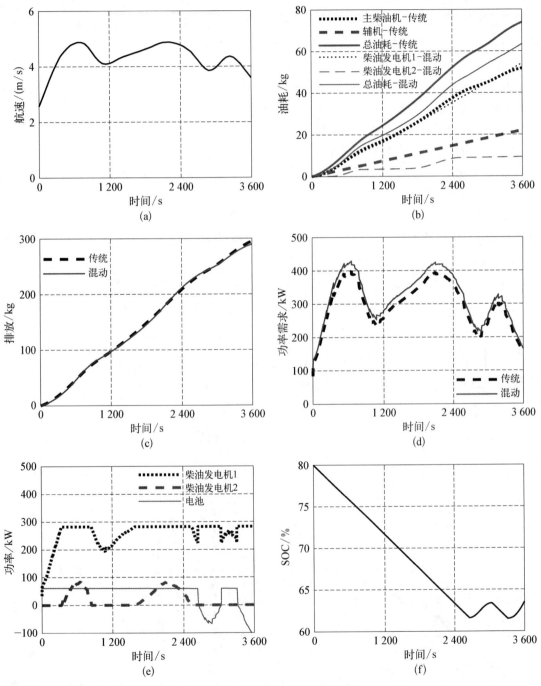

图 9-19　航速波动工况仿真结果

(a) 航速;(b) 油耗;(c) 温室气体排放;(d) 总功率需求;(e) 混合动力功率分配;(f) 电池 SOC

见,混合动力系统产生的油耗低于传统柴油机驱动的动力系统产生的油耗。从图 9-19(e)的功率分配可见,传统柴油机驱动的动力系统中的辅机功率,在混合动力系统中基本上由电池承担,从而显著降低油耗。

从图 9-19(c)可见,混合动力系统产生的温室气体排放与传统柴油机驱动的动力系统产生的温室气体排放比较接近,前者为 289.69 kg,后者为 295.11 kg,前者略低于后者。两者接近的原因在于,在混合动力系统中,虽然柴油机的油耗减少了,但是电池使用电量多了,而电池电量大部分来自岸电,岸电来自煤电,其二氧化碳排放仍然较高。

从图 9-19(d)的总功率需求对比可见,混合动力系统的总功率需求高于传统柴油机驱动的动力系统,这是因为在串联式混合动力系统中,能量需要经过多次转化,功率损失大,这也体现了串联式混合动力系统的主要缺点。

从图 9-19(f)的电池组 SOC 值变化历程可见,在该工况下,电池大部分时间处于放电状态,少部分时间处于充电状态,此时电池 SOC 并非低于 30%,而是为了让柴油发电机工作在高效点,其输出功率在满足动力系统需求之外,多余的功率用于给电池充电。

3. 急加减速工况

急加减速工况下航速历程如图 9-20(a)所示。从图 9-20(b)可见,混合动力系统产生的油耗显著低于传统柴油机驱动的动力系统产生的油耗;从图 9-20(c)可见,混合动力系统产生

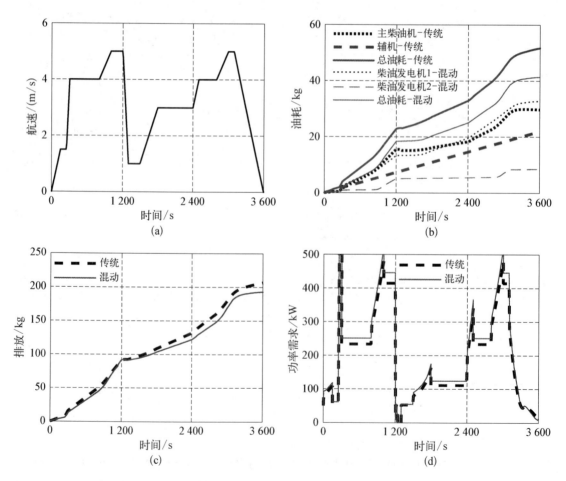

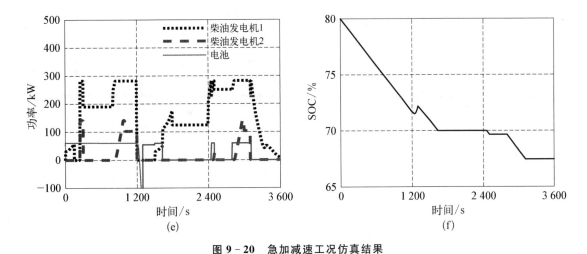

(e)

图 9 - 20　急加减速工况仿真结果

（a）航速；（b）油耗；（c）温室气体排放；（d）总功率需求；（e）混合动力功率分配；（f）电池 SOC

的温室气体排放低于传统柴油机驱动的动力系统产生的温室气体排放；从图 9 - 20(d)可见，急加减速工况下的总功率需求显著大于如前所述的匀速或航速波动的工况，这是由于船舶加速过程惯性力大，需要提供大推进力；从图 9 - 20(e)可见，在加减速过程中，电池充放电功率增大，说明电池提供了功率缓冲和补充的作用；由于工况变化较大，充电次数较如前所述的匀速或航速波动的工况更为频繁，如图 9 - 20(f)所示。

4. 拖船工况

在拖船工况下，船舶具有两个特点：① 航速主要分布在高航速和低航速两个区间，如图 9 - 21(a)所示；② 高航速航行与低航速航行的需求功率相差较大，如图 9 - 21(d)所示。

从图 9 - 21(b)可见，混合动力系统产生的油耗显著低于传统柴油机驱动的动力系统产生的油耗；从图 9 - 21(c)可见，混合动力系统产生的温室气体排放低于传统柴油机驱动的动力系统产生的温室气体排放。与前述的 3 个工作模式相比较可以发现，从油耗和温室气体排放的角度看，拖船工作模式下混合动力系统与传统柴油机驱动的动力系统的区别更大，更能体现混合动力系统的优势。

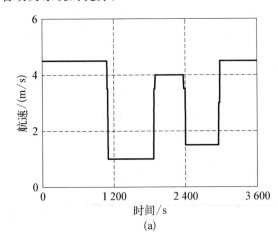

(a)

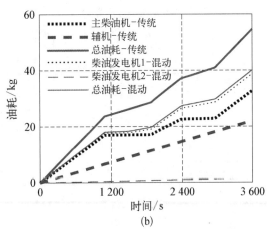

(b)

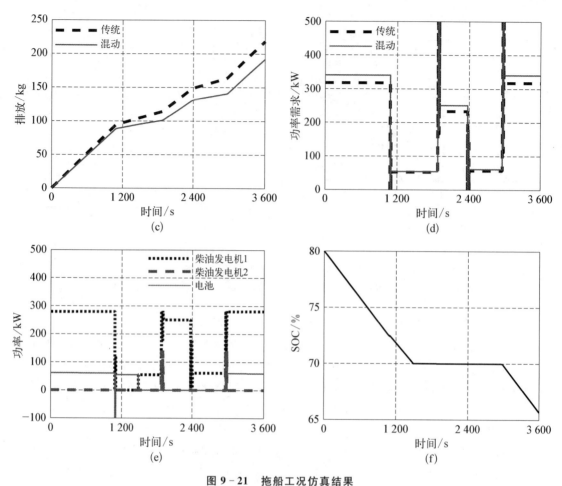

图 9-21 拖船工况仿真结果

（a）航速；（b）油耗；（c）温室气体排放；（d）总功率需求；（e）混合动力功率分配；（f）电池 SOC

9.5 小 结

4 种工况的油耗、温室气体排放的量化比较如表 9-4 所示。总体上看，混合动力系统在油耗和温室气体排放指标上普遍优于传统动力系统。同时，当工况变化越大时，航行过程中航速、负载功率变化的幅值越大、变化越频繁，混合动力系统的优势越明显。

表 9-4 优化结果综合对比

工 况	油 耗			温室气体排放		
	混合动力系统/kg	传统动力系统/kg	油耗减少/%	混合动力系统/kg	传统动力系统/kg	排放减少/%
匀 速	63.36	73.78	14.13	289.69	295.11	1.84
航速波动	59.70	78.13	23.59	293.85	312.52	5.97
急加减速	41.39	51.72	19.98	193.16	206.88	6.63
拖船模式	40.13	54.70	26.64	192.05	218.80	12.22

习　题　9

请设计一套混合动力系统,通过建模与仿真,比较其与传统柴油机动力系统的区别。

提示:

(1) 设计思路可以采用不同形式的柴油机与电机混合,或采用多组柴油机混合,或采用柴油机与燃料电池等混合。

(2) 设计目标须明确,并且具有积极的工程意义,比如选择功率、续航力、效率、能耗、油耗中的一种或几种性能指标,以功率增大、续航里程延长、效率增加、能耗减少或油耗减少为目标。

(3) 可以针对不同航速、功率的工况需求,设计适用于该工况的混合动力系统。

附　　录

仿真模型源程序使用说明

注意：运行环境为 MATLAB 2018a 及以上版本。

序号	程序文件夹名称	内含源文件	功　　能	与正文对应之处
1	01_diesel engine/ diesel_eff_map	（1）d_eff_map_qs.m（主程序） （2）fc_map.mat	柴油机 BSFC 脉谱	3.4　准稳态模型
2	01_diesel engine/ willans line model	（1）Willans_line_ICE.m（主程序） （2）baseline.mat	柴油机 Willans Line 模型	3.6　可伸缩模型
3	01_diesel engine/ discrete_engine	（1）model_loader.m（主程序） （2）engine_dis_bd.slx （3）engine_dis_fd.slx （4）engine_dis_td.slx	柴油机离散动态模型	3.7.4　柴油机动态模型的离散域描述
4	01_diesel engine/ discrete_engine_ctr	（1）model_loader.m（主程序） （2）engine_dis_bd.slx （3）engine_dis_bd_ctr.slx	基于柴油机离散动态模型的怠速控制回路	3.8.2　柴油机转速控制仿真
5	02_motor	（1）m_eff_map_qs.m（主程序） （2）m_eff.mat	基于电机实验数据的稳态效率脉谱	4.4　准稳态电机模型
6	02_motor	（1）m_eff_map_eq.m（主程序）	基于等效电路方程的稳态效率脉谱	4.8　永磁同步电机动态模型公式（4－73）
7	03_battery	（1）bat_soc.m（主程序）	电池 SOC 模型	5.3　准稳态模型图 5－14
8	03_battery	（1）bat_eff.m（主程序）	电池效率模型	5.3　准稳态模型图 5－15
9	04_powertrain system/Diesel propulsion	（1）main.m（主程序） （2）CPS.slx （3）bat_par.mat （4）fc_map.mat （5）m_eff.mat （6）parameters.mat （7）resistance_table.mat	柴油机动力系统的动态能量流模型	9.3　模型描述

序号	程序文件夹名称	内含源文件	功　能	与正文对应之处
10	04_powertrain system/HEV propulsion_1	（1）main.m（主程序） （2）HEPS.slx （3）bat_par.mat （4）fc_map.mat （5）m_eff.mat （6）resistance_table.mat	串联式单机组柴电混合动力系统的动态能量流模型	9.3　模型描述
11	04_powertrain system/HEV propulsion_2	（1）model_hybrid.m（主程序） （2）model_sim.slx （3）hybrid_sim_opt.slx （4）bat_par.mat （5）fc_map.mat （6）m_eff.mat （7）resistance_table.mat （8）sail.xlsx	串联式双机组柴电混合动力系统的动态能量流模型	9.3　模型描述

参 考 文 献

［1］ 黄兴,石磊,卫卫.船舶混合动力系统的发展与应用[J].船舶,2019,30(1)：40-48.

［2］ 李楷,陈明.船舶与海洋工程动力系统[M].北京：科学出版社,2017.

［3］ 袁江帆,胡以怀,蒋更红,等.船用 LNG 双燃料发动机的技术发展及应用现状[J].造船技术,2017(1)：1-5+11.

［4］ Mansour C, Bounif A, Aris A, et al. Gas-diesel (dual-fuel) modeling in diesel engine environment[J]. International Journal of Thermal Science, 2001, 40(4)：409-424.

［5］ Wannatong K, Akarapanyavit N, Siengsanorh S, et al. New diesel dual fuel concepts：Part load improvement[C]. SAE Technical Papers, 2009.

［6］ 彭雪竹.国内外双燃料发动机发展状况分析[J].船舶物资与市场,2012(3)：16-21.

［7］ 陆耀祖.内燃机构造与原理[M].北京：中国建材工业出版社,2004.

［8］ Sutton G P, Biblarz O. Rocket propulsion elements[M]. 7th ed. New York：John Wiley & Sons, 2001.

［9］ 刘峥.汽车发动机原理教程[M].北京：清华大学出版社有限公司,2001.

［10］ Kiencke U, Nielsen L. Automotive control systems：For engine, driveline, and vehicle[M]. Berlin：Springer, 2000.

［11］ Reza N J. Vehicle dynamics. Theory and application[M]. Berlin：Springer, 2009

［12］ Rizzoni G, Guzzella L, Baumann B M. Unified modeling of hybrid electric vehicle drivetrains[J]. IEEE/ASME Transactions on Mechatronics, 1999, 4(3)：246-257.

［13］ Wei X. Modeling and control of a hybrid electric drivetrain for optimum fuel economy, performance and driveability ［D］. Columbus：The Ohio State University, 2004.

［14］ Guzzella L, Sciarretta A. Vehicle propulsion systems. Introduction to modeling and optimization[M]. Berlin：Springer. 2005.

［15］ Zuurendonk B. Advanced fuel consumption and emission modeling using Willans line scaling techniques for engines[J]. Research Policy — RES POLICY, 2005.

［16］ 林叶春.船舶电力推进及动力定位控制系统[M].上海：上海交通大学出版社,2018.

［17］ 费利扎德.电机及其传动系统：原理、控制、建模和仿真[M].杨立永,译.北京：机械工业出版社,2015.

［18］ 刘杰,宗长富.电动汽车电力电子技术应用[M].北京：北京交通大学出版社,2018.

［19］ 辜承林.电机学[M].北京：中国电力出版社, 2006.

［20］ Bertotti G. General properties of power losses in soft ferromagnetic materials［J］. IEEE Transactions on Magnetics, 1988, 24(1)：621-630.

［21］ Zhao N, Zhu Z Q, Liu W. Rotor eddy current loss calculation and thermal analysis of permanent magnet motor and generator[J]. IEEE Transactions on Magnetics, 2011,

47(10)：4199 – 4202.

[22] Dong J，Huang Y，Jin L，et al. Thermal optimization of a high-speed permanent magnet motor[J]. IEEE Transactions on Magnetics，2014，50(2)：749 – 752.

[23] Mbo'O C P，Hameyer K. An extended dynamic thermal model of a permanent magnet excited synchronous motor[J]. Archives of Electrical Engineering，2013，62(3)：375 – 386.

[24] Han X Y，Qi K，Duan Q L . Numerical calculation and analysis of 3D transient temperature field in the exterior-rotor PMSM for crane[J]. Dianji Yu Kongzhi Xuebao/Electric Machines and Control，2015，19(5)：44 – 52.

[25] 黎贤钛.电机运行热交换计算和设计[M].杭州：浙江大学出版社,2016.

[26] 鲍里先科,丹科,亚科夫列夫.电机中的空气动力学与热传递[M].北京：机械工业出版社,1985.

[27] Aglen O. Loss calculation and thermal analysis of a high-speed generator[C]. IEEE International Electric Machines & Drives Conference. IEEE，2003.

[28] Boehme T J，Becker B，Ruben-Weck M，et al. Optimal design strategies for different hybrid powertrain configurations assessed with european drive cycles[J]. Sae Technical Papers 2，2013，10.4271/2013 – 01 – 1751.

[29] 克里斯多夫,王朝阳.电池建模与电池管理系统设计[M].惠东,李建林,官亦标,译.北京：机械工业出版社.2018.

[30] Schiffer J，Sauer D U，Bindner H，et al. Model prediction for ranking lead-acid batteries according to expected lifetime in renewable energy systems and autonomous power-supply systems[J]. Journal of Power Sources，2007，168(1)：66 – 78.

[31] Ruetschi P. Aging mechanisms and service life of lead-acid batteries[J]. Journal of Power Sources，2004.127(1)：33 – 44.

[32] Taniguchi A，Fujioka N，Ikoma M，et al. Development of nickel/metal-hydride batteries for EVs and HEVs[J]. Journal of Power Sources，2001，100(1)：117 – 124.

[33] https://baike.baidu.com/item/锂离子电池/253491? fr＝aladdin.

[34] Weng C，Jing S，Peng H. A unified open-circuit-voltage model of lithium-ion batteries for state-of-charge estimation and state-of-health monitoring[J]. Journal of Power Sources，2014.258：228 – 237.

[35] 大连理工大学无机化学教研室编.无机化学[M].5 版.北京：高等教育出版社,2006.

[36] 埃里克松,尼尔森.汽车发动机与传动系统建模及控制[M].郭建华,吴坚,张继新,等译.北京：化学工业出版社,2018.

[37] 盛振邦,高新船舶与深海开发装备协同创新中心.船舶原理上册[M].2 版.上海：上海交通大学出版社,2017.

[38] 盛振邦,高新船舶与深海开发装备协同创新中心.船舶原理下册[M].2 版.上海：上海交通大学出版社.2019.

[39] 黄群慧,贺俊.中国制造业的核心能力、功能定位与发展战略——兼评《中国制造 2025》[J].中国工业经济,2015,6：5 – 17.

[40] 工信部解读中国制造 2025 之船舶工业篇,中国船舶网 http：//www.chinaship.cn/analysis/4168.html.

[41] Zhu J，Chen L，Xia L，et al. Bi-objective optimal design of plug-in hybrid electric propulsion system for ships[J]. Energy，2019，177：247 − 261.

[42] Deb K，Pratap A，Agarwal S，et al. A fast and elitist multiobjective genetic algorithm：NSGA-II[J]. IEEE Trans Evol Comput，2002，6(2)：182e97.

[43] Zhu J，Chen L，Wang X，et al. Bi-level optimal sizing and energy management of hybrid electric propulsion systems[J]. Applied Energy，2020，260 (114134)：1 − 15.

[44] Zhu J，Chen L，Wang B，et al. Optimal design of a hybrid electric propulsive system for an anchor handling tug supply vessel[J]. Applied Energy，2018，226：423 − 436.

[45] Chen L，Yao J，Yin C. Design. Modeling and validation of clutch-to- clutch shift actuator using dual-wedge mechanism[J].Mechatronics，2017(42)：81 − 95.

[46] Ding Z，Chen L，Miao D. Decoupling internal model control for the robust engagement of clutches[J]. Mechatronics，73(2021)，102466.

[47] 程小宣,陈俐,基于稳定性分析的电控离合器任务调度周期设计[J].上海交通大学学报,2019,53(4)：56 − 64.

[48] 张益敏,陈俐,朱剑昀.混合动力船舶动力装置及能量管理研究综述[J].舰船科学技术,2018,40(3)：1 − 7.

[49] 朱剑昀,陈俐,彭程.混合动力船舶模式切换过程力矩协调控制研究[J].中国机械工程,2017,28(23)：2859 − 2867.